KB161592

재테크는
모르지만
부자로
키우고 싶어

아이와 돈에 대해 이야기하는 법

재테크는
모르지만
부자로
키우고 싶어

토리텔러 지음

📖 동양북스

왜 나는 아이와 돈 이야기를 하지 않았지?

저는 아이가 하나 있습니다. 저희 부부가 맞벌이를 하다 보니 아이 입장에서는 웬만하면 원하는 것을 가질 수 있는 환경에서 자라났습니다. 제가 어릴 적을 생각하면 이렇게나 많은 학원을 어떻게 다니나 싶을 정도지만 아이는 영어, 수학, 체육, 음악 등 다양한 학원을 큰 불평 없이 다니고 있습니다. 장난감도 저어릴 때보다 풍족하고 먹고 싶은 음식이 있을 때 외식도 할 수 있습니다. 때때로 미술관이나 영화관, 해외 여행도 갑니다. 당연히 아이의 미래를 위해 제 능력이 따라주는 데까지 최대한 많은 것들을 경험할 수 있게 해 주려고 합니다.

그러다 문득 떠오른 생각이 있었습니다. **왜 나는 아이에게 '돈' 이야기를 하지 않지?** 기억을 더듬어 보면 제가 아이에게 돈에 대해 이야기한 경우는 매우 제한적이었습니다. 막연하게 돈을 낭비하지 말라고 하거나 어른들께 용돈을 받으면 감사 인사를 드리라고 하는 정도였지요. 하지만 정말 중요한 돈 자체에 대한 이야기는 하지 않았습니다. 어떻게 돈을 버는지, 투자라는 것은 무엇인지, 세금은 왜 내는지, 집을 사고판다는 것은 어떤 의미인지 등은 아이와 이야기 나눌 주제가 아니라고 생각했던 것 같습니다. 그러나 어른들은 다 압니다. 돈이 이 세상에서 가장 중요한 것은 아니지만 별것 아닌 것도 절대 아닙니다.

유명한 격언 중에 '아이에게 물고기를 잡아 주지 말고 낚는 법을 가르치라'는 말이 있지요. 이 말을 듣고 재산을 물려주지는 못해도 아이에게 돈에 대해 이야기해 보려고 결심했던 많은 어른들은 제가 처음에 그랬던 것처럼 당황할 수 있습니다. '나도 물고기 낚는 법을 모르는데……'라고 생각하거나 '아이를 너무 자기 잇속에만 밝은 사람으로 만드는 것이 아닐까?'라는 걱정이 들지 모릅니다.

물론 저도 그랬습니다. 하지만 미디어가 발달하면서 부를 공개하는 부자들의 삶과 비교하니 돈을 못 번다고 생각하시는 겁니다. 경제 활동을 하고 계신 어른이라면 누구나 아이에게 돈에 대해 이야기할 수 있는 기초는 다지신 겁니다. 돈 공부는 아이를 재벌이 되게 만들기 위한 것이 아니라 돈이라는 시스템에 익숙하게 만드는 것입니다. 아이가 자라서 돈을 얼마나 벌지 우리는 모릅니다. 그냥 아이들의 가능성을 믿고 앞으로 살아 나갈 세상에서 필요한 삶의 지혜를 전달하기만 하면 됩니다. 또한 아이들과 돈에 대해 이야기하는 것은 부끄러운 것도 아니고 아이들을 속물근성에 물들게 만드는 것도 아닙니다. 오히려 돈에 대해 잘 모르고 자랐다가 훗날 맹목적으로 돈을 좇는 사람이 될 수 있습니다. 아이들이 살아가야 할 세상에서 가장 큰 영향을 끼칠 도구에 대한 설명을 해 주지 않는 것은 아이를 독립시키는 것에 대한 책임을 미루는 것일지 모릅니다.

제가 이 책에서 설명하고, 스터디 노트를 통해 제안한 방법이 모두에게 정답일 리는 당연히 없습니다. 하지만 아이들과 어떻게 돈 이야기를 시작해야 할지 잘 모를 때 해 볼 만한 여러 가지 방법 중 일부를 제시했다고 생각합니다. 아이들과 꾸준히 돈에 대한 이야기를 나누다 보면 그 다음은 돈이라는 시스템에 익숙해진 아이들 스스로가 더 잘 해 나갈 겁니다. 그러니 아이와 돈에 대해 이야기하는 것에 대한 심리적 부담을 버리고 지금부터 함께 공부를 시작해 봅시다!

2021년 가을 토리텔러

차 례

PART 1 부자가 아니어도 돈은 가르칠 수 있다

1장 아이에게 돈을 가르쳐야 하는 이유

1. 세상에 공짜는 없으니까요 010
2. 돈 사용법을 알려 주는 것은 '불 사용법'을 가르치는 것 015

2장 경제 이슈에 접근하는 방법

1. 나도 부자가 아닌데? 020
2. 혹시 잘못 가르치면 어쩌지? 023
3. 너무 어린 것은 아닐까? 027

3장 우리 아이로 본 돈 교육

1. 세뱃돈부터 시작합니다 031
2. 아이에게 소비 원칙을 세워 줘야 합니다 034
3. 소비 활동만 고민하다 깨달은 아이들의 학습력 036

4장 돈 레시피

1. 요즘 유행하는 '레시피' 영상 아시죠? 040
2. 경제를 요리처럼 설명해 봅시다 042

PART 2 아이와 함께하는 재테크 레시피

1장
돈을 **쓰는 방법**

1. 돈이란 무엇인가 048
2. 돈을 세는 단위 060
3. 소비와 기회비용 072

2장
돈을 **모으는 방법**

1. 돈이 부족할 때 '저금' 086
2. 이자와 금리 098
3. 적금이나 예금 상품에 가입하기 110

3장
돈을 **버는 방법**

1. 돈을 벌게 해 주는 직업 124
2. 소득을 늘리는 투자 136
3. 주식의 개념 148
4. 주식으로 돈을 버는 두 가지 방법 162
5. 펀드의 개념 174

4장
돈이 **도는 방법**

1. 소득에는 세금이 있다 188
2. 시장은 어디에나 있어요 200
3. 수요와 공급, 그리고 가격 212
4. 경제의 3대 주역은 가계, 회사, 정부 224
5. 나라와 나라가 거래하는 무역 236
6. 외국 돈과 우리나라 돈의 교환 비율인 환율 250
7. 인플레이션이란? 262

5장
돈이 **쓰이는 곳**

1. 사회보장제도 276
2. 다른 사람에게 돈을 빌리는 대출 288
3. 시끌벅적 부동산 300
4. 경제 뉴스 바로 읽는 방법 314
5. 스마트폰이 바꾸는 돈 326
6. 좀 더 이야기해 볼 것들 342

PART
1

부자가 아니어도
돈은 가르칠 수 있다

1장

아이에게 돈을 가르쳐야 하는 이유

1. 세상에 공짜는 없으니까요

세상을 살아가면서 어른이 되었다는 것을 깨닫게 되는 시점이 언제일까요? 제가 생각할 때는 내가 하는 행동에 책임을 져야 한다는 것을 알게 되는 때인 것 같습니다. 책임을 지는 것은 나의 행동이나 결정에 대가를 치러야 한다는 의미입니다. 대가를 치른다는 의미는 바로 '공짜가 없다'는 뜻이기도 합니다. 대가를 치른다고 표현하면 받는 것 없이 주기만 하는 것 같지만 아닙니다. 대개는 이전에 내가 했던 나의 행동과 말 그리고 결정에 책임을 진다는 뜻입니다. 이렇게 말하니 모호한 철학 이야기 같네요. 좀 더 현실적인 이야기로 바꿔 보겠습니다.

우리는 자본주의 사회에 살고 있습니다. 자본주의 사회의 특징은 돈으로 거의 모든 것을 측정하고 평가하고 표현하는 경향이 있다는 점입니다. 공짜가 없다는 말을 자본주의에 맞게 바꿔 보면 세상을 살아갈 때 대가를 지불해야 한다는 의미고 직설적으로 말하면 무언가를 할 때 돈을 내야 한다는 뜻입니다. 반대의 경우도 잊으시면 안 됩니다. 세상을 살아가면서 다른 사람에게 무언가를 해 주면 대가를 받아야 한다는 의미이고 직설적으로 표현하면 돈을 받아야 한다는 뜻입니다.

돈을 주고받는다는 말을 하면 어딘가 불편하게 생각할 수 있습니다. 하지만 자본주의 사회에서 살아가는 데에 가장 기본적인 명제입니다. 따라서 감정적으로 불편하다고 현실을 외면해서는 안 됩니다. 그렇다고 아이들에게 어른들이 겪는 현실을 적나라하게 보여 주는 것 역시 적절하지 않습니다. TV 프로그램도 어린이나 청소년에게 적절하지 않은 프로그램일 경우 시청 등급을 나누는 것처럼 이야기 단계를 조절한다고 생각하시면 좋을 것 같습니다.

아이들에게 가르쳐 줘야 하는 내용은 '남에게 무엇인가를 받을 때 나도 무엇인가를 줘야 한다'는 것과 '남에게 무엇을 줄 때는 나도 무엇인가를 받아야 한다'는 것을 알려 주는 것입니다. 너무 계산적이라고 생각하실 수도 있을 겁니다. 계산적이라는 것은 모든 것을 수치화된 돈으로 생각하는 것이기 때문입니다. 물론 모든 것을 돈으로 바꿀 수는 없습니다. 하지만 가장 일반적으로 사용되는 방법입니다. 일반적이라는 말은 익숙하게 사용 가능하다는 뜻이지요.

제법 오래된 한국 영화 중에 '행복은 성적순이 아니잖아요(1989)'라는 제목의 영화가 있었습니다. 저는 이 영화 제목에 동의합니다. 행복은 성적순이 아닙니다. 하지만 "합격은 성적순이잖아요"라고 말씀드리고 싶은 겁니다. **행복의 조건에서 돈이 필수는 아닐지 몰라도 필요한 것에 값을 지불하고자 할 때 돈은 필수적입니다.** 그렇기 때문에 아이들에게는 더욱 중요합니다. 대학교나 회사, 혹은 자격 시험에서 합격하기 위해서 사는 것이 아니라 다양한 행복을 누리면서 살 수 있도록 사람들이 가장 중요하다고 생각하는 돈에 대한 개념을 알려 줘야 합니다. 돈이 전부는 아니지만 가장 일반적인 수단이기 때문입니다. '배고픈 소크라테스와 배부른 돼지' 중에 고르는 것이 아닙니다. '배고프지 않은 보통 사람'으로 살기 위한 궁리입니다.

아이들에게 돈에 대한 공부를 시킨다고 하면 먼저 '돈과 친해지게 하는 것'이 목표가 되어야 합니다. 아이에게 무조건 돈을 많이 벌게 하겠다고 하시면 안 됩니다. 왜냐하면 돈이 무엇인지도 모른 채 막연히 많이 모아야 한다는 것은 돈에 쫓기게 만들기 때문이기도 하고, 더구나 아이에게 돈을 많이 벌게 할 방법을 정말로 알고 있는 어른도 실제로 많지 않기 때문입니다. 돈과 친해지게 하는 방법으로는 우선 돈이 무엇인지, 돈은 어떻게 흐르는지, 돈은 우리 사회와 어떤 관계를 맺고 있는지를 알려 주는 것이 좋습니다. 다른 말로는 아이들에게 **경제**라는 것을 알려 주는 것이고, 또 다른 말로는 아이들에게 **자본주의** 사회 구조를 알려 주는 일입니다. 아이들이 돈을 알고 친숙해지면 자연스럽게 돈을 잘 벌 확률이 높아질 겁니다. 그러니 아이에게 한글을 가르치듯, 책을 읽어 주듯 돈 이야기를 시작할 때입니다.

대신 아이에게 돈에 대해 가르칠 때 주의해야 할 사항이 있습니다. 돈을 중요하게 생각하는 것이 나쁘다고 가르쳐선 안 됩니다. 돈 자체가 나쁜 것이 아닙니다. 돈을 잘못 쓰고, 돈을 모든 것에 우선해서 사용하는 사람들이 나쁜 겁니다. 열심히 공부해서 1등이 되고, 부단히 노력해서 금메달을 땄을 때 자랑할 수 있는 것은 그 결과가 정당한 행위에서 비롯된 것이라는 사실이 뒷받침되기 때문입니다. 돈도 마찬가지입니다. 돈 많은 부자라는 것을 자랑하는 것이 아니라 정당하고 정직하게 돈을 모은 행동을 자랑하게 해 주세요.

또 하나 당부할 점이 있습니다. 제가 어렸을 때 경험했던 것이라 일반화하기는 어려울 수 있지만 어른이 되고 나니 부모님께서 제게 돈 이야기를 좀 더 다양한 각도에서 해 주셨다면 좋았겠다는 생각이 듭니다. 저희 부모님은 절약에 대해서는 충분하다 못해 넘치도록 이야기하고 보여 주셨지만 돈 자체에 대해 설명해 주신 기억은 없습니다. 아마도 계산적인 아이가 될까 걱정이 되셨거나 전통적인 유교 관점에서 돈 이야기를 하는 것이 점잖지 못한 것이라는 생각, 혹은 아이에겐 공부가 더 중요하다 등의 생각 때문이 아니었나 싶습니다. 하지만 돈의 작동 원리에 대해 좀 더 일찍 알 수 있었다면 좋았겠다는 아쉬움이 있습니다.

반면 아이에게 돈에 대해 이야기할 때는 어른들의 선입견을 아이에게 전달하지 않도록 주의해 주세요. 이미 현실을 살아 본 어른으로서 매우 어려운 일일 것이라는 사실을 잘 알지만 돈 때문에 벌어지는 온갖 혜택과 불이익 중심의 설명보다 돈은 실제 생활에서 어떻게 작동하고, 왜 돈과 친해져야 하는지를 중심으로 설명해 주세요. 아이들은 싫든 좋든 돈과 평생 엮여 살게 되어 있습니다. **그러니 아이들이 돈에 대한 감각을 익히고 스스로 필요한 돈을 모을 수 있게 해 주세요.** 돈에 익숙해지도록 가르쳐야 합니다. 다시 말씀드리지만 무조건 돈을 많이 벌기 위한 교육을 시키라는 것이 아닙니다. 스스로에게 필요한 돈을 모으도록 유도하는 것에 목표를 두시기 바랍니다. 현재 아이들은 돈이 필요하면 어른들께 달라고 하기만 하면 됩니다. 하지만 어른은 필요한 돈을 모아야 합니다. 아이 때부터 필요한 돈은 내가 모아야 하는 것이라는 사실을 안다면 아이들에게 아껴 쓰라는 말을 굳이 할 필요가 없을 겁니다.

이처럼 돈은 중요한 것이기 때문에 아이를 돌봐 주는 어른이라면 누구라도 아이들에게 돈을 가르쳐야 합니다. 성교육이라는 주제에 대해 요즘은 당연히 가르쳐야 하는 일로 생각하고 학교에서도 가르칩니다. 왜냐하면 성은 부끄러운 일이 아니며 인생에서 매우 중요한 부분이기 때문입니다. 이제 돈도 성교육만큼이나 중요하게 생각하셔야 합니다. 그리고 아이들과 이야기를 시작해야 합니다. 아이들의 가치관에 영향을 끼치는 중요한 일들은 어려서부터 이야기할 필요가 있습니다. 아이가 숫자와 수에 대해 아는 나이가 되었다면 돈에 대한 이야기를 시작할 준비가 되었다고 봐도 됩니다.

2. 돈 사용법을 알려 주는 것은 '불 사용법'을 가르치는 것

뉴스에서 경제에 대해 이야기할 때 돈을 주로 혈액에 비유를 합니다. 몸을 돌아다니면서 중요한 영양소를 공급하는 피의 속성이 사회를 돌아다니면서 먹고사는 경제적인 문제를 해결하는 돈과 비슷하다는 이유 때문입니다. 또 다른 표현으로 **유동성**이란 말을 많이 사용합니다. '돈이 많이 풀렸다', '돈이 말랐다'고 하듯 주로 물과 비슷한 속성으로 돈을 표현합니다. 어른에게 하는 교육이라면 저도 돈은 피나 물과 같다고 이야기하는 편을 선택하겠습니다. 하지만 아이들에게 돈을 설명하는 입장이라면 물보다 오히려 '불'과 더 비슷하다고 생각합니다. 왜냐하면 아이들에게는 '불을 더 잘 다루는 기술(=일종의 재테크)'을 가르치는 것이 아니라 불이 무엇인지, 그 불을 어떻게 피우고 사용하는지를 알려 주는 것이 먼저이기 때문입니다. 불은 사람이 살아가는 데 꼭 필요한 것이지만 잘못 다루면 자신에게 큰 피해를 입히는 것은 물론이고 다른 사람들에게도 큰 위험이 될 수 있습니다.

어떤 어른도 아기에게 불을 다루게 하지 않습니다. 하지만 위험한 것과 아닌 것을 구분하는 정도의 나이가 되면 불을 다루는 교육을 시킵니다. 불을 다룬다고 해도 대단히 전문적인 것을 가르치는 것은 아닙니다. 아이들에게 나무를 비벼서 불을 만들 수 있다는 것을 가르치는 것이 아니죠. 가장 쉬운 가스불을 켜는 것과 끄는 것부터 시작합니다. 그리고 불로 요리할 때 다치지 않도록 조심해야 한다는 것과 불로 만든 음식과 그 음식이 담겨 있는 그릇은 뜨거우니 조심해야 한다는 것 정도를 설명합니다. 우리 가정은 수천 도에 다다르는 불을 다루는 대장간이 아닙니다. 간단하게 아어에게 불을 다루도록 알려 주면 적어도 스스로 라면을 끓이고, 식은 음식을 프라이팬에 데워 먹을 줄 알게 됩니다. 그리고 가스 밸브를 잠그는 것을 확인하면서 안전과 마무리가 중요하다는 사실 정도까지는 알려 줄 수 있습니다.

아이가 불을 다룰 줄 안다는 것은 불을 이용해 자기가 원하는 음식을 만들 수 있다는 것으로 생각하시면 쉽습니다. 이는 곧 돈으로 필요한 구매 행동을 할 수 있게 된다는 것을 의미합니다. 우리는 배가 고파서 요리를 할 때 가스불을 켤 겁니다. 물을 끓일 때는 센 불에 놓고 조림을 하려면 불을 약하게 합니다. 불 조절을 하는 것이죠. 불 조절을 할 줄 알아야 자기가 원하는 요리를 만들 수 있습니다. 마찬가지로 필요한 것이 있을 때 우리는 돈을 모읍니다. 큰 규모의 투자가 필요할 때는 **대출**로 목돈의 힘을 빌립니다. 원하는 것에 따라 그것을 얻기 위해 활용해야 하는 돈의 크기가 달라집니다. 즉 필요에 따라 돈의 쓰임이를 조절할 줄 알아야 한다는 의미입니다.

아이에게 불을 다루는 교육을 시키는 것은 필수입니다. 선택이 아닙니다. 혹시라도 아이가 불을 다루다 화상을 입거나 불을 낼까 두려워서 아무것도 하지 못하게 하는 것은 남의 도움이 없이는 살 수 없는 아이를 만드는 것과 비슷합니다. 평생 아이를 끼고 살 수 없습니다. 혹시라도 불에 델 수도 있고, 뜨거운 음식을 나르다 엎어질 수도 있지만 본인이 먹을 음식을 챙길 수 있게 가르쳐야 하는 것처럼 돈도 알려 줘야 스스로 앞가림을 할 수 있게 됩니다. 옆에서 어른이 지켜보고 계속 조심하라고 주의를 주면 됩니다.

또한 돈에 대한 잘못된 인식을 갖지 않도록 막기 위해서도 돈 공부는 필요합니다. 이번에도 역시 불에 대한 이야기로 비유해 보겠습니다. 아이를 보면 행복하고, 아이가 실망하거나 힘들어 하는 모습을 보면 가슴이 아립니다. 그래서 어른들은 아이가 힘들어 하지 않도록 모든 것을 미리 알아서 해 주는 경우가 있습니다. **부족함을 느끼지 않게 하려고 '원하는 대로 돈을 쓰게 하는 것'은 아이에게 화염방사기를 쥐여 주는 것과 같**

습니다. 돈으로 모든 것을 해결하도록 만드는 것입니다.

또한 "돈에 대해 알 필요 없고 공부만 열심히 해!"라고 하는 것도 위험합니다. 잘 쓰면 큰 힘이 되지만 잘못 다루면 큰 위험이 되는 다이너마이트 가득한 방에 아무런 설명 없이 아이를 두는 것과 비슷합니다. 돈을 잘못 사용하게 되면 주위 사람을 다치게 하고 결국은 스스로를 다치게 할지도 모릅니다. 오히려 돈에 대해 제대로 알려 주지 않으면 자본주의 사회에서 가장 천박한 인식인 '돈으로 모든 것을 해결할 수 있다'고 믿는 아이가 될지 모릅니다. 넘치는 불의 힘을 주체하지 못하는 경우라고 볼 수 있습니다. 게다가 아이에게 원하는 만큼의 돈을 쥐여 줄 능력을 가진 어른도 현실에는 별로 없습니다. 전 세계로 보아도 그 비율이 1%나 될까 싶습니다. 하지만 적어도 불장난이 위험하다는 것은 알려 줘야 합니다. 불장난을 돈으로 빗대어 보면 돈을 얻기 위해 어떤 일이든 할 수 있다고 생각하는 것과 비슷합니다. 아이에겐 적어도 '네가 원하는 만큼의 불을 사용하라'는 것과 '너의 필요가 충족되었다면 불을 꺼야 한다'는 것을 알려 줘야 합니다.

안타깝게도 학교에서 실생활과 관련된 돈 이야기는 잘 하지 않습니다. 교과서에서도 이론적인 경제 이야기만 합니다. 그것이 실제로 삶에 어떻게 연결되는지 아이들이 파악하기는 어렵죠. 어른들도 아이들에게 막연하게 공부를 열심히 하면 좋은 직업을 갖게 되거나 큰 회사에 들어가 돈을 벌게 된다는 식의 설명만 합니다. 그러니 아이들은 대학교를 졸업해서 직장 생활을 처음 할 때가 되어서야 돈이란 개념을 실질적으로 접하게 됩니다. 요즘 대학생들은 돈에 대한 관심이 늘어서 주식 투자도 합니다만 돈을 오직 수익 관점에서만 보는 것도 건강한 시선은 아니죠. 결국 아이가 행복하고 내가 행복해지기 위해서는 돈을 어떤 기준으로 얼마만큼 사용하는지가 중요합니다. **돈이 많아서 행복한 것이 아니라 행복을 위해 사용할 돈이 필요한 것이기 때문입니다.**

각자의 행복한 순간이 다르듯 돈을 바라보는 관점도 집마다 다른 것이 당연합니다. 모든 집의 음식이 미쉐린 별 3개의 수준이 될 리 없고, 될 필요도 없습니다. 가족들이 좋아하는 음식으로 만족스럽게 즐길 수 있는 집밥을 만들어 먹듯 각자의 집에 가장 어울리는 돈 공부를 시키면 됩니다. 밥상머리 교육처럼 돈 공부도 집에서 시작되어야 합니다.

2장
경제 이슈에 접근하는 방법

1. 나도 부자가 아닌데?

괜찮습니다. 대부분 비슷해요. 돈 공부를 하자고 하니 막상 겁부터 날 수 있습니다. 왜냐하면 우리나라에서 스스로 부자라고 느끼는 사람이 많지 않거든요. NH투자증권의 100세시대연구소가 2020년 7월 1일 공개한 설문조사에서 순자산(4인 가구 기준) 7.7억은 가지고 있어야 중산층으로 생각한다고 답했답니다. 이런 정도의 소득은 실제로 상위 20%에 해당합니다. 결국 80%의 사람들은 스스로를 하위층이라고 생각한다는 의미입니다. 나도 부자가 아닌데 아이들에게 돈에 대해 가르치거나 이야기를 할 수 있을까 고민할 수 있습니다.

전쟁을 겪은 할아버지와 할머니 세대에게 배워야 할 여러 가지 중 분명한 한 가지는 미래가 나아질 것이라고 믿으면서 눈물 나게 노력했다는 점입니다. 아이들이 지금의 나보다 못살기를 바라지는 않을 겁니다. 어떤 어른이든 아이가 나보다 더 나아지길, 더 행복하길 원합니다. 그러니 아이들과 돈 이야기를 해야 합니다. 마치 이전 세대의 어른들이 안 먹고, 안 입고(실제로는 못 먹고, 못 입고에 가깝지만) 아끼면서도 아이들의 교육을 위해서 투자했던 것과 같습니다. 본인들이 못사는데도 투자를 한 근거는 뭘까요? 분명히 나아질 거라는 믿음이었다고 생각합니다. 지금 얼마나 잘살고 못사는지는 상관이 없습니다.

아이에게 돈에 대한 이야기가 저절로 스며들게 만들어야 하는 또 하나의 실질적인 이유가 있습니다. 아이들은 지금의 어른보다 훨씬 오래 살 겁니다. 돈을 버는 것은 대박을 맞는 특별한 경우를 빼면 시간에 비례합니다. 적은 돈이라도 장기적으로 수익을 내면 큰돈이 되고, 큰돈을 장기적으로 굴릴 수 있다면 적은 **수익률**이더라도 커다란 금액을 만들 수 있습니다. 중간중간에 힘든 일을 겪더라도 다시 회복하고 일어설 수 있는 것도 시간이 있어야 가능합니다. 아이들이 어려서부터 돈과 친숙해지면 더 많은 기회를 찾아낼 수도 있고 가진 돈을 더 능숙하게 관리할 가능성도 높아집니다.

혹시 '나는 저축하는 것 밖에 모르는데……'라며 걱정하시나요? 괜찮습니다. 모든 투자의 기본은 **종잣돈**을 모으는 것에서 시작하는 것이고 종잣돈은 저금이라는 1차원적이고 가장 확실한 방법으로 모으는 겁니다. 저금은 바로 습관에서 비롯됩니다. '세 살 버릇이 여든까지 간다'라는 말이 괜히 있는 것이 아닙니다. 지금 아이에게 재벌되는 법을 가르쳐 주려는 것은 아니잖아요. 탄탄한 습관과 개념을 알려 주시면 됩니다. 저금만 제대로 해도 어른이 되었을 때 큰 자산이 될 겁니다. 아이가 걷지도 못할 때부터 받는 세뱃돈을 모아서 저금만 해 보세요. 세뱃돈을 받지 않을 나이가 될 때 아이는 꽤나 많은 돈을 모을 수 있을 겁니다.

여기서 한 가지만 더 생각해 보면 좋겠습니다. 성년이 될 때까지 아이의 세뱃돈을 모으는 방법은 크게 두 가지가 있습니다. 하나는 어른이 그냥 모아 주는 겁니다. 또 하나는 아이와 같이 모으는 겁니다. 시간이 지나고 나면 모인 돈은 같을 겁니다. 하지만 아이의 태도는 달라집니다. 어른이 모아서 준 돈을 받은 아이는 '해외 여행을 갈 돈이 생겼다!'처럼 당장 쓸 방법을 생각할 것이고 같이 모았던 돈을 받은 아이는 적어도 여행을 갈지, 주식을 살지, 더 모아 둘지 등 돈의 사용 방법을 고민할 겁니다. 차이가 뭘까요? 같이 모은 아이는 이 돈이 어떻게 모였다는 것을 알고 있습니다. 사고 싶은 장난감을 안 사고 저금하면서 **기회 비용**이란 개념을 익히고, **이자**란 것이 붙는다는 것을 알게 되고, 자기의 **자산**이란 것이 있어서 운용해야 된다는 것을 어렴풋이라도 알게 될 겁니다. 이런 아이들이 모은 돈으로 해외 여행을 가겠다는 결정을 하더라도 더 깊은 행복을 느낄 것이라 믿습니다. 어딘가에서 뚝 떨어진 돈이 아닌 수많은 자기 절제 과정을 겪은 후 '자기 노력이 들어간 돈'에 대한 쓰임새를 결정한 것이니 더 만족스러울 겁니다.

대신 어른들은 약속해 주실 것이 있습니다. 아이에게 공부를 하라고 하면서 어른이 TV를 보고 있다면 아이들이 공부를 할 리 없습니다. TV를 없애는 극단적인 방법까지는 아니더라도 어른 역시 TV 보는 시간을 줄여야 아이들의 공부에 효과가 납니다. 아이에게 돈 공부를 시킨다면 어른들도 같이 돈에 대해 공부해야 합니다.

그렇다고 경제학 박사가 되자는 것도 아니고, 재벌이 되자는 것도 아닙니다. **부담스러운 것들은 내려 놓고 대신 '귀찮더라도 하겠다'는 마음을 가져 주세요.** 돈 모으는 것도 습관입니다. 아이들의 돈 공부는 '습관 잡기'입니다. 습관은 가정의 분위기를 따라가게 되어 있습니다. 어른들도 아이와 같이 습관을 들이셔야 합니다.

2. 혹시 잘못 가르치면 어쩌지?

아이를 너무 사랑하기 때문에, 또는 스스로 부자라고 생각하지 않기 때문에 잘못 가르치면 어떻게 할지 걱정하실지도 모르겠습니다. 생각해 보죠. 어른들은 유아 교육 관련 자격증이 없지만 영아 때부터 시작해서 유아는 물론 그 이후까지 아이를 가르칩니다. 영양사 자격증이 없지만 건강을 생각하면서 "골고루 먹어야 해! 야채도 좀 먹고!"라고 당당하게 말합니다. 교사 자격증이 없지만 숙제도 봐 주고 모든 과목을 다 가르치고 있습니다. 잘못되었다고 누구도 생각하지 않습니다. 왜냐고요? 어른은 아이를 돌보는 사람이니까요.

아무런 자격증이 없지만 아이에게 가장 필요하다고 생각되는 것은 최선을 다해서 알려 주려고 합니다. 비난 받을 것도 없고 걱정할 것도 없습니다. 자본주의 사회에서 살아가기 위한 필수 아이템은 돈입니다. 영어를 모르는 사람을 찾는 것은 쉽습니다. 하지만 돈을 모르는 사람을 찾는 것은 훨씬 어렵습니다. 그런데도 우리는 영어 학원을 보내야 한다고 생각하고 학원을 보내지 못하면 유튜브에서 영어로 된 영상이라도 틀어 주려고 합니다. 아이가 살아갈 세상에서 돈은 영어보다 더 중요합니다. 그러니 최선을 다해 아이에게 돈에 대한 이야기를 해야 합니다. 오히려 아이에게 영어보다 더 중요한 돈을 알려 주지 않는 것에 미안한 마음을 가지셔야 합니다.

물론 우리는 경제학 교수보다 아는 것이 적을 것입니다. 펀드 매니저보다 시장을 읽을 줄 모르고, 은행 직원보다 금리에 대해 설명하지 못할 가능성이 훨씬 높습니다. 그래도 너무 걱정하지 마세요. 사람의 생김새가 다르듯 사는 모양이 다르듯 좋아하는 음식과 옷이 다르듯 여러분의 아이와 가족에게 어울리게 가르치면 됩니다. 아이는 커 갈수록 스스로 자기에게 맞는 길을 찾아갈 거예요. 아이를 믿는 것이 필요합니다. 대신, 어른들도 같이 해야 합니다. 습관과 익숙함을 아이에게 물들게 하는 겁니다. 그러기 위해선 같이 물들어야 합니다.

첫째, 아이의 돈을 관리할 때는 아이와 같이 해 주세요. 아이 이름으로 은행 계좌를 만들 때 꼭 같이 은행에 데리고 가세요. 아이 계좌는 비대면으로 개설하지 못할 겁니다. 아이가 뭘 알까 싶을 수도 있지만 그렇지 않습니다. 네 살 이전을 기억하는 경우는 거의 없지만 어른들은 아이들을 데리고 박물관이며 미술관, 해외 여행까지 다닙니다. 은행 가는 것은 그보다 훨씬 쉬운 일입니다. 지점이 없어 비대면으로 계좌를 만들어야 한다면 아이와 같이 만드세요. 아이가 옆에서 계속 질문을 하거나 재미없어하기 때문에 어른이 혼자 하는 것보다 시간은 몇 배가 들지 몰라도 꼭 필요한 단계입니다. 세뱃돈을 모은 돈으로 저금을 하다가 적당한 때가 되면 아이에게 보여 주고 설명해 주세요. "네가 넣은 돈이 이만큼이고, 이자라고 부르는 이만큼의 돈이 더 생겼고, 이만큼의 돈을 세금이라는 것으로 냈다"라는 말을 들으면 아이는 질문할 겁니다. "이자가 뭐예요?", "세금을 왜 내요?" 답은 이 책을 읽으면서 아이와 함께 찾아보실 수 있을 겁니다. 아이에게 필요한 것은 돈에 대한 개념과 친숙함입니다. 더불어 이 과정을 통해 어른들도 돈에 대한 지식이 쌓일 겁니다.

둘째, 어른들만의 일이라 생각했던 것도 아이와 공유해 주세요. 대출을 받거나 주식 투자를 한다면 항상은 어려워도 가끔 설명하고 알려 주세요. 대출이나 주식 투자를 하지 않는다면 관리비는 왜 매달 내는지, 쇼핑할 때 이 물건을 왜 사는지 설명하면 좋습니다. '할부'라는 것이 뭔지, 왜 갑자기 여러 개의 신용카드 중 특정 신용카드를 찾아서 결제하려고 하는지 등 설명할 재료들은 굉장히 많습니다. 이렇게 하려면 아이에게 설명하기 부끄러운 것들은 구매하기 어렵겠네요. 대신 절약을 통해 돈이 모일 수도 있겠지요.

셋째, TV나 뉴스를 볼 때 경제 관련 뉴스도 보셔야 합니다. 그리고 아이와 이야기해 보세요. 어렵고 힘들 겁니다. 아이들의 질문에서 '왜?'가 끊이지 않을 테니까요. 본인도 잘 모를 때는 당황스러울 수도 있습니다. 그래도 같이 보는 것이 필요합니다. 정부의 부동산 정책이란 것이 뭔지, 코로나로 인한 지원금은 왜, 누구 돈으로 줬는지, 지원금을 맨날 주면 좋을 것 같은데 왜 그렇게 하지 않는지, 파업은 왜 하는지, 수출이 늘었다고 하면 왜 사람들이 좋아하는지, 기름값이 올랐는데 왜 살림이 힘들어지는지 등 할 이야기는 무궁무진합니다. 단지, 전문적으로 틀리지 않게 설명하려고 생각하니 지치고 어렵게 느껴지는 것입니다. 이번 기회에 아이와 같이 숲 속 탐험을 한다고 생각하세요. 숲 속의 나무 이름을 모두 알지 못하면 어떻습니까? 소나무 하나만 알아도 되고, 다람쥐와 청설모를 헷갈리면 또 어떻습니까? 보기에 귀여운 동물이 있다는 것을 알면 되지요. 책을 읽고 활동을 채워 가면서 같이 공부하면 아이뿐만 아니라 어른들에게도 도움이 되실 겁니다. 아이들의 설명은 매우 단순, 명쾌하기 때문에 제가 제 아이에게 배우듯 어른들도 아이에게 많이 배우실 겁니다. 필요한 것은 단단한 마음가짐과 숲 속 탐험을 위해 운동화 끈을 매일 동여매는 습관입니다. 하나 더 있네요. 아이와 손 잡고 같이 하는 거요. 혼자 달려가거나 아이를 항상 업어 주시면 안 됩니다.

3. 너무 어린 것은 아닐까?

그럴 수도 있죠. 말도 못하는 아이에게 돈을 보여줘 봤자 입에 넣지나 않으면 다행입니다. 하지만 대학을 졸업할 때까지 "넌 공부만 해!"라고 하면 너무 늦어요. 재벌이 되기도 힘들지만, 공부로 전교 1등 하기도 어렵습니다. 그러니 공부만 이야기하지 말고 돈 이야기도 해 보세요. 아이에게 운동을 가르치고 음악을 들려 주고 미술관을 가고 책을 사 주는 것처럼 돈과 친해지게 만드는 과정이 필요합니다. 숫자 개념을 알게 되면 돈의 '가치'에 대해서 설명하고, 덧셈을 하게 되면 '적금' 개념을 알려 주면 됩니다. 뺄셈을 하게 되면 받은 돈에서 저금할 돈을 뺐을 때 남은 돈이 쓸 수 있는 돈이라는 것을 알려 주실 수 있습니다.

제가 어렸을 때와 달리 요즘 아이들에게는 너무너무 다양한 것들을 가르칩니다. 저희 때는 유치원만 나오면 될 것 같았는데 요즘은 대부분 학원에 다녀요. 영어, 수학, 태권도, 미술, 과학 등. 물론 아이가 학원을 많이 다니면 돈이 많이 듭니다. 그래도 허리띠를 졸라매면서 학원에 보냅니다. 맞벌이 등으로 아이를 돌봐 줄 어른이 없다는 이유도 있겠지만 그보다는 아이의 미래에 보탬이 되는 것 같으니까요. 돈을 가르치는 곳도 있으면 좋겠지만 아이에게 돈 학원을 보낸다는 것이 저도 매우 어색하긴 합니다. 그래서 어른들이 돈 공부를 챙겨 주는 것이 필요하다고 생각합니다.

그렇다고 학원을 끊고 아이와 돈을 모으라는 말씀을 드리는 것이 아닙니다. 저도 아이를 많은 학원에 보내지만 아이가 하기 싫어서 억지로 다니는 경우가 아니면 학원을 줄이려고 하지 않습니다. 적어도 제 생각에 아이가 어떤 것을 잘하고 못하는지 수업료를 내면서 배우고 있다고 믿기 때문입니다. 아이들에게 필요한 것은 어른들이 설정한 목표를 위해 스펙을 만드는 것보다 아이가 잘하는 것을 찾아 주는 활동이라고 생각합니다. 아이에게 가장 어울리는 방식으로, 가장 적합한 방법을 찾기 위해서는 어려서부터 여러 가지 시도를 해 봐야 합니다. 그러니 부담 갖지 말고 지금 할 수 있는 수준에서 시작하시면 됩니다. 숫자를 먼저 깨달으면 숫자로 돈을 알려 주시고, 그림에 흥미를 보이면 돈에 그려져 있는 사람의 생김새로 설명해 주세요. 색깔을 구분하면 색깔로 설명해서도 됩니다. 해 보지 않아서 어렵다고 생각하는 것이지 막상 시작하면 아마 이 책에 나와 있는 내용보다 훨씬 잘 하실 겁니다. **아이의 수준과 적성에 맞게 돈에 대해 가르쳐 주시면 됩니다.** 이 역할은 아이와 같이 살고 있는 어른이 가장 잘할 수 있습니다. 신용카드로 결제할 때 어른이 옆에서 지켜보면서 아이에게 카드를 건네주고 결제하게 해 보셔도 됩니다. 휴대전화의 페이 서비스로 결제할 때 현금과 어떻게 다른지 설명할 수도 있습니다. 온라인에서 할인 쿠폰을 활용할 때도 마찬가지입니다. 아이와 돈에 대해서 이야기할 소재는 항상 곁에 있습니다. 아이와 같이 시작하시면 됩니다.

위의 얘기를 읽어 봐도 어딘가 자신이 없으실 수 있습니다. 저도 그래요. 저는 글을 쓰고 책도 내지만 항상 아이 엄마에게 "책 내용의 절반만큼만이라도 실천해서 돈을 많이 벌면 좋겠네"라는 얘기를 듣습니다. 그러면 제가 부끄러워하면서 이야기를 멈출까요? 아니에요. 전 계속 할 겁니다. 제 지식이 많이 부족하고 돈도 남이 부러워할 만큼 갖지 못했어도 어떤 전문가보다 제 아이를 사랑하기 때문입니다. 아이의 건강과 공부를 걱정하는 것 이상으로 아이가 미래에 돈과 친해지기를 누구보다 진심으로 바라고 있습니다.

아이 교육, 특히 돈과 관련된 이야기가 나오면 어김없이 등장하는 것이 유태인 이야기입니다. 유태인은 교육을 이렇게 한다더라, 아이들이 돈에 익숙해지도록 이렇게 가르친다더라 하는 얘기를 듣곤 합니다. 유태인 경제 교육의 핵심은 구체적인 방법론보다 어른들이 아이들을 성장하는 하나의 인격체로 사랑하고 존중하는 마음가짐으로 대하고 돈과 친해지게 만드는 것이라고 생각합니다. 이 책을 읽으시는 분들도 아이를 누구보다 사랑하고 아끼실 거예요. 그럼 아는 것부터 하나씩 시작하면 됩니다. 조금씩이라도 행동이 쌓이면 아이도 어른도 달라질 겁니다. 아이를 믿고, 사랑하는 마음을 가진 본인을 믿어 보세요. 주저하거나 어려워하지 마시고 가장 쉬워 보이는 것부터 해 보세요. 그럼 됩니다.

3장

우리 아이로 본 돈 교육

1. 세뱃돈부터 시작합니다

아이에게 돈에 대해 가르쳐야겠다는 생각이 든 것은 세뱃돈 때문이었습니다. 제 상황에 한정된 경우지만 아이 한 명에 양가 조부모님 모두 살아 계십니다. 그리고 조부모님들의 경제력이 손주에게 집을 사 줄 만큼은 되지 않지만 세뱃돈을 쥐여 줄 만큼은 됩니다. 아이를 향한 조부모님들의 사랑은 세뱃돈의 액수로 나타나더군요. 이 뿐만이 아니었습니다. 어린이날이나 아이 생일이 되면 아이는 제 나름의 엄청난(?) 금액을 챙깁니다. 세뱃돈의 행방은 뻔한 결론입니다. 착한 아이는 수입을 모두 엄마에게 신고하고 엄마는 모든 돈을 챙겼습니다. 지금도 얼마의 돈이 남아 있는지 아이는 모릅니다.

돈 주고 물건을 산다는 개념을 아이가 알게 되자 엄마의 대응이 변했습니다. 돈이 들어오면 아이는 엄마에게 돈을 넘깁니다. 하지만 그대로 지나칠 수 없게 되었습니다. 어렴풋하게나마 **수익**이 생겼는데 **지출**을 하지 않으면 이상하다는 손익 개념이 생긴 거죠. 그래서 엄마는 세뱃돈 등 수익이 생기면 아이와 함께 마트를 갑니다. 아이는 돈을 벌었으니 지출을 하겠다고 생각하죠. 자기를 위한 장난감 하나를 고르는 겁니다. 그러고도 돈은 남습니다. 아이는 제가 어렸을 땐 꿈도 꾸지 못했던 레고를 사 모으기 시작합니다. 그리고 엄마와 함께 얼마의 잔액이 남았다는 것을 확인합니다. 그래 봤자 얼마 지나지 않아 아이는 자기가 얼마의 돈을 가지고 있다는 사실조차 잊게 됩니다. 실제로 아이의 돈은 엄마의 주머니로 들어가고, 시간이 지나면 아이의 엄마는 항상 빠듯한 생활비에 그 돈을 보탰을 겁니다.

그런데 비싼 레고를 사 모으면서 돈 교육에 명암이 생겼습니다. 레고가 좀 비싼가요? 덕분이라고 해야 할지 모르겠지만 아이는 십만 원 단위의 가격도 읽을 줄 알게 됐습니다. 초등학생이 되자 "우와! 이건 비싸다"라는 겉치레 말까지 할 줄 알게 되었습니다. 하지만 그뿐입니다. 비싼 걸 알지만 자기는 그 이상의 수익을 얻었으니 사겠다는 결정을 합니다. 게다가 레고에 익숙해진 아이는 반나절이면 모두 완성합니다. 아이 바보인 아빠는 아이가 레고를 혼자 힘으로 몇 시간 만에 만드는 모습을 보며 흐뭇해합니다.

그러다 깨달았죠. '이건 아닌데'라고요. 아이가 이렇게 쉽게 소비를 하게 해서는 안 된다는 생각에 저금통을 사 줬습니다. 1차 실패입니다. 그래서 종이로 통장을 만들어서 아이와 기록을 했습니다. 2차 실패입니다. 저금통을 사 주고 용돈 사용 내용을 기록하면 아이가 돈에 대한 개념을 쌓고 돈을 모을 것이라 믿었습니다. 하지만 그럴 리가요! 어른도 못하는 것을 아이가 할 리가 없습니다. 종이 통장은 딱 하루만 기록했을 뿐입니다. 그 다음부터는 어디 있는지도 모릅니다. 아이 금고에는 돈이 들어 있지만 얼마를 썼고, 얼마가 남았는지는 아이의 기억력에 의존하게 되었습니다. 또한 수시로 엄마와 협상을 하면서 금고의 돈은 자유롭게 꺼내 썼습니다.

저금통은 돈에 대한 개념이 없을 때라면 유용할 수 있습니다. 가치와 상관없이 돈이라고 인식되는 물건이 있으면 저금통에 넣는 훈련을 시킬 때까지만 좋습니다. 어른 입장에서 보면 월급을 받은 다음에 통장에 그대로 두고 '안 쓸 거야!'라고 생각하는 것과 같습니다. 사람은 애나 어른이나 돈이 눈에 보이면 씁니다. 종이 통장은 '가계부'를 쓰겠다는 어른들의 다짐과 비슷합니다. 가계부를 꼼꼼히 기록하면 좋겠죠. 하지만 가계부를 꼼꼼히 쓰면서 관리하는 사람들은 거의 없습니다. 다시 말하지만 애나 어른이나 귀찮은 것은 오래 못합니다.

매우 단순한 방법을 찾자면 아이 명의의 은행 계좌를 만들어 줘야 합니다. 아이의 돌 때 고모부가 돌 반지 대신 **금 통장**을 만들어 줬습니다. 금 값이 변하는 것을 보면서 흐뭇해합니다. 금반지는 잃어버릴 수 있고 현금은 써 버릴 수 있지만 금 통장은 금 값에 따라 변할지언정 가치가 남아 있습니다. 저금에 익숙한 아이의 할아버지는 아빠보다 먼저 가서 아이 명의의 통장을 만들었습니다. 아이의 할머니는 매월 저희 부부가 드리는 생활비에서 일정 금액을 다시 아이 명의의 통장으로 돌려줍니다. 아이와 장난처럼 돈을 모으려고 하기보다 귀찮더라도 실제 계좌를 만들어야 남습니다. 제가 아쉬운 점은 계좌를 만들 때 저희 아이와 같이 가지 않았기 때문에 아이는 체감하지 못합니다. 은행에 갈 때 아이를 데려갈 수 있었으면 더 좋았을 겁니다.

2. 아이에게 소비 원칙을 세워 줘야 합니다

장난감을 살 수 있는 장소와 가격도 알게 되고, 자기에게 돈이 얼마나 생기는지 알게 되자 아이가 산수를 시작합니다. 어른에게 돈을 받고 나면 바로 '나는 얼마짜리를 살 수 있다'는 것을 빠르게 계산합니다. 하나를 사고 나서 잔액이 남은 것을 알면 아이는 다른 장난감 앞에서 불쌍한 표정을 짓더군요. 어쩌겠습니까? 제 돈도 아니고 부가수익(?)이니 모른 척 하나 더 들려 줍니다. 그리고 깨달았습니다. 애나 어른이나 부가적인 수익이 생기고 뚜렷한 목표가 없으면 다 써 버리게 되는구나. 그래서 원칙을 세웠습니다. 매우 단순합니다. 아이에게 얼마의 돈이 있든 하루에 장남감 한 개만 살 수 있다는 조건을 걸었습니다.

아이는 이제 쉽게 구매를 결정하지 않고 고민합니다. 대신, 아이가 고민하고 자신에게 최적의 소비 효율을 느낄 수 있는 결정을 할 때까지 기다려 줘야 합니다. 예전 같으면 장난감 가게에서 후딱 결정해서 나왔겠지만 이제 아이도 압니다. 하나만 골라야 한다는 사실을요. 덕분에 어느 것을 사는 것이 자기에게 가장 좋을지 고민하게 되었습니다. 아이 스스로 이렇게 '소비하는 법'을 익히는 동안 저는 기다려 주었을 뿐입니다.

최근엔 아이 이름으로 증권 계좌를 만들어 줬습니다. 아이에게 레고 대신, 주식을 사 주는 것이 좋을 것 같았기 때문입니다. 아이가 어른이 될 때 사놓은 주식의 가격이 100배가 될까요? 그건 알 수 없습니다. 주가가 오른다면 감사한 일이지만 망해서 휴지가 될 가능성도 있습니다. 그보다 아이에게 투자라는 개념이 스며들게 해 주고 싶었습니다. 아직 아이는 주식의 개념은 이해를 못하고 있습니다. 그냥 주식을 사면 된다는 것만 압니다. 그리고 엄마가 옆에서 "이걸로 돈을 벌 거야"라고 말하면 무조건 "살 거야!"라고 하는 수준입니다. 엄마가 옆에서 "올랐다!"하면 "와!"하고 좋아할 뿐입니다. 조금 더 나이를 먹으면 아이와 왜 이 회사의 주식을 사고 싶은지를 이야기해 볼 생각입니다.

생각보다 아이들은 똘똘합니다. 자기 주장도 있습니다. 어른에게 필요한 것은 시간과 기다림입니다. 저는 아직 용돈을 주지는 않습니다. 이 부분은 제가 좀 느린 것 같습니다. 용돈이란 개념이 생겨야 **수익**이란 개념이 명확히 잡힐 겁니다. 그리고 저금의 필요성을 더 절감하겠죠. 투자라는 개념도 더 잘 잡힐 겁니다. 곧 아이에게 용돈 개념도 적용시켜 볼 생각입니다. **대출**은 좀 더 나이를 먹으면 시작해 보려고 합니다. 아직은 아이가 돈을 빌려서까지 어떤 것을 사는 것은 이른 것 같아서 지금은 소비를 자제하는 것에 집중하고 있습니다. 제 방식이 절대 표준이 될 수 없습니다. 아이의 성장 과정과 집안의 사정에 따라 달리 가져가시되 제 방법을 참고만 하시면 좋겠습니다.

3. 소비 활동만 고민하다 깨달은 아이들의 학습력

어느 날 아이에게 물어봤습니다. "아빠와 엄마는 왜 회사에 다닐까?" 속내는 회사 다니기 싫어서 아이는 어떤 생각을 하는지 듣고 싶었던 겁니다. "돈 벌려고!" 아이는 명확히 알고 있었습니다. 그러니 아침마다 부모가 아이와 떨어지는 것을 당연하게 받아들이고 있는 겁니다. 아주 어릴 때는 부모와 헤어지기 싫어 울었지만 지금은 울지 않습니다. 오히려 부모의 '실업'을 걱정합니다. 비록 걱정하는 이유가 자기가 좋아하는 장난감을 살 수 없고 좋아하는 학원을 다닐 수 없다는 두려움 때문이지만 요. 아이는 이미 **부모의 소득**이 자기 **소비**의 원천이 된다는 것을 알고 있습니다. 그래서 부모의 회사와 관련된 뉴스가 나오면 평을 합니다. 좋은 뉴스가 나오면 좋은 일이라며 웃고 경쟁사가 잘되는 이야기가 나오면 "저러면 안되는데!"라고 어른 흉내를 냅니다. 아이의 개념엔 이미 '시장과 경쟁'의 개념이 어렴풋이 잡혀 있는 겁니다.

직업이 뭔지도 물어봤습니다. 저보다 더 명확하게 대답을 했습니다. **돈 버는 일**이라고요. 다시 생각해 봐도 아이의 정의가 더 명확했습니다. 어른들이 가진 막연한 자아 실현이나 사회 환원 같은 가치 판단이 섞인 이야기를 빼면 직업은 돈 버는 일입니다. 자본주의 사회에서는 돈 버는 일이 필요하기 때문에 직업을 갖는 것입니다. 연봉에 따라 좋은 직업과 나쁜 직업으로 나누기 전에 돈을 벌 수 있는 일을 하고 있는지를 먼저 생각해 봐야 합니다. 이를 경제 용어로 풀어 보면 사회에 부가가치를 만들어 내는 일을 하고 있는지를 생각해 봐야 한다는 뜻입니다. 회사에 다니든 장사를 하든 사업을 하든 투자를 하든 돈 버는 일을 하면 직업이 있다고 할 수 있습니다. 대기업 직원이냐, 공무원이냐, 얼마의 금액을 버느냐보다 순수하게 돈을 버는 일을 하느냐가 중요하다고 생각합니다. 어쩌면 아이들은 어른들보다 더 직관적이고 명확하게 개념을 가지고 있을지도 모릅니다. 어려워서 아이들이 모를 거라고 생각하는 것일 수 있습니다. 어른들이 오히려 더 어렵게 생각할지 모릅니다.

아이들과 좀 더 돈과 관련된 이야기를 해야 합니다. 돈이란 단어가 싫으시면 경제 이야기를 한다고 생각해 보세요. **아이가 돈과 친해지게 만들라는 말은 돈 버는 법을 가르치라는 뜻이 아닙니다.** 어른들이 알고 있는 수준에서 돈의 속성에 대해 알려 주면 됩니다. 그 다음은 아이들이 자기 능력에 맞게 소화하면서 스스로 돈과 친숙해질 겁니다.

아이들은 관심이 생기면 어른들보다 훨씬 전문적이고 명확하게 파고 듭니다. 처음에는 개념을 설명하는 것이 힘들지 몰라도 좀 지나면 아이들이 어려운 공룡의 이름을 줄줄이 읊으며 설명해 주듯 펀드의 이름을 분석해서 어른들에게 차이점을 설명할지도 모릅니다. 같은 뉴스를 보고 어른들은 "그렇구나" 하고 넘어가지만 아이가 갑자기 "이 종목을 사야 해!"라고 추천할지도 모릅니다. 아이들의 능력은 어른들의 상상을 항상 넘어섭니다. 그러니 영어나 수학에 대해 걱정하는 관심의 1/10 만이라도 돈 공부에 관심을 가지면 좋겠습니다. 어려서부터 돈을 익히고 친숙해진다면 돈에 무지하거나 돈만 생각하거나 돈을 천시하거나 숭배하지 않을 겁니다. 게다가 돈에 익숙해지면 재벌은 아니더라도 굶을 걱정은 하지 않을 겁니다.

그동안 경제 관련 책을 두 권 쓰면서 알게 된 사실이 있습니다. 우리나라 청년들은 돈에 대한 이야기를 정말 모릅니다. 일부 대학생들을 중심으로 주식 열풍이 불면서 투자를 하는 학생들이 늘어나고 있지만 이런 소수의 사람들을 제외하면 생각보다 많은 사람들이 잘 모릅니다. 게다가 어른들 말씀 잘 듣고 공부'만' 열심히 한 학생들은 더 모릅니다. 직장 생활을 시작하는 나이가 되어서야 돈에 관심을 갖게 되고 그때부터 공부를 시작하는 경우가 많습니다. 게다가 돈에 대한 이야기는 돈 벌기에 집중되어 있고 개념 이야기는 경제학처럼 어렵게만 접하게 됩니다. 그래서 개념을 더 쉽게 설명하는 책을 냈고 생각보다 관심을 많이 받아서 아이와 관련된 책도 내야겠다는 생각을 하게 됐습니다. 전문 셰프의 설명이 아닌 손맛을 가진 보통 사람의 레시피처럼 조금 쉽게, 조금 더 친절하게 설명해 보고자 합니다. 어른들과 돈 이야기를 한 아이들은 어른이 되었을 때 분명 달라져 있을 거라 믿습니다.

4장
돈 레시피

1. 요즘 유행하는 '레시피' 영상 아시죠?

요즘은 영상이 대세인가 봅니다. 아이뿐만 아니라 어르신들까지 모두 유튜브를 열심히 보고 계시죠. 저도 유튜브의 영상을 많이 봅니다. 그중에서도 저는 요리 채널을 좋아합니다. 특히 저처럼 요리를 못하는 사람들이 눈 빠지게 쳐다보는 채널이 백종원 님 관련 채널입니다. 백종원이란 분을 개인적으로 좋아하는 이유가 두 가지 있어요. 하나는 스스로 셰프라고 말하지 않습니다. 두 번째는 쉽게 쉽게 설명해 주기 때문입니다. 요리에 대한 심리적 장벽을 낮춰 주지요.

제 책을 읽고, 아이들과 활동할 때 활용하는 일종의 **레시피**라고 생각해 주세요. 제 책은 셰프로 비유할 수 있는 금융전문가 입장에서 설명하는 것이 아닙니다. 제가 알고 경험한 것을 토대로 아이를 키우는 입장에서 풀어내는 돈 레시피입니다. 어떤 내용은 이상하다고 여길 수도 있고 어떤 내용은 '나도 그렇게 하는데!'라고 생각하실 수도 있을 겁니다. 그래서 비법이라고 할 게 없습니다. 하지만 백종원 님 채널이 요리 초보들에게 요리하는 것을 겁내지 않게 도와주는 것처럼 저도 돈 이야기하는 것을 겁내지 않도록 안내해 보려고 합니다.

두 번째는 쉽게 따라할 수 있도록 안내하는 것에 초점을 맞추려고 합니다. 예를 들어 스파게티 요리를 한다고 해 보죠. 전문적인 요리사라면 스파게티 면을 삶을 때 '알덴테'라는 것을 중요하게 설명할 겁니다. 하지만 저라면 면 삶기는 대충 넘어갈 겁니다. 스파게티처럼 보이는 국수 요리를 만들면 성공이라고 보기 때문입니다. 지금은 스파게티라고 여겨지는 것을 직접 만들어서 먹어 보고 싶은 것이지 다른 사람에게 돈을 받고 팔려는 목적이 아니니까요.

이 책은 전문 요리사를 키우기 위한 책이 아닙니다. '요리하는 **재미**를 느끼도록 유도하는 책'입니다. 최대한 쉽게, 그리고 집에서 할 수 있는 것부터 설명드리겠습니다. 그러니 책을 읽으면서 쉬운 부분부터 따라해 보세요. 제일 첫 장부터 마지막 장까지 모든 활동을 완벽하게 따라하겠다고 생각하시면 더 부담스럽습니다. 어느 집에서는 간장 한 숟가락을 넣으면 충분하지만 다른 집은 간장 두 숟가락 정도 넣어야 간이 맞는다고 생각할 수 있습니다. **정답 맞추기가 아니니 부담 없이 '직접 요리**

한다'는 것에 우선 순위를 두시기 바랍니다. 책대로 했다고 100점이 아닙니다. 오히려 절반은 무시하더라도 우리 아이가 돈에 관심을 갖게 되었다면 그것이 더 맞는 방법입니다.

2. 경제를 요리처럼 설명해 봅시다

요리 하나를 만드는 단계처럼 설명드리려고 합니다. 각 장의 구성으로 보여드리겠습니다. 처음에는 해당 키워드에서 익혀야 할 내용을 요약해서 설명합니다. 그리고 해당 설명에서 하고자 하는 말을 그림으로 정리해서 보여드릴 겁니다. 요리라고 생각하시면 그날의 요리를 간단히 소개하고 사진으로 해당 요리를 보여드린다고 보시면 됩니다.

그 다음은 개념을 어떻게 아이에게 전달할지, 어떤 부분을 주의하고 어떤 부분을 강조하면 좋을지 설명을 드리겠습니다. 앞에서 말씀드린 것처럼 레시피에 정답은 없습니다. 우엉 조림을 할 때 어느 레시피에서는 식초를 희석시킨 물에 30분 정도 담궈 뒤야 아린 맛이 빠진다고 하고, 어느 레시피에서는 들기름에 달달 볶는 방법을 사용한다고 나오기도 합니다. 어느 것이 정답일까요? 제 생각엔 내 입맛에 맞는 우엉 조림을 만드는 법이 정답입니다. 이 책에서는 아마도 제가 생각하는 레시피를 설명드리겠죠. 그러니 생각이 다르시면 자유롭게 변경하셔도 됩니다.

우리가 원하는 것은 아이가 돈과 친해지는 방법을 찾는 것이지 돈과 친해지기 위해서 반드시 따라야 하는 법칙을 만드는 것이 아니니까요. 마지막에는 아이와 함께할 수 있는 활동을 제안드릴 겁니다.

2부의 전체적인 구성은 첫 번째로 **돈을 쓰는 방법**에 대해서, 그 다음으로 **돈을 모으는 방법**, 마지막으로 **돈 버는 방법**으로 구성했습니다. 아이들에게 처음부터 수요와 공급이나 경기, 주가 같은 이야기를 본격적으로 하면 듣는 아이들도 고생이고, 설명하는 어른들도 곤혹스러울 겁니다. 그래서 돈이란 무엇인지 생각해 보는 것을 시작으로 어떻게 쓰는 것이 좋을지에 대해 설명할 예정입니다. 다음 단계인 '돈을 모으는 방법'은 쓰고 나서 남는 돈이나 혹은 쓰기 전에 떼어 놓는 돈을 모으는 방법과 각각의 이유에 대해서 얘기하겠습니다. 그 다음은 '돈 버는 방법'입니다. 돈을 버는 방법은 직업을 가지고 주수익을 얻게 된다는 개념과 돈으로 돈을 버는 주식이나 펀드로 넘어갈 겁니다. 크게 여기까지가 '개인'의 관점에서 생각하게 되는 '돈'에 대한 공부가 됩니다.

네 번째와 다섯 번째는 보통 경제 원론이나 경제 기사에서 얘기하는 내용들로 구성됩니다. **돈이 도는 방법**에 대한 얘기입니다. 시장이 무엇인지, 수요와 공급, 그리고 경제의 3주체, 환율 같은 주제에 대한 이야기가 나옵니다. 이 부분이 주로 학교의 교과 과정 첫 단계에 등장하는 경제 개념들이라고 보시면 됩니다. 투자 등의 활동을 위해서는 경제의 전체적인 맥락을 읽을 수 있어야 하고, 또 아이들이 교과 과정을 통해 배우는 부분을 활용하면 상대적으로 어른이 설명할 부분이 줄어드는 효과를 누릴 수 있기 때문입니다. 마지막은 요리법이 아닌 조리 도구에 대한 설명 같은 이야기입니다. 사회보장제도나 경제 기사를 봐야 하는 이유, 신용카드나 페이 서비스와 같이 변화하는 화폐 모습 등 아이들이 당장 이해하기 어렵고 전체 흐름에서 조금 벗어나 보이지만 분명 우리 사회의 경제에 속해 있는 것들을 묶어서 설명할 생각입니다. 주로 경제 기사에서 다루기는 하지만 교과서에 잘 나오지 않는 개념들이 될 겁니다.

제목과 활동 내용을 보시고 할 수 있는 것부터 실천해 보시기 바랍니다. 꼭 첫 장부터 봐야 하는 것도 아니고, 특정 부분을 골라서 보셔도 전혀 문제가 없습니다.

PART

2

아이와 함께하는
재테크 레시피

PART 2

1장

돈을 쓰는 방법

1. 돈이란 무엇인가

2. 돈을 세는 단위

3. 소비와 기회비용

1

돈이란 무엇인가

돈의 특별한 성격에 대한 이야기입니다. 돈은 세 가지의 특징을 가지고 있습니다. 첫째는 **교환 기능**입니다. 둘째는 **가치 측정 기능**입니다. 세 번째는 **가치 저장 기능**입니다. 교환 기능을 이해하는 가장 쉬운 개념으로 돈을 주고 물건을 받는 사기(buy)가 있습니다. 하지만 교환 기능의 핵심은 바꾸기입니다. 따라서 물건을 주고 돈을 받는 팔기(sell)도 가르쳐야 합니다. 두 번째 개념인 가치 측정은 물건의 길이를 재는 '자'의 역할처럼 돈이 가치를 잴 수 있는 자의 역할을 한다는 뜻입니다. 가치는 눈에 보이는 물건의 가치뿐만 아니라 서비스의 가치도 포함됩니다.

대부분의 물건들은 시간이 지나면 가치가 사라지거나 줄어들게 되어 있습니다. 하지만 돈은 가지고 있다고 해서 낡아 없어지지 않습니다. 그렇기 때문에 돈을 모으거나 다른 사람이 저장해 놓은 돈을 빌려서 사용할 수 있습니다. 이것이 돈의 세 번째 개념인 가치 저장 기능입니다.

돈의 특징 3가지

1 바꾸기 (교환)

2 재기 (측정)

3 저장 (모아두기)

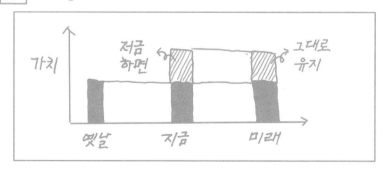

🖼️ 돈은 현금뿐일까?

돈이라고 하면 아마도 지폐나 동전을 떠올릴 겁니다. 아이들도 그렇고 어른들도 눈에 보이는 종이와 쇳덩이가 떠오르는 것이 자연스러운 일입니다. 우리에게 아주 익숙하기 때문입니다. 하지만 지폐나 동전은 현금이라고 부르는 돈의 일부라고 볼 수 있습니다. 현금도 돈이 맞습니다. 눈에 보이고 만져지는 물성 때문에 영화에서도 부자가 된 것을 표현할 때 커다란 가방에 가득 들어 있는 지폐를 공중에 흩뿌리는 모습으로 많이 묘사하죠. **하지만 돈의 개념은 현금보다 더 넓습니다.** 현금도 돈의 일부라는 것을 기억하고 있어야 이후에 설명하는 돈에 대한 개념을 헷갈리지 않고 이해할 수 있습니다. 실제로 아이들이 맞닥뜨리게 될 돈은 현금뿐만 아니라 통장에 적힌 숫자일 수도 있고 플라스틱 형태의 신용카드, 휴대전화로 결제하는 페이 서비스일 수도 있습니다. 가치가 올랐지만 팔지 않고 가지고 있는 주식이나 부동산 등 실현되지 않은 것도 돈의 일부입니다. 좀 더 철학적으로 확대하면 돈을 만들 수 있는 가능성도 돈으로 볼 수 있습니다. 아이들이 가진 잠재력, 어른들이 가진 특출한 능력, 뛰어난 체력이나 기술도 돈이라고 할 수 있고 시간도 돈이라고 부를 수 있습니다. 아이들과 이야기할 때 어른들이 가지고 있는 생각의 범주에서 적절하게 설명해 주시기 바랍니다.

중요한 점은 눈에 보이는 현금 말고도 돈이라 부를 수 있는 것이 점점 늘어나고 있다는 것입니다. 어떤 것이 돈인지 묻는 질문은 '어떤 기능을 하면 돈이라고 불러도 될까?'라고 묻는 것과 비슷합니다. 돈이 가지고 있는 능력으로 설명하는 것이 개념을 확장하기에 적합하기 때문입니다. 어려운 말로 돈의 속성 또는 기능이라고 부를 수 있습니다. 이제 그 기능을 알아보겠습니다.

💵 돈은 바꿀 수 있는 것

대표적인 기능은 교환입니다. 교환이라고 하면 아이에게 어려운가요? 그럼 '다른 것과 바꿀 수 있는 것'이라고 생각하면 됩니다. 아이들도 다 알고 있는 돈의 기능이 있습니다. 가게에서 원하는 물건을 가지고 오는 대신에 가게 주인에게는 돈을 줍니다. 가장 쉬운 말로 '샀다'라고 표현하는 것으로 돈의 기능으로 표현해 보면 '물건과 돈을 바꿨다'가 됩니다. 돈의 기능 중에서 가장 친근한 것이 교환인 셈으로, 돈은 내가 원하는 것과 바꿀 수 있는 수단입니다. 산다(buy)는 것은 요즘 많이 쓰는 단어인 '결제'로 바꿀 수도 있습니다. 현금 결제, 신용카드 결제, 페이 결제 등 **결제 수단**은 돈이라고 볼 수 있습니다. 아직 돈을 사용해 보지 않은 아이라면 아이에게 돈을 줘서 직접 결제해 보게 하는 것도 좋은 방법입니다. 신용카드로 결제를 할 때도, 번거롭겠지만 신용카드를 아이에게 건네서 계산해 주시는 분께 전달해 드리거나 스타벅스 매장 같은 곳에서 직접 결제 단말기에 신용카드를 꽂아 보는 경험을 하게 해 주는 것이 좋습니다. 아이들은 자연스럽게 자기가 어떤 행동을 하고 나서 원하는 것을 받는다는 교환 개념을 몸으로 익히게 될 겁니다.

아이들에게 교환 기능을 설명할 땐 하나의 의미를 더 말해 줘야 합니다. '팔기(sell)'입니다. 교환은 사는 사람과 파는 사람이 서로 바꾸는 것이기 때문입니다. 돈을 버는 것도 역시 교환입니다. 내 입장에서는 '일을 해서 노동력을 주고 임금이라는 돈을 받아 교환한다'는 것이지만, 사장 입장에서는 '고용하여 일을 시키고 월급을 주는 방식으로 돈과 교환한다'가 됩니다. 돈을 교육시키기 위해서는 잘 쓰는 것과 잘 버는 것을 같이 생각해야 합니다. 즉, 돈을 무엇과 바꿀 것인가를 결정하려면 돈을 알아야 한다는 뜻이기도 합니다. 아이들에게 돈을 줄 때 심부름과 같은 적당한 대가를 치르도록 하는 것이 그래서 필요합니다.

🧾 서로 다른 것을 비교할 수 있습니다

어른들 말로 표현하면 가치 측정이 가능하다고 할 수 있습니다. 전혀 다른 물건들이지만 경제 관점에서 보면 같다고 표현할 수 있습니다. 예를 들어 1천 원짜리 장난감과 1천 원짜리 과자가 있다면 두 개는 전혀 다른 것입니다. 하지만 돈으로 측정을 해 보니 1천 원짜리 물건으로 같습니다. 즉, 두 가지 물건의 가치를 비교할 수 있게 됩니다. 돈이 가진 기능은 길이가 얼마인지 잴 수 있는 자와 같은 역할을 한다고 볼 수 있습니다. 아이들이 자로 길이를 재서 볼펜과 색연필 중 어느 것이 키가 큰지 알 수 있는 것처럼 돈이라는 자로 '가치'를 재면 이 물건과 저 물건 중 어느 것이 더 가치가 높은 것인지 알 수 있게 됩니다. 가치를 비교할 수 있다는 것은 분명한 장점이 있습니다.

주의할 것은 측정된 가치가 모든 사람에게 동일하지는 않을 수 있다는 점입니다. 가치를 비교한다는 것만 가르쳐서는 안됩니다. 예를 들어 어른이라면 5만 원짜리 스테이크와 1만 원짜리 돈까스 중에 스테이크를 고를 수 있습니다. 하지만 아직 달달한 소스와 튀김이 입에 맞는 아이에겐 돈까스를 다섯 번 먹는 것이 더 좋을 수도 있습니다. 자로 잰 것처럼 돈으로 다른 물건들의 가치를 비교할 수 있는 것이 사실이지만 내가 만족하는 가치와 일치하지는 않습니다. 왜 강조하냐면 객관적인 면과 주관적인 면을 같이 길러 줘야 하기 때문입니다. 돈의 가치를 낮게 봐서도 안 되고 돈의 가치에만 매달려서도 안 됩니다.

객관적인 가치와 자신의 만족감을 일치시키는 활동으로 아이에게 일정 금액과 선택권을 같이 주는 방법이 있습니다. 아이는 가격으로 가치를 평가한 뒤 자기의 만족도가 최대한 높은 것을 선택하게 될 겁니다. **가격**이라 부르는 가치는 객관적인 측정 기준이 되는 것이고, 동일한 금액 중 선택하는 것은 **기회비용**을 연습하는 과정이 됩니다.

이때 어른들께서 주의하셔야 할 점이 있습니다. 아이들에게 돈을 주고 골라 보라고 하면 아이들도 많은 갈등을 하게 됩니다. 그때 옆에서 이게 좋다, 저게 좋다 유도하지 마시고 충분하게 시간을 두고 기다려 주셔야 합니다. 그래야 아이가 스스로 결정하는 능력을 기를 수 있습니다. 처음에 아이들에게 시키면 보통 당황하실 겁니다. 너무 늦게 결정할 가능성이 높거든요. 요즘은 저희 아이가 장난감 가게에 들어가면 30분 이상의 시간이 걸릴 것이라고 마음을 놓아 버립니다. 그래야 저도 편하고 아이도 편합니다.

반대로 너무 빨리 고르는 경우도 있습니다. 그때는 한 번 더 생각해 보라고 권유해 보세요. 이유는 돈을 쉽게 쓰지 않도록 조금 더 고민하는 시간을 주기 위한 것입니다. 그렇다고 어른들이 어떤 물건을 고르도록 유도하시면 안 됩니다.

눈에 보이는 물건의 가치를 비교하는 것뿐만 아니라 눈에 보이지 않는 것도 돈으로 비교 가능합니다. 예를 들어 머리카락을 다듬는 미용실의 가치와 공부를 가르쳐 주는 학원의 가치도 비교할 수 있습니다. 결국 우리가 살아가는 데 필요한 거의 모든 것들을 하나의 기준인 가격, 즉 돈으로 비교해 볼 수 있습니다. 그러나 이 가치를 절대적인 것으로 받아들여서는 안 됩니다. 돈으로 측정한 가치가 모든 것에 우선한다면 높은 연봉을 받는 사람이 낮은 연봉을 받는 사람보다 더 가치 있게 되어 버립니다. 물론 현실에서 이렇게 평가하는 경우도 있지만 이것을 맞다고 해서는 안 된다고 생각합니다.

각자가 생각하는 가치가 다르기 때문에 **교환**이나 **거래**가 생기는 겁니다. 아이에게 필요한 것은 **일반적으로 측정된 가치와 내가 중요하게 여기는 가치** 중 우선순위를 정하는 자신만의 틀을 갖는 것입니다.

돈은 저장할 수 있습니다

돈은 저장할 수 있습니다. 저장할 수 있다는 것이 무슨 대단한 의미가 있을까요? 생각해 보겠습니다.

사고 싶은 물건이 있더라도 모두가 항상 충분한 돈을 가지고 있지는 않습니다. 그렇기 때문에 사고 싶은 물건이 있을 때 돈이 없다면 보통 두 가지 방법 중 하나를 고르게 됩니다. 첫 번째는 필요한 돈이 될 때까지 돈을 모으면서 기다립니다. 두 번째는 다른 사람이 모아 놓은 돈을 빌립니다. **두 가지 방법이 모두 가능한 이유는 돈을 저장할 수 있기 때문입**

니다. 첫 번째 방법은 내가 저장하는 것이고, 두 번째 방법은 남이 저장하는 것입니다.

돈을 모으는 가장 기본적인 행동을 우리는 **저금**이라고 부릅니다. 저금의 말뜻은 돈을 쌓는다는 의미입니다. 저금으로 돈의 가치를 차곡차곡 쌓아두는 겁니다. 내가 필요할 때 사용하기 위해 모으는 행동이죠. 저금하는 것과 비슷한 예로 보조배터리를 생각해 보세요. 밖에 나가 돌아다닐 때 스마트폰의 배터리가 모자라면 어른들은 보조배터리를 꺼내서 스마트폰 충전을 합니다. 저금을 해 두었다가 필요한 돈을 꺼내 쓰는 것과 비슷한 행동입니다. 나를 위한 저금은 보조배터리를 미리 준비하는 것과 비슷합니다.

깜빡하고 보조배터리를 안 가지고 나간 적도 있을 겁니다. 그럴 때 지인이나 가게에서 충전을 부탁하는 경우도 있습니다. 이런 상황은 다른 사람이 저장해 놓은 돈을 빌려 내가 필요한 것을 사는 것과 비슷하다고 할 수 있습니다.

남의 돈을 쓸 땐 이자를 내야 하지만 보조배터리를 빌리는 경우에 돈을 내지는 않습니다. 하지만 당연히 감사하다는 말은 해야 합니다. 단순히 예의이기 때문이기도 하지만 경제적으로 해석하면 내가 얻은 효용에 대한 대가를 지불하는 행위이기 때문입니다. 자본주의 사회에서는 공짜가 없어야 합니다. 간단한 인사 역시 대가를 지불하는 것입니다. 그러니 뜬금없이 들릴지 몰라도 아이들에게 '고맙습니다'라는 인사를 잘 하도록 가르쳐 주세요.

돈은 저장할 수 있기 때문에 매우 자유롭게 빌려주고, 빌리는 것이 가능합니다. 은행은 렌터카 회사와 비슷합니다. 우리 가족이 여행을 가려고 하면 차가 한 대만 있으면 됩니다. 그런데 이번엔 친척뿐만 아니라 해외에서 온 친구 가족들과 다 같이 여행을 가려고 합니다. 차 한 대로는 부족하겠죠. 그럼 차를 빌려야 합니다. 옆집에서 빌리기는 어렵죠. 그럴 땐 차를 전문적으로 빌려주는 렌터카 회사에 연락하는 것이 가장 확실하고 쉽습니다.

렌터카 회사가 차를 빌려주는 전문 회사라면, 은행은 전문적으로 돈을 빌려주는 곳입니다. 돈을 가장 많이 저장하고 있는 곳이 은행입니다. 은행에 있는 돈이 모두 은행의 돈은 아닙니다. 우리가 저금하는 돈도 은행에 저장되어 있거든요. 은행에서는 저장된 돈의 일부를 다른 사람에게 빌려줍니다. 그냥 빌려줄까요? 렌터카를 빌리면 빌려 쓰는 돈을 내듯이 돈을 빌리면 돈을 빌려 쓰는 돈을 내야 합니다. 이 비용을 '이자'라고 합니다(이자에 대해서는 나중에 다시 설명드릴 겁니다).

아이에게는 돈은 없어지지 않으니 지금 살 수 없는 물건을 사기 위해서 돈을 모아야 한다고 가르치시면 됩니다. 또 내가 돈을 모으는 것은 나를 위해서이기도 하지만, 다른 사람을 위해서이기도 합니다. 아이가 이해하기 어려워하면 어른이 되었을 때의 나를 위해서 돈을 저장한다고 가르치면 좋겠습니다.

참고로 어른들은 시간이 지나면 돈의 가치가 줄어든다는 것을 알고 계실 겁니다. **물가상승률** 때문이지요. 어렸을 때의 1만 원 가치와 비교해 보면 현재 1만 원의 가치는 낮아졌습니다. 물가가 올랐기 때문입니다. 물가가 올랐다는 의미는 화폐 가치가 떨어졌다는 것과 같은 의미입니다. 다만 이 부분은 기능보다는 가치의 문제이기 때문에 아이가 좀 더 경제에 눈을 뜨고 난 뒤에 설명해도 됩니다.

실천하기

이번에 아이들과 함께 해 보려는 과정은 물건의 가격을 읽고 다른 물건들과 비교하면서 측정 기능을 익히는 것입니다. 물건 가격에 따라 하나의 물건을 다른 물건으로 바꾸려면 몇 개가 필요한지 따져 보며 교환 기능을 체득하게 됩니다. 또 교환 기능 중 사는(buy) 것이 아닌 파는(sell) 것의 기능을 체험하기 위해 어른들이 시키는 일을 함으로써 자기의 노동력을 파는 과정을 체험할 수 있습니다. 저장 기능은 보관할 수 있다는 의미라는 것을 알 수 있게 가르치는 것이므로 아이가 돈을 구분할 수 있는 어떤 방식이든 가능합니다. 아이의 수 개념과 산수 능력에 따라 어려운 부분은 좀 더 쉽게 하시거나 건너뛰셔도 됩니다.

아이와 함께하는
오늘의 **재테크 습관** 기르기

🪙 오늘의 지수를 적고 어제와 얼마나 다른지 표시해 보세요.

코스피 〰〰〰〰〰〰〰〰〰〰〰〰〰   코스닥 〰〰〰〰〰〰〰〰〰〰〰〰〰

유가 〰〰〰〰〰〰〰〰〰〰〰〰〰   환율 〰〰〰〰〰〰〰〰〰〰〰〰〰

🪙 아래의 활동을 통해 돈의 정의가 무엇인지 아이와 함께 익혀 봐요.

i 아이가 좋아하는 물건이나 옷, 장난감, 먹을 것을 찾아서 나열하고 얼마인지 적어
   보세요. 품목을 5개 정도로 정하고 가격을 잘 모른다면 어른들이 도와주세요.

ii 가격순으로 물건의 순서를 매겨 본 후에 가장 싼 물건 몇 개가 있어야 가장 비싼
   물건 한 개의 값과 같아지는지 계산해 봐요.

iii 아이가 어떤 일을 하면 다섯 개의 품목 중 중간 가격인 물건값 정도의 돈을 받을 수
    있을지 어른들과 함께 얘기한 후에 그 일을 하고 돈을 받는 경험을 시켜 주세요.

iv 돈을 받으면 저금통에 저금하게 합니다. 여기서 저금통이란 봉투, 서랍 등 어떤
   모습이든 상관없습니다. 아이의 것이란 사실이 구분되면 됩니다.

v 지금 아이가 얼마의 돈을 가지고 있는지 알아보고 기록해 봅시다.

2

돈을 세는 단위

이해하기

물건에 세는 단위가 있는 것처럼 돈에도 세는 단위가 있습니다. 우리나라에서 돈을 세는 단위는 법으로 정해져 있습니다. 세는 단위까지 법으로 정한 것을 보면 돈을 만드는 것이 무척 중요하다는 것을 깨달을 수 있을 것입니다.

이처럼 돈의 단위가 중요한 이유 중 하나는 외국의 돈과 바꾸려고 할 때 필요하기 때문입니다. 이번에는 돈을 세는 단위와 관련된 내용, 돈을 만드는 주체, 외국의 사례를 알아보겠습니다. 초등 교과 과정에 나오는 일반적인 내용이어서 상식을 넓히는 관점에서도 중요하지만 아이들에게 더욱 강조해서 알려 줘야 할 부분은 돈이란 정부가 직접 관여할 만큼 중요하게 관리되는 것이라는 사실입니다.

돈은 중요하기 때문에 나라에서 관리해요

1 | 돈은 나라에서 만들어요 (주조·발행)

대한민국   한국은행
미 국   연방준비제도
유럽연합   유럽중앙은행

2 | 돈을 세는 단위도 정해요

대한민국   원
미 국   달러
중 국   위안
일 본   엔
유 럽   유로
영 국   파운드
호 주   호주 달러
캐나다   캐나다 달러

🧧 돈도 세는 단위가 있다

모두가 알고 있습니다. 우리나라 돈을 보면 누구라도 '원'을 뒤에 붙입니다. 이순신 장군이 그려진 동전을 보면 백 원이라고 하고 세종대왕님이 그려져 있는 푸르스름한 종이를 보면 만 원이라고 합니다. 다 알고 있는 이야기를 왜 할까요?

'누가 돈을 셀 때 원이라고 붙였지?'와 '다른 나라는 뭐라고 부를까?'를 생각해 봐야 하기 때문입니다. 이 두 가지 질문은 하나의 방향을 향해서 모입니다. '돈과 관련된 것은 누가 정하고 만들지?'입니다. 돈을 만드는 과정을 설명해 주고, 전 세계의 **통화 단위**를 알려 주는 것은 지식 측면에서 유용합니다. 그래서 아이들이 보는 교과서나 책을 보면 주로 누가 돈을 만들고 어떻게 만드는지에 대해서 세부적으로 설명합니다. 하지만 제 생각엔 아이가 돈에 익숙해지도록 하는 것이 목적이라면 돈을 누가, 어떻게 만드는지 알려 주는 것도 좋지만 돈을 만들고 사용하는 과정을 정부와 사회가 꼼꼼히 관리한다는 것을 알려 주는 것이 더 중요하다고 생각합니다. **자본주의 사회에서 돈은 사람의 혈액처럼 경제 체제를 유지하는 데에 아주 중요하기 때문에 신경을 많이 쓴다는 것을 알 수 있게** 해 주세요.

누가 돈을 셀 때 '원'이라고 붙였지?

우리나라 돈의 단위를 원(won)으로 붙인 것은 대한민국 정부입니다. 현재 한국은행법에 '대한민국의 화폐 단위는 원으로 한다'라고 되어 있습니다. 조선시대라면 왕이 정하면 되었겠지만 법치국가인 우리나라에서는 대통령 혼자 정할 수 없습니다.

우리나라의 돈을 원이라고 부르기로 정한 것이 정부라는 것에는 또 하나의 중요한 의미가 있습니다. 바로 화폐를 찍어서 유통시킬 수 있는 화폐 발권 권한을 누가 갖는지를 나타내는 것이기 때문입니다. 대부분의 나라에서 화폐 발권에 대한 권한은 중앙은행이 갖고 있습니다. 정부의 주요 기능 중 하나가 중앙은행을 관리하는 것이고 중앙은행의 주요 기능 중 하나가 발권입니다.

짧막하게 대한민국의 화폐 단위를 살펴보면 해방 이후 1950년도에 원으로 부르기로 했습니다. 그러다 한국 전쟁 때문에 경제가 어려워지자 1953년에 환으로 바꿉니다. 지금 우리가 쓰는 단위는 원이니까 다시 원으로 바뀌는 시기가 있었겠지요? 네, 1962년도에 환을 다시 원으로 바꿉니다. 1962년도에 도입된 원이라는 단위를 현재까지 사용하고 있는 것입니다. 혹시라도 집에 환이라는 단위의 돈이 있다면 아주 오래된 돈입니다. 집에서 찾아볼 수 있으면 좋겠지만 확률상 어려울 테니 포털에서 이미지를 검색해 보세요.

우리나라 돈의 단위는 정부가 정합니다. 그리고 우리나라에서 화폐를 찍어 내는 곳은 **한국은행**이라고 부르는 중앙은행입니다. 지폐를 보면서 간단한 퀴즈를 맞혀 보세요. 아이와 같이 하셔도 됩니다. 돈을 잘 살펴보면 제조한 곳이 나옵니다. 누구일까요? 조금 작게 인쇄되어 있지만 금방 찾으실 수 있을 겁니다. 정답은 **한국조폐공사**입니다. 잘 찾아보시면 **한국조폐공사 제조**라는 문구를 찾으실 수 있습니다. 우리나라 돈은 누가 만들까에 대한 답은 크게 보면 정부, 발권 주체로 보면 한국은행, 실제 만드는 행위로 보면 한국조폐공사가 됩니다.

💵 단위를 왜 바꿀까?

이제 화폐 단위에 대한 조금 더 깊은 이야기를 나눠 보겠습니다. 화폐 단위를 왜 바꿀까요? 계속 원이라고 쓰면 될 것 같은데요. 가끔씩 뉴스에 **화폐 개혁**이란 이야기가 나오는데 들어 보셨나요? 뉴스에서는 종종 **디노미네이션(denomination)**으로 쓰이니까 뉴스에 이 단어가 나오면 어른들은 화폐 개혁을 이야기한다고 기억해 두셔도 좋겠습니다. 아이들에게는 굳이 디노미네이션이란 단어까지 알려 주지 않으셔도 됩니다.

화폐 개혁이라고 하지만 직접 체감되는 일은 화폐 단위가 바뀌는 것입니다. 화폐 단위를 바꾸는 화폐 개혁은 경제적인 문제 때문입니다. 요즘 식당에서 밥을 먹을 때 1만 원이 넘는 경우가 많습니다. 버스를 타려고 해도 어른 요금 기준으로 1천 원이 넘습니다. 계속해서 물가가 오르다 보니 메뉴판에 10,000원이라고 적기보다 10.처럼 줄여서 표현하는 곳도 늘고 있습니다. 이외에도 여러 가지 문제가 있지만 아이와 이야기할 때는 '쓸 때 숫자가 너무 길어서' 그리고 '동전을 쓸 데가 없어서'라고 말해 주는 것이 좋을 것 같습니다.

환율이 1달러에 1,000원이라고 가정할 때 1만 원짜리의 똑같은 물건을 사도 미국 달러라면 10이라고 쓰면 되는데 우리나라 돈으로는 10,000이라고 써야 합니다. 종이도 많이 들고 잉크도 많이 들고 계산하기도 힘들죠. 게다가 동전을 쓸 일이 없어집니다. 1만 원짜리 밥을 사먹을 때 동전으로 내야 한다고 생각해 보세요. 100원짜리라면 100개, 가장 큰 액수인 500원짜리로 계산하려고 해도 20개나 들고 가야 합니다.

그러다 보니 사람들이 점점 동전을 쓰지 않게 됩니다. 많은 사람들이 동전을 쓰지 않는다고 해도 동전을 만들지 않을 수는 없습니다. 사용되지 않는데 만들어지는 동전은 모두 낭비죠. **그래서 화폐 개혁을 할 때는 보통 단위를 낮춥니다.** 예를 들어 1천 원을 1환으로 변경하는 것처럼 말입니다.

화폐 개혁을 하는 것은 비용이 많이 듭니다. 모든 돈을 바꿔야 하는 것은 물론이고 모든 가격표도 다시 다 붙여야 합니다. 눈에 보이는 것

말고도 '전에는 2만 원이었는데 환으로는 얼마지?'라며 사람들이 헷갈려하는 시간과 비용도 고려해야 합니다. 이처럼 화폐 개혁을 하려면 많은 비용이 들고 사람들의 혼란이 생기기 때문에 쉽지 않은 일입니다.

📖 외국의 돈은 누가 만들까?

지금까지 우리나라에서 돈이 만들어지는 과정을 살펴봤습니다. 그럼 외국에서는 어떨까요? 우리나라와 비슷하게 대부분의 외국도 **중앙은행**이 만듭니다. 하지만 아주 중요한 화폐인데도 한 나라의 중앙은행이 만들지 않는 화폐가 2종 있습니다. 첫 번째는 미국의 **달러**입니다. 미국의 달러는 미국의 중앙은행에서 만들지 않아요. 왜냐하면 미국에는 중앙은행이란 곳이 없습니다. 대신 중앙은행의 역할을 하는 곳이 있습니다. **연방준비제도(Federal Reserve System)**입니다. 뉴스에서는 주로 '연준'이라고 나옵니다. 미국의 달러는 전세계에서 가장 중요한 화폐지만 연방준비제도에서 발행합니다. 우리나라에서 '한국은행장'이라고 할 만한 사람이 미국에서는 '미국 연방준비제도이사회 의장'입니다. 그래서 보통 뉴스에서는 아무개 연준 의장이라고 표현합니다.

두 번째는 EU에서 사용하는 **유로**입니다. 아이에게 쉽게 설명하려면 EU가 무엇인지 개념적으로 이해해야 합니다. EU는 독립적인 나라들이 모여서 함께 경제권을 만든 것입니다. 그렇기 때문에 한 나라의 중앙은행에서 유로를 발행하지 않고 유럽 중앙은행이란 곳에서 유로를 발행합니다. 꼭 알아야 될 내용은 아니지만 돈과 관련된 상식으로 종종 회자되니 아이들에게 들려주기 좋습니다.

💸 돈을 누가 만드는지가 왜 중요하지?

이제 우리나라나 외국의 돈을 누가 만드는지 알게 되었습니다. 그런데 돈을 누가 만드는지는 왜 중요할까요? 자본주의 경제의 핵심인 돈에 대한 권한을 가지고 있다는 뜻이기 때문에 중요합니다. 한 나라의 돈을 찍어낼 수 있다는 뜻은 한 나라의 군사력을 가지고 있다는 것과 비슷합니다. 우리나라를 지키는 군인이나 군대를 관리하는 주체가 정부인 것처럼 우리나라 경제에 가장 중요한 요소인 돈도 정부가 만듭니다. 돈을 찍어낼 수 있다는 것은 경제적으로 독립된 나라라는 의미이기도 합니다. 다만 유로처럼 유럽 중앙은행에서 돈을 만드는 경우엔 독립적이지 않다는 의미보다 경제적으로는 한 나라처럼 움직인다는 뜻입니다. 이렇듯 돈을 만들어 내는 구조만 봐도 어떤 경제 구조를 가진 나라인지 알 수 있습니다. 그래서 화폐를 위조하는 것은 중대한 범죄입니다. 정부에 대항하거나 국가 경제를 혼란케 하는 큰일이 되는 것이죠.

💵 외국 돈과 관련된 이야기들

해외에서는 당연히 우리나라 돈이 아닌 그 나라의 돈을 써야 합니다. 해외에서 쓰려고 우리나라 돈을 다른 나라의 돈으로 바꾸는 행동을 환전이라고 부릅니다. **환전할 때 각 나라의 화폐 교환 비율이 바로 환율입니다.** 돈을 바꾼다고 하니까 복잡해 보이지만 실제로는 한국 돈을 주고 외국 돈을 사는 것입니다. 결국 환율이란 것은 외국 돈의 가격을 말하는 겁니다. 환율은 어른들도 많이 헷갈리는 문제이니 아이들에게는 개념만 알려 주셔도 충분할 거예요. 환율과 관련된 더 많은 내용은 별도로 설명하겠습니다.

환전은 어디서 할까요? 은행에서 합니다. 법에 따라 환전상이라고 불리는 개인에게 바꿀 수도 있지만 여전히 은행에서 환전하는 것이 일반적입니다. 이렇게 은행의 역할을 하나 더 알게 되었네요. 은행은 사람들이 저금하는 돈을 받아 두는 역할, 사람들이 저금한 돈으로 다른 사람에게 빌려주는 역할이 기본이지만 필요로 할 때 돈을 다른 나라의 돈으로 바꿔 주는 역할도 합니다.

아이들이 외국 돈과 관련해 알아 둬야 할 내용은 두 가지입니다. 첫째, 우리나라 돈과 외국 돈을 바꾸는 것을 환전이라고 부른다는 사실. 둘째, 우리나라 돈과 외국 돈을 바꿀 때 적용하는 교환 비율을 바로 환율이라고 부른다는 것입니다.

📜 외화와 관련된 재미있는 상식들

-기축통화: 지구에서 가장 중요한 화폐는 미국 달러입니다. 왜냐하면 거의 모든 나라에서 달러를 사용할 수 있기 때문입니다. 그렇다고 우리가 우리나라 시장에 가서 달러를 내면 받아 준다는 뜻은 아닙니다. 달러를 사용할 수 있다는 뜻은 수출이나 수입할 때 대금을 지불하는 수단으로 사용된다는 의미입니다. 달러처럼 전 세계에서 통용되는 화폐를 기축통화라고 부릅니다.

-단위로 달러를 쓰는 나라가 많다: 달러는 미국 돈을 세는 단위입니다. 그런데 미국에서만 쓰이는 것이 아닙니다. 캐나다에서도 달러를 쓰고 호주에서도 달러라고 부르고 심지어 홍콩에서도 달러를 씁니다. 그럼 헷갈리겠지요? 그래서 각 나라의 통화를 표현할 때는 약어를 써서 서로 헷갈리지 않게 합니다. 우리나라 말로는 미국 달러, 호주 달러, 캐나다 달러처럼 나라 이름을 앞에 써 줍니다. 다만 경제 뉴스 등을 읽고 아이와 이야기하는 정도라면 영어로 미국 달러를 어떻게 표기하는지 정도만 알고 계시면 될 것 같습니다. 미국 달러는 USD라고 씁니다.

-한국 돈, 중국 돈, 일본 돈은 같은 글자: 한국 돈은 원(won), 중국 돈은 위안(元), 일본 돈은 엔(円)이라고 부릅니다. 발음도 다르고 써 놓은 글자도 다릅니다. 하지만 원래 한자를 쓰면 圓(둥글 원)으로 모두 같은 글자입니다. 우리나라는 한글이 있으니 한자를 안 쓰는 것이고, 중국과

일본은 각자 간략한 글자로 바꿔서 사용하기 때문에 다른 글자라고 생각하는 겁니다. 圓은 둥글다는 뜻으로 옛날 드라마에 보면 둥그런 모양에 네모난 구멍이 뚫려 있는 돈을 본 적이 있을 거예요. 둥근 돈의 모양을 보고 붙인 이름에서 유래한 겁니다.

－어느 나라 돈인지 확인하는 방법: 다른 나라의 화폐만 보고 어느 나라 돈인지 알 수 있을까요? 대부분의 돈에는 어느 나라의 돈인지 글자로 쓰여 있습니다. 제일 쉬운 방법은 나라 이름을 찾아보는 겁니다. 영어로 쓰인 경우가 많아요. 또 다른 방법은 통화 이름을 찾아보는 겁니다. 우리나라 돈에도 영어로 단위가 쓰여 있어요. 아이와 함께 won을 찾아보세요. 다른 나라 돈에도 영어로 부르는 이름을 써 놓는 경우가 대부분입니다. 영국 - 파운드, 베트남 - 동, 태국 - 바트, 인도네시아 - 루피아, 말레이시아 - 링깃, 필리핀 - 페소, 브라질 - 헤알 등이지요.

실천하기

돈이 만들어지는 과정을 익히기 위해 다양한 활동을 해 볼 수 있습니다. 우리나라와 외국의 돈을 비교하면서 돈을 어느 기관에서 만들었는지, 어느 나라의 돈인지, 어떤 단위를 쓰는지 확인해 봅니다. 우리나라와 긴밀한 관계인 미국, EU, 중국, 일본의 화폐는 꼭 찾아보고, 아이와 여행을 가 봤거나 아이가 관심 있는 나라의 통화도 추가로 찾아보세요. 집에 외국 지폐나 동전이 있다면 가장 좋겠지만 실제 돈이 없으면 포털에서 검색하셔도 됩니다. 그리고 아이와 환율을 보면서 우리나라 1만 원이 다른 나라 돈으로 얼마가 되는지 계산해 보세요.

아이와 함께하는
오늘의 **재테크 습관** 기르기

🪙 오늘의 지수를 적고 어제와 얼마나 다른지 표시해 보세요.

코스피

코스닥

유가

환율

🪙 각 나라의 돈을 세는 단위를 통해 통화 관리에 대한 기초를 아이와 함께 익혀 봐요.

i 집에 외국 돈이 있다면 어느 나라 돈인지 아이에게 맞혀 보게 해 주세요. 외국 돈을 가지고 있지 않다면 어른들이 포털 검색을 활용해서 보여 주는 이미지를 보고 어느 나라 돈인지 맞혀 볼 수 있어요.

ii 우리나라 1만 원으로 미국, EU, 중국, 일본 돈으로 바꾸면 얼마를 받게 될까요? 아이와 함께 포털에서 '환율'을 검색해 봅시다.

iii 아이들과 함께 미국의 amazon이라는 쇼핑몰을 가서 좋아하는 장난감을 고르게 해 보고 장난감의 가격이 각각 다른 나라 돈으로 얼마가 되는지 알아봐요.

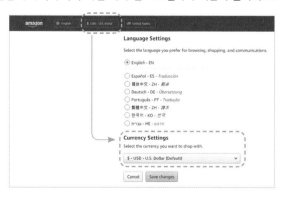

3

소비와 기회비용

이해하기

돈과 관련된 행동을 할 때는 크게 두 가지 관점에서 고민해야 합니다. 하나는 돈을 쓰기 위한 고민이고 또 다른 하나는 돈을 벌기 위한 고민입니다. 아이들에겐 **쓰는 방법**을 먼저 가르쳐 줘야 합니다. 왜냐하면 아이들이 돈을 번다는 경험을 하기 어렵기 때문입니다. 아이들에게 돈은 생기는 것이고 누군가가 주는 겁니다. 그러니 먼저 어떻게 돈을 써야 할지 같이 생각해 보겠습니다. 교과서에도 나오는 개념이면서 가장 일반적인 방법이 **기회비용**입니다. 기회비용이란 하나를 선택함으로써 포기하게 되는 것들의 가치를 말합니다. 1만 원의 돈이 있을 때 장난감을 살 수도 있고 책을 살 수도 있습니다. 책을 샀다면 포기해야 하는 장난감이 기회비용이 됩니다. 가장 좋은 선택이란 기회비용이 가장 적게 발생하는 결정을 하는 겁니다. 아이들에게 설명해 보자면 결정한 뒤에 포기한 물건이 자꾸 생각나지 않는 경우를 잘한 선택이라고 부를 수 있을 겁니다. 돈을 쓸 때부터 아이들과 기회비용을 줄이는 것을 같이 고민해야 합니다. 그리고 무엇보다 중요한 점은 아이들이 결정하게 해야 한다는 것입니다. 돈을 잘 쓰는 법부터 익히게 해 봅시다.

돈은 똑똑하게 써야 돼요

똑똑!

기회 비용

A를 골라야 해요

비용

A   B

Ⓐ와 Ⓑ가 있을때,

두가지의 기회비용을
비교해 봐야 해요

고른 것이   기회비용은

Ⓐ면   Ⓑ가 되고

Ⓑ면   Ⓐ가 됩니다

가장 낮은 기회비용이
생기도록 선택해야 돼요

💵 가장 첫 번째는 '쓰는 방법'부터 가르치는 것

우리는 돈을 쓴다는 말을 자주 합니다. 돈 쓰는 것을 어렵게 말하면 소비입니다. 쓰는 것의 반대말은 모으는 것입니다. 모으는 것을 어렵게 말하면 저축입니다. 투자는 불리는 것입니다. 아이들에게 돈에 친숙해지는 교육을 시키고 싶다면 쓰는 법을 먼저 알려 주고, 그 다음에 모으는 것을 알려 주는 것이 좋다고 생각합니다. 이유는 두 가지 때문입니다.

첫 번째는 아이들이 가장 쉽게 접하는 상황부터 적용시키는 것이 자연스럽기 때문입니다. 아이들에게 돈은 자기가 노력해서 버는 것이 아닙니다. 돈은 누군가 주는 것이며 자기의 노력을 거의 들이지 않았는데도 생기는 것입니다. 그렇기 때문에 힘들게 모았다는 생각이 들지 않습니다. 어른들은 돈을 얼마나 어렵게 모으는지 알기 때문에 쓸 때도 쉽게 결정하지 않는 기본적인 태도를 가지고 있습니다. 하지만 아이들에게는 노력해서 버는 소득이라는 개념이 거의 없습니다. 그나마 노력해서 번 것과 비슷한 돈이 세뱃돈입니다. 의도하지 않았겠지만 옆에서 어른들이 절하라고 시키니까 그냥 했을 뿐인데 절값을 받게 되니까요.

그러니 아이들에게 제일 먼저 가르칠 것은 돈을 어떻게 쓰느냐 하는 것입니다. 어떻게 모을지는 가르치려고 해도 잘 안 될 겁니다. 스스로 버는 것이 아닌 만큼 어른들처럼 돈에 민감하지 않기 때문입니다. 아이들이 잘 모르거나 이해력이 떨어져서가 아니라 힘들이지 않고 돈을 얻는 상황이 아이들에겐 자연스럽기 때문입니다. 그래서 세뱃돈을 모아 저금을 시키려 해도 잘 안 될 겁니다. 제 경우도 그랬습니다. 아이가 돈을 모아야 된다는 사실에 동의한 때는 돈이 부족해서 자기가 사고 싶은 것을 살 수 없다는 현실을 이해할 때였습니다.

두 번째는 아이들이 사회초년생이 되어 수입이 생기기 시작할 때를 대비하기 위함입니다. 사회초년생들이 월급을 받고 수익이 생기면 제일 먼저 하는 것은 소비입니다. 처음부터 알뜰하게 소비하는 경우도 있겠지만 보통은 허무하게 돈을 사용해 버리곤 합니다. 쓰는 훈련이 되지 않은 사람은 소비 통제가 안 되어 심할 경우 카드 빚에 허덕일 수도 있습니다. 빚까지는 아니더라도 경제 활동을 1~2년 정도 했는데도 모인 돈이 없을 때 이렇게 살면 안 되겠다며 저금을 시작합니다. 그런데 저금을 시작해도 돈이 많이 모이지 않게 되면 자꾸 '한방'에 성공할 수 있을 것 같은 투자로 눈이 갑니다. 모아 본 적이 없고 투자에 대해서 익숙하지 않으며 마음은 급하기 때문입니다.

어른들이 큰 재산을 물려주는 등 특이한 경우를 빼면 종잣돈을 모으는 가장 좋은 방법은 저금입니다. 종잣돈의 규모는 저금 액수에 비례하고 저금 액수는 소비를 얼마나 통제하느냐에 달려 있습니다. 소비를 통제하지 못하면 아무리 많은 돈을 벌어도 모이는 돈은 별로 없습니다. 자본주의 사회에서는 주위의 모든 것들을 끊임없이 소비하도록 유도합니다. 결국 소비 습관을 잘 잡은 사람이 저금에 성공할 가능성이 높습니다. 습관은 어려서부터 잡는 것이 정답입니다. 그래서 아이들을 부자로 만들겠다는 목표가 아니더라도 돈에 끌려다니면서 살지 않도록 키우고 싶다면 스스로 만족하는 소비를 하도록 훈련시켜야 합니다.

📋 현명한 소비는 기회비용을 줄이는 소비

기회비용은 앞에서 설명한 것처럼 내가 선택하지 않은 것들의 가치입니다. 아이들에게 현명한 소비 방법을 멋지게 설명하려면 **기회비용이 가장 적게 돈을 써야 한다**고 말해 주면 됩니다. 아이들은 이해하지 못하겠지만 어른들의 설명을 귀담아 들을 겁니다. 농담처럼 들리시겠지만 어른들이 알고 있는 어려운 단어도 가끔씩은 사용해 주시는 것이 좋습니다. 가끔 그것이 아이들의 흥미를 끌기도 하니까요. 물론 아직 어려운 말이나 설명을 알아듣기 어려운 아이들을 위해서는 아이들의 눈높이에 맞추는 것도 필요합니다. 다만 아이들에게 개념을 이론적으로 설명하는 것보다는 경험하고 직접 느끼게 해 주는 것이 더 중요합니다. 제 경험에 한정되긴 하지만 예시를 들어 보겠습니다.

아이들의 입장에서 목돈이 생기는 날은 설날과 생일일 겁니다. 아이는 가르치지 않아도 돈을 주면 물건을 살 수 있다는 것을 알고 있습니다. 돈이 뭔지 몰라도 돈과 자기가 원하는 것을 바꿀 수 있다는 것을 압니다. **이때 아이에게 스스로 무엇을 살지 선택하는 훈련을 시켜야 합니다.** 아이가 자기 돈을 어디에 쓸지 결정하는 과정을 함께해 주시는 것이 필요합니다. 구매 결정을 아이에게 맡기면 어른들은 답답할 수도 있습니다. 어른들 입장에서 보자면 말도 안 되는 것을 사거든요. 저도 제 아이에게 선택권을 맡겨 봤습니다. 장난감 가게에 들어가자 아이는 평소 갖고 싶다고 노래를 부르던 것을 고르는 게 아니라 그 자리에서 눈에 띄는 것을 골랐습니다. 이 단계에서는 아이를 나무라거나 어른들이 나서서 다른 것을 선택하도록 유도하면 안 됩니다. 왜냐하면 아이가 직접 깨닫고 느끼도록 해야 하거든요.

어른들은 물건 선택을 유도하는 대신 아이에게 선택 조건을 제한해 줘야 합니다. 돈의 액수 또는 물건의 가짓수를 조절해 주세요. 제가 썼던 방법은 돈의 액수가 아니라 가짓수였습니다. 얼마만큼의 돈을 가지고 있는지와 상관없이 하루에 한 개만 살 수 있다는 조건이었습니다. 처음에는 말씀드린 대로 실망스러운 선택을 했습니다. 저도 실망했고 아이도 실망했습니다. 아이의 실망을 어떻게 알았는가 하면 다음에 선택할 수 있는 기회가 주어지자 이번엔 주저하거나 흔들림 없이 처음부터 원했던 장난감을 골랐거든요.

아이가 경험하지 못하면 아무리 어른들이 말로 해도 깨닫지 못합니다. 사람은 어른이나 아이나 똑같습니다. 자기가 결정하지 않고 다른 사람이 결정할 때 배우는 것은 별로 없습니다. 아이는 한 번의 구매 실패로 기회비용을 경험할 수 있었습니다. 물론 이때 아이가 기회비용이 무엇인지 이론적으로 이해하지는 못했지요. 하지만 아이의 첫 번째 선택은 기회비용이 매우 컸습니다. 자기가 구매한 것보다 구매하지 않았던 장난감이 나중에도 더 생각났던 겁니다. 두 번째에는 기회비용을 낮추는 선택을 했고 만족할 수 있었습니다.

현명한 소비란 내가 좋아하는 것에 소비하는 것

어른들은 소비할 때 우리가 선택할 수 있는 폭이 매우 한정적이란 것을 알고 있습니다. 하지만 아이들은 잘 모릅니다. **어려서부터 자기가 좋아하는 것을 고르는 훈련을 하지 않으면 아이가 어른이 되고 소득이 늘어도 물건을 고를 때 남의 결정에 흔들리게 됩니다.** 어려서는 어른들이 좋아하는 것을 고르고 학생 때는 선생님이 원하는 것, 어른이 되어도 친구나 배우자가 원하는 것을 고를지 모릅니다. 이런 소비는 스스로에게 만족감을 줄 수 없기 때문에 많은 소비를 해도 늘 돈이 부족하다고 생각하게 됩니다. 그래서 아주 작은 소비를 연습할 때부터 어른들이 아이의 선택에 너무 많이 개입하면 안 됩니다. 아이 때부터 자기가 무엇을 좋아하는지 정확히 알게 되면 어른이 되어서도 엉뚱한 소비를 하지 않을 가능성이 높습니다.

요즘엔 장난감 가게에 가면 아이의 선택을 기다립니다. 이제 옆에서 지켜보지도 않습니다. 그리고 처음처럼 시간이 오래 걸리지도 않습니다. 아이가 알아서 자기가 갖고 싶은 것을 사기 때문입니다. 게다가 하나 더 뿌듯한 경험을 했습니다. 소비를 포기하는 겁니다. 무슨 말이냐고요? 소비를 포기함으로써 아이가 돈을 아껴서 뿌듯하다는 말이 아닙니다. 아이는 이번에 포기하는 대신 그 비용을 쌓아 둡니다. 이번에 안 샀으니 다음에 더 큰 것을 사겠다고 주장하는 겁니다. 자연스럽게 아이는 자기의 소비를 관리하게 됩니다. 아직 세상에 얼마나 사고 싶은 물건이 많은지 알 나이가 아니라서 장담은 못하겠지만 적어도 지금 아이의 선택을 보는 것은 흥미진진한 일입니다. **이번에 소비를 선택할 것인지, 아니면 쌓아 둘 것인지 지켜보는 것도 즐거움입니다.**

아이가 충분히 생각하고 물건을 사도록 도와주세요

요즘 저희 아이는 돈을 모으고 있습니다. 뿌듯하면서 부담스럽기도 합니다. 왜냐하면 아이가 눈독들이고 있는 것은 어른들이 사기에도 부담스러운 가격의 레고거든요. 게다가 나이를 먹을수록 약은 모습을 보입니다. 처음에는 고르지 못해서 답답할 만큼 시간을 쓰더니, 자기가 좋아하는 것을 알아채곤 금방 물건을 고르는 수준이 되었다고 말씀드렸습니다. **이제 아이는 쇼핑 시간을 조절하는 법을 배우기 시작했습니다.** 아이는 슬슬 어른들처럼 물건을 구경하는 즐거움을 익히는 것처럼 보입니다. 매우 짧은 시간 동안 골라야 하는 상황이면 5분만에도 물건을 고르지만 시간이 넉넉해지면 충분히 그 시간을 활용합니다. 장난감을 사지 않더라도 꾸준하게 어떤 새로운 물건이 나왔는지, 자기가 그동안 관심 없던 영역에 어떤 것들이 있는지 차곡차곡 학습합니다. 마트에 가면 이제 아이는 같이 다니는 것보다 홀로 장난감 가게를 둘러보는 것을 원합니다. 마치 "제가 충분히 장 보는 시간을 드릴 테니 걱정 말고 여유롭게 일 보고 오세요"라고 말하는 것 같습니다.

요즘 고민이 하나 더 생겼습니다. 아이가 새롭게 발견한 물건에 대한 이야기를 하기 시작했거든요. 툭툭 저에게 말을 겁니다. "아빠, 건담이 뭐예요?", "아빠, 건담을 조립하려면 접착제를 써야 하죠?", "아빠, 니퍼는 건담 만들 때 플라스틱을 잘 자르기 위해 쓰는 거죠?" 등을 묻는데 아이가 엄청난 구매 상품으로 가득한 건담으로 넘어갈 때가 되었는지 조금은 두렵습니다. 하지만 아직 그 일이 닥치기 전까지 심각하게 고민할 생각은 없습니다.

아이가 좀 더 나이를 먹으면 저는 하루에 한 가지라는 조건에 추가로 금액 제한 조건을 덧붙일 생각입니다. 좀 더 크면 나중을 위해 돈을 모아야 한다는 것을 아이가 익혔으면 좋겠습니다. 아직 마땅한 방법은 생각나지 않지만 방법을 찾을 수 있을 것이라 믿습니다.

당장은 아이의 소비 습관에 만족합니다. 더 어릴 때처럼 생각 없이 눈에 띄는 완구를 집어 들고 와서는 10분 만에 조립하고, 마음에 안 차는 장난감을 들고 칭얼거렸던 과정을 지났기 때문에 지금은 아이 스스로 아무거나 고르는 일은 하지 않습니다.

중요한 것은 아이 스스로 소비를 통제하는 것

아이가 돈에 친숙해지는 것은 소비를 통제하는 모습을 통해 가장 먼저 확인할 수 있습니다. 소비를 통제하는 일이 필요한 이유는 대부분의 사람들이 쓰고 싶은 만큼 돈을 갖는 것이 불가능에 가깝기 때문입니다. 소비를 통제하는 훈련을 미리 해 두어야 참을 수 있게 됩니다. 참을 수 있어야 모을 수 있고, 기다릴 수 있습니다. 그리고 돈의 절대 액수가 적더라도 아이는 행복한 삶을 살 가능성이 높아집니다. 돈이 적으면 적은 대로 자기의 만족을 높이는 선택을 할 수 있고, 돈이 많으면 많은 대로 후회하지 않는 소비 선택을 하게 될 겁니다. 그러니 아이와 돈을 제대로 쓰기 위한 훈련을 시작해야 합니다.

실천하기

아이와 함께 소비 연습을 해 보면 좋겠습니다. 기회비용을 가장 줄이는 선택을 하도록 어른이 규칙을 만들고 실행하고 반복해서 아이가 스스로 소비에 대한 결정할 수 있도록 합니다. 한 번으로는 부족합니다. 꾸준히 아이에게 익숙해질 때까지 반복해야 합니다.

아이와 함께하는
오늘의 재테크 습관 기르기

🪙 오늘의 지수를 적고 어제와 얼마나 다른지 표시해 보세요.

코스피

코스닥

유가

환율

🪙 아래의 활동을 통해 기회비용을 최대한 낮춰서 소비하는 방법에 대해 아이와
함께 이야기해 봐요.

i 아이가 가진 돈을 헤아려 보고 적어 봅니다.

ii 아이와 돈 쓰는 규칙을 만듭니다. 저는 가짓수 제한을 했지만 여러분은 금액 제한을
해도 괜찮고 다른 규칙을 더해도 됩니다. 처음에는 너무 많은 조건을 만들지 말고
한두 가지로 제안하시기를 추천합니다.

iii 규칙을 만들고 나서 아이와 함께 돈을 쓰러 갑니다.

iv 아이가 물건을 산 뒤에 행복한지 물어봅니다. 꼭 다음날에 물어보세요. 사고 나서
바로 물어보면 다들 좋아합니다. 잘 샀다고 생각하는지 아니면 다른 것을 사야
했는지 이야기해 보도록 합시다.

v 선택에 만족한 소비와 불만족한 소비를 아이와 구분해 봅시다. 아이와 어른이
기록을 좋아하면 스터디 노트를 만들고 기록하는 활동을 진행하되 물론 귀찮으면
넘어가도 상관없습니다. 아이들의 기억력은 자기가 좋아하는 부분에 한해
천재급이니까요.

vi 앞의 단계들을 자주 반복합니다.

2장

돈을 모으는 방법

1. 돈이 부족할 때 '저금'

2. 이자와 금리

3. 적금이나 예금 상품에 가입하기

1

돈이 부족할 때 '저금'

왜 저금을 해야 하는지를 가르치고 실천하기 위한 단계입니다. 어른들의 목적과 아이들의 목적은 조금 달리 시작하면 좋겠습니다. 아이들에게 먼 미래나 집을 사기 위한 것처럼 자기에게 와닿지 않는 이유로 저금을 시키기보다 지금 사고 싶지만 가격이 비싸 돈이 모자라는 물건을 사기 위해 돈을 모은다고 설명하면 좋겠습니다.

저금을 하는 것은 앞에서 설명한 돈의 <u>저장 기능</u>을 활용하는 것이기도 합니다. 저금을 하는 방법은 크게 두 가지로 나눌 수 있습니다. 하나는 <u>돼지 저금통</u>을 활용하는 방법이고 또 다른 하나는 <u>은행 계좌</u>를 활용하는 방법입니다. 처음에는 돼지 저금통처럼 눈에 보이는 형태가 좋겠지만 궁극적으로는 아이들 명의의 계좌를 만들어서 저금을 하도록 유도하셔야 합니다. 이번 장의 가장 큰 목표는 아이들이 자발적으로 <u>저금하는 행위에 동의</u>하도록 하는 것입니다. 그리고 은행 계좌를 만들 때는 가능한 아이와 함께 은행을 방문해 주세요. 매번 같이 할 필요는 없지만 최소한 한 번 이상은 아이와 함께 하시기 바랍니다.

돈이 부족하다면 '저금'

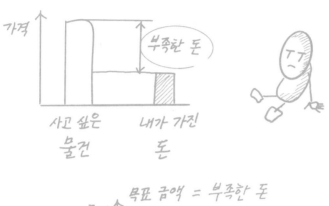

가격

부족한 돈

사고 싶은
물건

내가 가진
돈

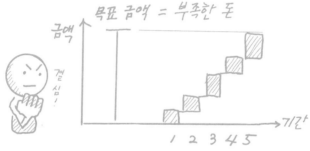

목표 금액 = 부족한 돈

금액

결심!

기간

1 2 3 4 5

XX은행

저금은
은행에!
☆
이자도 생겨요

📓 저금하는 이유

우리가 저금을 하는 이유는 미래에 사용할 돈을 모으기 위해서입니다. 미래에 사용할 돈의 목적은 크게 두 가지가 있습니다. 하나는 쓰기 위한 목적, 두 번째는 돈을 불리기 위한 목적입니다. 보통 **종잣돈**이라고 하죠. 모든 돈이야 결국 쓰기 위해 모으는 것이지만 여기서는 성격을 두 가지로 나눠 보겠습니다.

아이들에게는 이 중에서 쓰기 위한 목적으로 이야기하는 것이 좋다고 생각합니다. 아이들에게 종잣돈을 모으는 것이 필요하다는 이야기를 해도 이해하기 어려울 겁니다. 만약 농사를 지으면서 사는 시대라면 종잣돈의 개념을 바로 이해하겠지만 현재는 종자라는 말 자체도 설명하기 어렵습니다. 투자는 아이들이 저금에 익숙해져서 목돈이 모이면 그 시점에 시작해도 된다는 생각입니다.

소비를 통제하듯이 저축도 습관이 되도록 어려서부터 훈련하는 것이 필요합니다. 아이들에게 저금을 해야 하는 이유를 설명하기 가장 좋은 방법은 사고 싶은 물건이 있지만 돈이 부족해서 살 수 없을 때입니다. 부족한 돈을 어른들께 졸라서 해결하는 방법도 있긴 합니다. 하지만 아이에게 '졸랐더니 해결되더라'라는 인식을 심어 주는 것은 좋지 않으니까요. 정 아이가 안쓰러워 보이면 적어도 돈을 얻기 위해 조르는 것이 아닌 돈 받을 만한 일을 하도록 유도하셔야 합니다.

💵 소비 통제가 필요한 저금

아무리 돈이 많더라도 소비를 통제할 수 없으면 돈을 모을 수 없습니다. 아이뿐만 아니라 어른이 되어도 이 진리는 변하지 않습니다. 저금을 하지 못하는 사람들에게 권하는 방식 중 하나가 먼저 저금을 하고 남는 돈으로 생활하라는 것입니다. 일반 사람들이 소비에 충분한 돈을 갖고 있는 상황은 별로 없습니다. 남는 돈으로 저금을 하겠다는 것은 어른도, 아이도 불가능합니다. 그러니 소비를 통제하는 것이 필요합니다. 혹시 통제라는 말이 거슬리면 절제라는 말로 바꿔도 됩니다.

레고를 좋아하는 제 아이 이야기로 넘어가겠습니다. 소비 선택권이 생기자 아이는 돈이 생길 때마다 선택권을 사용했습니다. 항상 조그마한 레고를 샀습니다. 가끔은 팽이를 사는 경우도 있었지만 아이의 주된 소비 품목은 레고였습니다. 아직 아이가 레고에 관심 없는 집이라면 여러분은 복 받으신 겁니다. 레고는 최소한 분기별로 새로운 상품을 쏟아냅니다. 사도사도 끝이 안 보이는 개미지옥 같습니다. 또 레고는 다양한 가격대를 내놓습니다. 골라도 골라도 부족함을 느끼게 만듭니다. 아이에게 레고는 고맙게도(?) 소비에 대해 충분한 도전 정신을 고취시켜 줬습니다. 작은 레고는 30분도 안 되어 다 만들어 버리는 수준이 되자 차차 눈높이가 올라갔습니다. 자기가 살 수 있는 한도를 넘어섰다는 것을 인정하는 순간 "이번에 참고 다음에 돈 모아서 사자"라는 말에 아이가 동의했습니다.

성공적으로 그 레고를 샀을까요? 결론부터 얘기하면 아니요. 못 샀습니다. 한두 번은 참았지만 다른 물건들이 어른거리니 중간에 돈 모으기에 실패했습니다. 또 다른 이유는 아이의 엄마가 "이렇게 비싼 걸 왜 사?"라는 말로 거부권을 행사했습니다.

비록 결론은 슬펐지만 제가 여기서 드리고 싶은 말씀은 **아이가 돈을 모아야 한다는 사실을 인지해야 돈 모으기가 시작될 수 있다는 것**입니다. 물론 어른이 강제적으로 돈을 떼놓을 수도 있습니다. 아이 엄마는 그렇게 시작했습니다. 하지만 그 돈은 곧바로 사라지게 됐습니다. 근본 문제는 동의하지 않은 저금이라는 목적성 부재와 저금통에 있었습니다.

📓 저금통은 위험합니다

보통 저금을 시작할 땐 저금통으로 시작합니다. 보기에도 귀엽고 실제 돈을 넣는 과정을 보여 줄 수 있으니 효과적입니다. 하지만 이 방법은 아이가 초등학교 들어가기 전까지만 유효하다는 것이 제 생각입니다. 아이들의 학습 능력에 대해 계속 말씀드렸습니다. 아이들의 학습 능력은 말뿐만 아니라 행동도 마찬가지입니다. 엄마에 의해 강제적으로 저금을 시작한 아이는 비밀번호가 달린 저금통을 구매했습니다. 네. 또 구매했습니다. 게다가 저금을 하라는 엄마의 말에 동의한다는 대의(?)를 앞세워 엄마 돈으로 샀습니다. 돈을 넣으면 소리도 나고 흥미로웠습니다. 아이는 처음에 돈 넣는 재미를 느껴서 자기 돈은 물론이고 할아버지 할머니께 받은 돈도 스스로 저금통에 넣었습니다. 제가 얼마나 들어 있는지 알아보려고 하면 비밀번호를 몰라서 확인할 수 없었습니다. 아이는 옆에서 "하하하! 내가 비밀번호를 설정했지!"라며 자랑했습니다.

그런데 언제인지 정확히 기억이 안 나지만 저금통은 안되겠다는 깨달음을 준 날이 생각납니다. 아이가 저에게 와서 500원짜리 동전을 찾았습니다. 없었죠. 없다고 미안해하니 아이가 괜찮답니다. 저기 가면 있다고 써도 되냐고 물어봤습니다. 쓰라고 했죠. 뭔가 숙제와 관련 있었거든요. 아이가 간 곳은 제 방에 있는 돼지 저금통이었습니다. 익숙하게 돼지 저금통의 코를 비틀고는 동전을 우수수 꺼냅니다. 그러더니 자기가 필요한 동전을 하나 챙기고 저에게 와서 하나 가질 거냐고 물었습니다. 아이는 이미 돼지를 가를 줄 아는 능력을 가졌던 겁니다. 순간 아이의 저금통 상황이 궁금해졌습니다. 얼마가 들어 있냐고 물었더니 "몰라"라고 아무렇지 않게 얘기합니다. 왜냐고 물으니 "엄마가 필요하다고 가져갔어"라고 합니다. 당당한 답변이었습니다. 할 말이 없었습니다.

저금통에 돈을 넣는 행동 자체를 경험하게 해 주는 것 까지는 돼지 저금통의 역할이 있습니다. 하지만 특별한 목적 없이 돈을 보이는 곳에 두면 아이는 필요에 따라 돼지 저금통에서 돈을 빼냅니다. 저금이 될 리 없는 겁니다. 돼지 저금통이 아니라 돈통이 되어 버립니다.

🏦 은행 계좌를 만들어야 합니다

은행 계좌의 장점은 계좌에 돈이 들어가는 순간 아이가 필요에 따라 죄책감 없이 돈을 뺄 수 없다는 점입니다. 또 하나는 아이들의 경우 눈에 돈이 안 보이면 머릿속에서도 잊어버린다는 것입니다. 따라서 돈이 있다는 사실 자체를 잊게 됩니다. 돈을 뺄 수 없다는 점에서는 은행 계좌에 돈을 넣는 것이 정답이라고 믿습니다. 하지만 아이들이 돈에 친숙함을 느끼게 하려면 통장 잔고를 보여 줘야 합니다. 그래서 돈이 계속 쌓이고 있다는 사실을 알려 줘야 합니다.

여기서 고백을 하나 할까 합니다. 아이의 할아버지께서 만들어 주신 손주 통장에 할머니께서 돈을 넣어 주고 계시지만 아이는 아직 모릅니다. 하지만 이 책이 세상에 나가기 전 아이와 함께 아이의 자산을 공유할 생각입니다. 그나마 죄책감이 덜한 것은 아이에게 다른 통장은 공유를 해 줘서 자기의 돈이 은행에 있다는 것은 알고 있습니다. **은행 계좌를 공유하는 것의 장점은 아이에게 돈이 모이고 있다는 사실을 보여 줄 수 있으면서 추가적인 설명도 할 수 있다는 것입니다.** 나중에 설명 드리겠지만 이자라는 것을 개념뿐만 아니라 실제 숫자로 보여 줄 수 있습니다. 또 하나는 군것질이나 장난감을 살 때 현금이 없더라도 아이와 어른이 작당(?)을 해서 저금통의 돈을 빼내지 못하므로 얼음처럼 돈이 녹아 없어지지 않습니다. 아이가 저금한 돈의 위력을 느끼는 것은 한참이나 후의 일이겠지만 시간이 있다는 것이 아이들의 가장 큰 힘입니다. 그러니 은행 계좌를 꼭 만들어 주시기 바랍니다.

🏦 은행 계좌 만들기

집 주위에 가까운 은행을 가면 아이 통장을 만드는 것은 어렵지 않습니다. 대신, 아이의 법적 대리인이라는 것을 증명할 수 있는 가족관계증명서와 막도장이라도 도장을 준비하시면 좋습니다. 사인으로도 가능하지만 조금 번거로운 점이 있습니다. 그리고 당연히 인터넷뱅킹은 필수라는 것 아실 겁니다.

왜 굳이 은행을 추천드리는가 하면 아이에게 경험을 시켜 주기 위해서입니다. 직접 몸으로 경험한 것과 그냥 보는 것은 전혀 다릅니다. 아이들이 기억을 못해도 해외 여행에 데리고 가고 미술관에 함께 가는 것과 같은 이치입니다. 그래서 꼭 한 번은 아이와 함께 은행에 가서 통장을 만들어 주는 것이 필요합니다. **통장에 이름이 찍히면 아이는 '자기 것'이라는 점을 명확히 알게 됩니다.** 그리고 자기의 돈이 얼마인지 계속 관심을 갖게 됩니다. 아이가 잔고를 잘 모른다면 한 달에 한 번, 혹시 그게 힘들다면 계절이 바뀔 때 한 번씩이라도 통장 잔고를 확인시켜 주세요. 보통예금 통장에 넣었더라도 이자가 붙어 있는 것을 보여 주실 수 있습니다. 아이는 그런 점을 신기하게 생각할 겁니다. 자기가 저금한 돈이 아닌데 숫자가 늘어나거든요.

💰 저금 규칙 만들기

　아이에게 돈이 생기면 규칙을 만들어서 통장에 넣어 주시기 바랍니다. 세뱃돈의 절반을 저금하는 것으로 하든 아니면 70%로 하든 어른들이 적당한 규모를 정해 주면 됩니다. 대신 두 가지만 지켜 주시면 좋겠습니다. **첫째는 '먼저 저금'하고 돈을 쓰게 해 주셔야 합니다.** 앞에서 말씀드렸듯이 저금을 깨지 않고 유지하기 위한 습관이 '저금할 돈을 떼 놓고 생활하는 것'입니다. 사람은 마음이 약해서 돈이 보이면 쓰게 될 가능성이 높습니다. 두 번째는 아이가 돈을 받았을 때 쓰는 즐거움도 알 수 있도록 모질지 않게 저금해 주세요. 이미 아이들은 온갖 물건과 소비를 촉진하는 세상에 살고 있습니다. 주위의 아이들은 새로운 장난감을 들고 나타나는데 전혀 살 수 없다면 아이가 힘들어하고 돈에 대한 반감을 가질 수도 있습니다. 그래서 적정한 비율을 말씀드리기는 어렵습니다. 어른들이 아이의 상황과 집안의 환경을 고려해서 규칙을 정해야 합니다. 그리고 저금을 하고 나면 너의 돈이 이만큼 모였다는 것을 알려 주세요. 아이에게도 명분이 필요합니다. 자기의 돈을 떼서 저금한다는데 보여 주지 않으면 이상하게 생각할 겁니다.

돈을 모아야 하는 목적

제 경험으로 마무리하겠습니다. 제가 잊지 못하는 물건이 하나 있습니다. '부루마블'입니다. 초등학교 저학년 때 '부루마블'이 대대적인 광고를 시작했습니다. 너무너무 갖고 싶었습니다. 제 기억이 맞으면 5천 원 정도였을 겁니다. 잘사는 집안도 아니었고 절제가 몸에 밴 부모님 밑에서 5천 원이란 거금을 제가 가질 방법은 없었습니다. 그 액수는 사 달라고 떼써서 얻을 수 있는 금액도 아니었고, 사 줄 부모님도 아니었습니다. 제 기억엔 필요한 돈을 마련하는 데 거의 반년 가까이 걸렸던 것 같습니다. 돈을 쓰지 않고 계속 모았습니다. 계속 얼마가 모였는지 셌고 누가 돈을 주면 얼마가 남았는지 확인했습니다. 결국 '부루마블'을 샀죠. 정말 질리도록 게임을 했습니다. 얼마나 질리도록 했는지 어느 날 아버지께서 "너희(누나와 같이 놀았거든요)는 맨날 돈놀이 하냐?"라며 화를 내셨습니다. 어쨌든 제 경우처럼 아이도 돈을 모아야 하는 목적이 분명하면 돈을 모읍니다. 그 목적을 찾아내는 것이 어른들이 몫입니다.

실천하기

아이에게 소비를 절제하고 돈을 모아야 한다는 동기를 주는 것이 중요합니다. 그러니 아이들이 좋아하는 물건으로 너무 가격이 높지 않고 달성 가능한 목표를 주셔야 합니다. 그리고 자기의 돈이 쌓이고 있다는 것을 지속적으로 알려 주고 얼마의 돈이 필요한지 체크하게 해서 계속적인 동기부여를 해 주세요. 마지막으로 돈이 모이면 아이와 함께 즐겁게 물건을 사 주세요. 아이는 상 받을 만한 일을 했으니까요. 혹시 아이가 주어진 조건에 심드렁하면 같은 가격의 다른 물건으로 대체할 수도 있고 금액을 올리면서 기간을 늘릴 수도 있습니다. 아이들을 돈에 익숙하게 만드는 방법에 정답은 없습니다. 어른들이 상황에 맞게 얼마든지 다른 것들을 추가하거나 빼셔도 됩니다. 중요한 것은 아이들이 돈을 모아야 한다는 필요성을 느끼게 해 주는 것입니다.

아이와 함께하는
오늘의 재테크 습관 기르기

🪙 오늘의 지수를 적고 어제와 얼마나 다른지 표시해 보세요.

코스피

코스닥

유가

환율

🪙 저금을 통해 소비를 절제하는 방법에 대해 아이와 함께 익혀 봐요.

i 아이가 용돈을 얼마나 가지고 있는지 적어 보세요.

ii 아이가 갖고 싶어하는 물건과 가격을 적어 보세요. 이 중 적당한 물건을 어른들과
   함께 구매 목표로 정하세요.

iii 갖고 싶은 물건을 사기 위해서는 얼마의 돈이 추가로 필요한지 적어 보세요.

iv 아이들과 함께 은행에 가서 계좌를 만드세요. 계좌가 이미 있다면 다음 단계를
   진행해 주세요.

v 아이의 은행 계좌에는 얼마의 돈이 있는지 적어 보세요.

vi 은행 계좌에 내가 갖고 싶은 물건을 살 수 있는 돈이 모이면 물건을 사러 가세요.
   아이와 함께 '얼마의 돈을 저금하면 어떤 것을 살 것이다'라는 계약서를 만드는
   것도 가능합니다. 어른들의 상상력에 따라 얼마든지 다른 것들을 추가하거나
   빼서도 됩니다.

2

이자와 금리

이해하기

　　이자는 돈의 사용료입니다. 돈을 사용한 사람은 이자를 내게 되고, 빌려준 사람은 돈을 받게 됩니다. 아이들에게는 우리가 물건을 빌릴 때 빌린 값을 내는 것과 같다고 얘기해 주시기 바랍니다.

　　뉴스에서는 금리라는 단어로 더 많이 사용됩니다. 금리는 이자율을 말하는 것입니다. 이자는 사전적으로 보자면 비율이 아닌 금액 자체를 말하는 것이지만 아이는 우선 금리, 이자율, 이자라는 단어를 비슷한 상황에서 사용한다는 정도로 설명해 줘도 될 것 같습니다. 아이가 받아들이기 쉬운 방법으로 이해시켜 주세요. 이자가 아이들에게 중요한 이유는 돈의 성격을 보여 주기 때문입니다. 저금을 하면 이자가 생기고 누군가에게 돈을 빌리면 이자를 줘야 한다는 것 까지만 받아들여도 성공입니다. 따라서 정확한 정의보다 어떤 때에 어떻게 쓰이는지를 중심으로 이야기해 주세요. 이자에 대해 어렴풋이라도 스스로 인식하면 금리에 따라서 경제가 좋아지고 나빠질 가능성을 예측할 수 있고 대출할 때의 이자, 기준금리 등의 어렵고 낯선 개념과 관계된 단계로 넘어가는 데 큰 기반이 될 겁니다.

이자 = 돈 사용료

저금한 사람에게
은행이 이자를 줘요

돈을 빌린 사람은
은행에 이자를 내요

저금
(=돈 맡김)

은행

대출
(=돈 빌림)

이자
(받아요)

이자
(내야 해요)

이자 계산법 ☆

원금 × 이자율 = 이자

1) 원금의 일정 비율로
   정해요 ⇒ 이자 + 비율

2) 이자율은 보통 1년간
   사용할 때 기준

🎴 이자는 무엇일까?

남의 돈을 사용할 때 지불해야 하는 비용입니다. 돈 대신 다른 물건을 넣어 보면 너무 당연한 말입니다. 뭔가 다른 사람의 물건을 빌릴 때우리는 대여료 형태의 돈을 냅니다. 여행을 갔을 때 숙박비를 냅니다. 그집을 빌려서 사용했으니까 사용료를 내는 것입니다. 아이와 놀이동산에가서 놀이기구를 탈 때 이용료를 내지요. 놀이기구를 잠시 빌려 쓰는 것에 대한 비용을 내는 것입니다.

돈을 빌려 쓰는 경우를 생각해 보겠습니다. 어른들은 돈을 빌린다는개념이 익숙합니다. 집을 살 때가 대표적일 텐데 대출을 하는 경우가 있지요. 돈을 빌려 쓰는 것입니다. 이때 빌려 쓴 돈에 대한 대가로 지불하는 것이 이자입니다. 하지만 아이들 입장에서 돈을 빌려 쓰면서 이자를내야 한다는 것은 잘 생각하지 못할 겁니다.

이번엔 반대로 생각해 보겠습니다. 내가 숙박업소 주인이고 내 방을빌려주었습니다. 그럼 내가 방에 대한 이용료를 받을 수 있습니다. 만약내가 놀이동산을 가지고 있다면 사람들에게 놀이기구를 빌려주는 입장료를 받을 수 있습니다.

그럼 이제 돈을 상품이라 생각해 볼게요. 내가 돈의 주인이고 다른 사람에게 빌려줬다면 빌려준 사람에게 이용료를 받을 수 있을까요? 이정도 물어보면 아이들은 분명 '네'라고 대답할 겁니다. 아이들이 일상에서 경험할 수 있는 이자를 받게 되는 구조는 이런 방식으로 설명할 수 있을 것 같습니다.

🪙 내가 언제 돈을 다른 사람들에게 빌려줬나요?

맞아요. 아이들은 다른 사람에게 돈을 빌려준 적이 없습니다. 심지어 알지도 못하는 사람에게 돈을 빌려준 적 있냐고 물으면 무슨 얘기를 하고 있는 건지 몰라서 의아해 할 겁니다. 하지만 아이들이 만약 은행에 저금을 했다면 아이들은 누군가에게 돈을 빌려준 것이 됩니다. 그리고 은행은 아이들의 돈을 빌려서 사용한 사람에게 이자를 받습니다. 따라서 은행 계좌를 만들어서 예금하는 훈련을 하면서 아이들에 중요한 사실을 하나 알려 줄 수 있습니다. **돈을 은행에 넣어 두면 이후에 아이가 다른 어떤 일을 더 하지 않더라도 은행에서 아이에게 추가로 돈을 준다는 사실입니다.**

어른들이야 이자율이 얼마나 높은 지에 훨씬 관심이 많으시겠죠. 하지만 이 단계에서는 아직 아이들에게 이자율의 차이에 따라 투자를 해야 하고 더 높은 이자를 주는 곳으로 은행을 옮기거나 투자 상품을 바꾸자는 얘기까지 하기엔 이릅니다. 아이들에게 우선 한 가지만 알게 하면 됩니다. 은행에 돈을 넣어 두면 저절로 이자가 생긴다는 사실입니다.

💵 그럼 은행은 왜 이자를 줄까?

자연스럽게 은행의 역할에 대해서 설명할 차례가 되었네요. 앞에서 우리는 은행의 역할을 일부 이야기했습니다. 한국은행의 역할로 한 나라의 화폐를 발행하는 것이 있었습니다. 어른들의 말로는 **통화 관리**라고 합니다. 또 다른 한국은행의 역할로 **물가 관리**도 있지만 어려워하는 아이들이 있다면 아직 거기까지 알려 줄 필요는 없습니다. 다만 이 부분은 설명이 필요할 텐데, 한국은행과 우리 주변에서 볼 수 있는 은행은 그 역할이 조금 다릅니다. 한국은행과 같이 한 나라의 통화와 물가를 관리하는 은행을 **중앙은행**이라고 하고 우리가 쉽게 주변에서 볼 수 있는 은행을 **일반은행**이라고 합니다.

일반은행의 역할 중 하나도 앞에서 얘기했습니다. 외국의 돈과 우리나라 돈을 바꿔 주는 역할을 한다고 했었지요. 해외 여행을 갈 때 공항에 있는 은행의 출장소에서 우리 돈을 외국 돈으로 바꿔 갑니다. 이렇게 돈을 바꿔 주는 업무를 은행의 **외환 업무**라고 합니다. 물론 실제 외환 업무는 여행객들의 환전보다 수출이나 수입할 때 금액이 훨씬 크겠지만 아이들과 이야기할 때는 일상에서 쉽게 접할 수 있는 소재가 이해하기 쉬우니까요.

반면, 은행의 또 다른 중요한 역할은 바로 **예금 업무**입니다. 아이들의 계좌를 은행에서 만드셨겠지요. 아직 안 만드셨다면 짬을 내서 아이와 은행에 다녀오세요. 이미 알고 계시겠지만 계좌를 만들 때 돈을 얼마라도 입금해야 합니다. 그렇게 입금된 돈을 가지고 이자를 준다고 말씀드렸지요. 지금까지가 앞에서 이야기했던 예금과 이자에 관한 역할인 예금 업무입니다.

은행에 가면 보통 구역이 두 개로 나뉘어 있지요. 한 곳은 돈을 맡기는 곳, 또 다른 곳은 돈을 빌리는 곳입니다. 아이들은 당연히 예금 업무를 담당하는 돈을 맡기는 창구에 볼일이 있겠지만 대출 창구를 볼 수 있는 기회가 되면 아이들에게 '저 곳은 돈을 빌리는 곳이다'라고 알려 주시면 좋겠습니다.

은행은 아이가 저금한 돈과 다른 아이들이 저금한 돈을 모아서 가지고 있다가 돈을 사용하고 싶어하는 사람에게 빌려준다고 했습니다. 나중에 돈을 사용한 사람은 그 대가인 이자를 은행에 줍니다. 은행은 돈을 빌려준 사람이 준 돈에 대한 이자 중에서 일부를 은행이 갖고 나머지 이자를 저금한 사람들에게 나눠 줍니다. 은행이 돈을 버는 방법 중에 하나입니다. 돈을 다른 사람에게 빌려줄 때(대출)는 높은 이자를 받고, 은행이 돈을 빌릴 때(예금)는 낮은 이자를 주어서, **예금 이자와 대출 이자의 차이인 예대마진만큼 돈을 벌게 되는 거죠.**

아이들에겐 아이가 저금한 돈을 은행이 가지고 있다가 필요한 사람에게 빌려주고, 돈을 빌려서 사용한 사람이 비용으로 이자를 내면 그 이자를 아이에게 주는 것이라고 말해 주세요. 말로 하면 아이가 이해를 못할 수도 있겠죠? 그럴 땐 못 그려도 좋으니까 99쪽에 있는 첫 번째 그림을 아이와 함께 따라 그리면서 구조를 설명해 주시면 좋습니다.

그리고 또 하나의 비밀을 알려 주세요. 약간의 과장이지만 "은행에 있는 돈은 모두 은행의 돈이 아니야!"라고 말하면 아이들은 깜짝 놀라서 누구 돈인지 물어볼 겁니다. "너하고 다른 사람들이 저금한 돈!"이라고 말해 주세요. 아이가 은행을 덜 낯설게 여기게 될 겁니다.

이자를 많이 주면 좋은 거 아닌가요?

맞아요. 내가 은행에 저금하는 사람이라면 이자를 많이 줄수록 좋을 겁니다. 하지만 어른들은 아실 거예요. 예금 이자를 많이 주면 줄수록 대출 이자도 같이 오르기 때문에 돈을 빌리는 사람들은 아주 살기 힘들어집니다. 이런 부분을 아이들에게 설명하긴 어렵습니다만 아이들에게 '이자를 많이 주기 위해서는 다른 사람들에게 이자를 많이 받아야 하고, 다른 사람이 이자를 많이 내려면 더욱 힘들게 일해야 하니 너무 높은 이자를 받는 것은 좋지 않다' 정도로 설명해 주시면 좋겠습니다.

자본주의에서 돈을 많이 버는 것은 나쁜 일이 아닙니다. 하지만 요즘 사회 양극화 이야기가 나오는 이유는 돈이 많은 사람들은 더 쉽게 돈을 벌 수 있는 구조가 고착화되어 가는 중이기 때문입니다. 우리 아이들에게 지금 돈이 없더라도 노력하면 잘살 수 있는 사회를 만들어 주는 것이 좋지 않을까요? 맛있는 케이크가 있을 때 혼자 먹으면 배가 부르고도 남을지 모르지만, 동생이나 친구들과 나눠 먹으면 모두가 맛있는 케이크를 맛볼 수 있습니다. 게다가 함께 먹을 때의 즐거움도 느낄 수 있죠. 돈도 마찬가지예요. 우리 아이가 인색한 부자보다 마음이 넉넉한 사람이 되도록 키워 주세요.

그리고 이자에 대한 이야기를 할 때 한국은행에서 정하는 **기준금리**를 같이 설명해 주시기 바랍니다. 물론 이 부분은 아이의 상황과 연령, 지적 수준에 따라 넣으셔도 되고 빼셔도 됩니다. 기준금리는 말 그대로 **기준이 되는 금리로 한국은행이 1년에 여덟 차례 발표합니다. 대출 금리는** 보통 **기준금리에 가산금리를 더해서** 정해집니다. 따라서 기준금리가 내려가면 이자가 낮아지고, 기준금리가 높아지면 이자도 같이 높아진다고 생각하시면 됩니다.

다시 아이의 눈높이로 맞춰 설명하는 방법을 생각해 보겠습니다. 은행에 돈을 저금한 사람은 이자를 많이 받고 싶어하고 은행에서 돈을 빌린 사람은 이자를 적게 내고 싶어합니다. 양쪽에서 서로 의견이 다르면 싸우게 됩니다. 이때 정부에서 관리하는 한국은행에서 '양쪽 의견과 우리나라 경제 상황을 생각해서 이만큼 이자를 받으세요'라고 발표하는 것이 기준금리입니다. 사실은 더 복잡하죠. 하지만 아이들에겐 이자가 마음대로 결정되는 것이 아니라 여러 가지 기준에 의해서 변한다는 것 정도를 알려 주시는 것이 좋겠습니다.

🏧 이자는 어떻게 계산하나요?

이자 계산법은 아이들과 하기에 적당한 산수 활동입니다. 아이가 사칙연산을 할 수 있는 수준이라면 이자 계산 과정을 같이 해 보시면 좋겠습니다. 아직 사칙연산을 못한다면 이 부분은 건너뛰셔도 좋습니다.

은행에서 주로 볼 수 있는 것은 **예금 금리**와 **적금 금리**입니다. 예금 금리와 적금 금리에 따라 이자의 차이가 나는 이유에 대해서는 다음 장에서 설명드리겠습니다. 이번 장에서는 가장 기본적인 금리 계산법을 가지고 아이의 흥미를 끄는 법을 생각해 보겠습니다.

> **원금 × 금리 = 이자**

아이가 10만 원을 은행에 저금했습니다. 그리고 해당 상품의 금리가

2%라면, 10만 원 × 2% = 2천 원이 됩니다. %라는 말을 아이가 알면 다행이지만 모른다면 조금 복잡하더라도 수식을 풀어서 설명해야 합니다. 10만 원 × 2(금리) / 100(%) = 2천 원으로 계산할 수 있습니다.

자기가 얼마의 이자를 받을 수 있는지 알려면 두 가지 숫자를 알고 있어야 합니다. 하나는 저금한 돈의 액수, 다른 하나는 은행에서 약속한 이자율인 금리입니다. 정기예금이라면 이렇게 계산할 수 있지만 보통예금은 조금 어려울 겁니다. 왜냐하면 보통예금은 수시입출금 통장이어서 계속 돈을 넣었다 뺐다 하기 때문에 변동성이 있습니다. 즉 이자 계산의 기준이 되는 원금이 계속 변합니다. 그래서 정확한 금액이 안 나올 수 있습니다. 그럴 땐 차라리 은행에서 계좌를 만들면서 창구 직원에게 대략 얼마나 될지 물어보는 것이 빠르고 효과적일 수 있습니다. 아이와 이자를 가지고 연산 연습을 하는 것이 최종 목적은 아니니까요.

💵 이자는 아이가 버는 첫 번째 금융소득

아이에게 이자의 의미는 첫 번째로 아이가 버는 금융소득이란 점입니다. 아이의 통장에 이자가 찍혔다면 아이에게 "네가 돈을 벌었다"라고 분명하게 알려 주세요. 자본주의 사회에서 자신의 노력으로 얻은 부는 마땅히 자랑스러워하고 알고 있어야 할 사실입니다.

엄밀히 말해 노동을 해서 얻은 소득이 아니기 때문에 불로소득이라고 생각할 수도 있을 겁니다. 하지만 제 생각엔 **아이들이 노력해서 소비를 절제하고 저금하는 데 동의했다면 그만큼의 이자는 받는 것이 정당하다고 생각합니다.** 그렇기 때문에 소비를 절제하는 것도, 저금을 하도록 유도하는 것도, 계좌를 만들 때 은행에 같이 가는 것도, 이자를 계산해 보는 것도 아이와 함께 하셔야 합니다. 아이들에게 돈에 대한 지식을 알려 주는 것도 중요하지만, 노력해야 돈을 벌 수 있다고 알려 주는 것도 필요하기 때문입니다. 아이들이 조금씩 체험하면서 돈에 대한 경험들이 쌓이면 어른이 되었을 때 돈을 꺼리거나 반대로 경배하는 태도를 갖지 않으면서 살 수 있을 거라 생각합니다.

실천하기

아이에게 이자의 개념을 알려 줍시다. 혹시라도 이자를 받는 것을 나쁜 것이라 여기지 않도록 해 주세요. 앞에서 설명드렸듯이 돈이라 생각하지 않고 상품이나 물건, 서비스라고 생각하면 빌려주거나 빌릴 때 이자를 주고받는 것이 당연합니다. 과도하고 무리한 이자는 나쁜 것이지만, 무료로 남의 상품이나 서비스를 이용하려는 심보 역시 고약한 일이라고 생각합니다. 이자는 자기가 가진 돈이라는 상품을 다른 사람에게 빌려주고 받는 이용료입니다.

아이가 이자를 경험할 수 있는 가장 쉽고 투명한 방법이 저금입니다. 그러니 은행에 저금한 후에 실제 발생한 이자 금액을 아이에게 알려 주고 이자가 어떻게 생겨난 것인지 설명해 주세요. 그리고 실제로 통장에 이자를 받으면 아이가 자기의 노력으로 돈을 벌었다는 것을 축하해 주세요.

아이와 함께하는
오늘의 재테크 습관 기르기

💰 오늘의 지수를 적고 어제와 얼마나 다른지 표시해 보세요.

코스피

코스닥

유가

환율

💰 아래의 활동을 통해 이자로 얻은 소득에 대해 아이와 함께 이야기해 봐요.

ⅰ 아이의 돈 중 얼마의 돈이 은행에 있는지 적어 보세요.

ⅱ 1년 뒤에 얼마의 이자가 생길지 계산해 보세요. 직접 해 보셔도 좋고요.
요즘 인터넷뱅킹에서는 가입한 상품의 이자율과 만기 시 받을 금액을 다 계산해서
알려 줍니다. 직접 계산하지 않아도 쉽게 파악하실 수 있습니다. 또는 포털에서
'이자 계산기'를 검색하시거나 핸드폰 어플로도 이자 계산하는 수단을 쉽게 찾을
수 있습니다.

ⅲ 이자가 생겼다면 어른들과 함께 기념사진을 찍어 보세요. 사진을 찍은 후에 날짜와
금액 등을 적어서 기념해 주세요. 아이가 돈과 친해지기를 원한다면 돈으로 얻은 첫
성과를 매우 소중하게 만들어 주셔야 합니다.

3

적금이나 예금 상품에
가입하기

이해하기

　　예금과 **적금**에 대한 이해를 위해 그림을 그려 봤습니다. 은행의 상품 중에
가장 간단하고 가장 손쉽게 돈을 모으거나 굴리는 상품입니다. 아이들에게 해당
상품의 차이를 이해시키는 것은 어려울 수 있습니다만 위에서 계속 얘기했듯이 소
비를 참고 저금하면 이자가 생긴다는 것을 알고 있는 아이라면 두 가지 측면으로 설
명할 수 있다고 생각합니다. 이자를 많이 받기 위해서는 예금을 하는 것이 낫고,
다달이 저금하면서 돈을 모으는 습관을 들이기 위한 방법으로는 적금이 좋습니다. 이번
장에서는 예금이 이자가 더 많은 이유와 아이들에게 예금보다 적금이 적당한 이
유에 대한 개인적인 생각을 설명드리겠습니다. 저는 아이들에게 우선 필요한 것은
습관이라고 생각하기 때문입니다.

예금과 적금의 차이

예
금

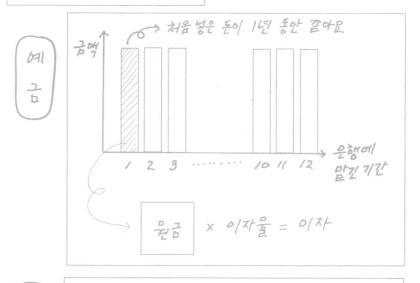

처음 넣은 돈이 1년 동안 같아요

금액

1 2 3 ········ 10 11 12

은행에 맡긴 기간

원금 × 이자율 = 이자

적
금

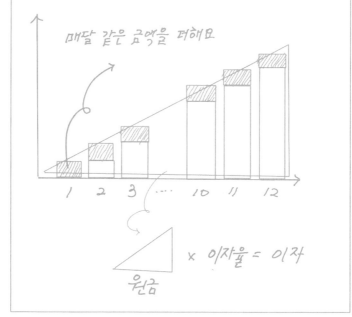

매달 같은 금액을 더해요

1 2 3 ··· 10 11 12

원금 × 이자율 = 이자

111

🏧 적금 상품에 가입해 보자

아이에게 은행 계좌를 만들어 주었다면 당연히 다음 단계는 예금이나 적금 상품을 가입하는 것입니다. **추천드리는 방법은 아예 은행 계좌를 개설하면서 동시에 적금 상품을 가입하는 것입니다.** 하지만 적금은 매달 빠져나가는 금액을 기본으로 하기 때문에 아이의 보통예금 통장에서 적금 통장으로 이체할 수 있는 금액이 부족하면 오히려 곤란한 상황에 처할 수 있습니다. 그러니 이 부분은 각 가정의 상황에 따라 방법을 고르시기 바랍니다.

적금의 개념은 매달 일정 금액을 저금하는 방법입니다. 그리고 만기가 되면 적금으로 납입했던 원금과 납입 원금에 따른 이자를 받는 상품입니다. 아이에게 이렇게 설명해도 어려운 말 투성이라 이해하기 어려울 것 같습니다. 차라리 아이의 돈에서 일정 금액을 매달 떼어 놓는 훈련을 하는 측면으로 이야기하면 좋겠습니다.

적금이 처음이라면 기간이 짧은 것이 좋겠습니다. 이유는 이자보다도 아이에게 경험과 성취감을 주는 것이 우선 필요하기 때문입니다. 아이와 적금을 만들 때는 이자가 높은 것을 고르기보단 빨리 성취감을 느낄 수 있도록 6개월 상품으로 가입해 보는 거죠. 그리고 마찬가지로 6개월 만기가 되면 아이에게 잘했다는 칭찬과 함께 적금으로 얻은 원금과 이자가 얼마인지 알려 주셔야 합니다. 그래야 아이도 뿌듯해하고 성취감을 느낄 것입니다.

저금하는 방법에서 말씀드렸듯이 아이와 미리 얼마의 이자가 생기는지 계산해 보는 것도 좋습니다. 요즘 은행에서는 가입할 때 이자를 다 계산해 주니 힘들게 계산기를 두들겨 보지 않아도 됩니다. 그리고 아이들을 위한 상품들도 준비되어 있으니 아이와 함께 고르시기 바랍니다. 적금 상품을 고를 때도 마찬가지로 아이와 함께 은행에서 이야기를 나누시는 것이 좋다고 생각합니다. 은행이란 곳은 아이들이 자라서도 마트처럼 익숙한 공간으로 느끼도록 해 주시는 것이 좋습니다.

요즘 아쉬운 점은 종이 통장을 주지 않는 은행이 많다는 겁니다. 아이에게 종이 통장이라는 물건이 있다면 직접 통장 정리를 하면서 찍히는 금액을 볼 수 있어서 또 다르게 느낄 것 같은데 좀 아쉽습니다. 아이들에게 매달 한 번씩 적금 통장에 얼마의 돈이 들어 있는지 알려 주는 것도 좋습니다. 하지만 아이가 어리거나 너무 자주 돈 얘기를 하는 것 같다는 생각이 들면 횟수를 줄이셔도 됩니다. 앞에서도 말씀드렸듯이 방법에 정답은 없다고 보기 때문입니다.

혹시 매월 아이에게 적금할 돈이 생기지 않을 것 같다면 현재 모은 돈만 가지고 예금을 먼저 시작하셔도 됩니다. 은행에 '자유적금'이라고 해서 매월 같은 금액을 넣지 않아도 되는 적금 상품이 있기는 하지만 별로 추천 드리지는 않습니다. 보통 자유적금을 하면 첫 달에 돈을 넣고 이후로 돈을 거의 넣지 않는 예금 상품처럼 됩니다. 어른이든 아이든 돈이 남는 경우는 거의 없습니다. 돈이 보이면 쓰고 싶어지는 것이 자연스러운 현상이니까요.

📑 적금 만기가 되었다면 어떻게 해야 할까?

이 부분 역시 집안마다 생각이 많이 다를 것 같습니다. 제 아버님께서 보여 주셨던 방법은 끝자리를 채워서 재예치하는 것이었습니다. 예를 들어 100만 원을 저금하면 이자가 1만 3200원이 된다고 해 보겠습니다. 그러면 돈을 더 넣어서 102만 원을 만들어 저금하는 식이었습니다. 이 방법의 좋은 점은 복리 효과를 누리게 되지만, 아이 입장에서는 아무것도 달라지지 않고 계속해서 참고 기다리는 상황만 남습니다.

저희 아버지도 저에게 아무런 정보도 주지 않으셨습니다. 제가 성인이 되어 월급을 받으면서 적금을 시작하고 나서야 이런 이야기를 해 주셨습니다. 조금 더 일찍 알려 주셨더라면 저도 그렇게 했을 가능성이 높습니다. 왜냐하면 가족의 행동 방식은 닮아 가니까요.

아쉬운 마음을 생각해 추천드리는 방법은 첫 번째 적금이라면 만기가 돌아왔을 때 아이에게 선물을 하나 사 주시면서 기념하고 설명해 주면 좋겠습니다. 그리고 나머지 돈은 예금으로 돌려야죠!

💵 예금에 가입하기

예금은 일정 금액의 돈을 은행에 넣어 두고 나서 만기가 되면 맡겨 놓았던 원금과 이율에 따른 이자를 받는 상품입니다. 예금과 적금의 차이는 적금처럼 매달 적은 돈을 넣는 것이 아니라 나름의 목돈을 한꺼번에 계좌에 넣어 둔다는 것이죠. 당연히 예금의 이자가 적금보다 더 높습니다. **다만 당부할 것은 예금에 가입하더라도 아이들의 적금을 멈춰서는 안 됩니다.** 적금은 적금대로 계속 해야 하고, 예금은 예금대로 유지해야 합니다. 그렇기 때문에 중간중간 목표를 이뤘을 때 아이에게 잘했다는 칭찬과 보상을 주어야 한다고 생각합니다. 그렇지 않으면 계속 절제하는 것에 아이들이 지칠 수 있어요.

어른이 되어도 미래를 생각해서 참는다는 것이 어려운데 아이들이라면 그 상황을 더욱 이해하기 힘들 겁니다. 그래서 아이에게 꼭 칭찬과 설명을 해 주면 좋겠습니다. "부모님의 고충과 나에 대한 애정을 십분 이해하니 의견을 따르겠습니다"라고 말할 아이는 없습니다. 100% 이해하지도 못할 겁니다. 하지만 아이에게 진심을 전달할 수는 있을 겁니다.

💵 예금과 적금의 이자는 왜 차이가 날까?

금융 상품에 표기되어 있는 이자의 숫자는 같지만 예금과 적금을 했을 때 받는 이자의 액수는 다릅니다. 곰곰이 생각해 보면 당연한 이야기인데 착각하는 경우가 많습니다. 저도 그랬고요. 아이들에게 적금과 예금의 이자가 차이 나는 것을 논리적으로 설명하긴 어려울 수 있습니다.

제가 생각하는 가장 설명하기 쉬운 방법은 적금은 적은 돈을 넣기 때문에 이자가 적고, 예금은 한 번에 많은 돈을 넣기 때문에 이자가 많다고 설명하는 방법입니다. 보통 월 불입액이 예금보다 적다는 가정입니다만 설명하는 방식 역시 아이의 수준에 따라 다르게 하시면 좋겠습니다. 산수나 수 개념이 빠른 아이들에겐 정통적인 방법으로 설명해 주셔도 되지만 아직 계산을 어려워하는 아이들에게는 억지로 설명하려고 하지 않으셔도 됩니다.

제 책을 보는 분들 중에 혹시라도 중학생 이상의 자녀를 두신 분들이 있다면 설명을 제대로 해 주시는 것이 좋다고 생각합니다. 정확하게 이자 금액을 계산하려면 스마트폰 어플이나 인터넷에 나오는 서비스를 활용하시면 되지만 개념은 알 수 있도록 설명해 주시는 것이 좋습니다. 이유는 가장 기본적인 금리 상품이기도 하고, 투자를 해야 하는 이유도 설명할 수 있으며, 투자를 할 때 기대수익률의 기준으로도 삼을 수 있기 때문입니다.

예금과 적금은 모두 은행에 맡긴 일정 금액인 원금에 따라 1년간의 이자를 지급하는 상품입니다. 예금은 계산이 가장 쉽습니다. '예금액 × 연금리(%) = 이자'가 됩니다. 특별한 언급이 없으면 은행에서 말하는 금리는 모두 연(年)금리입니다. 하지만 실제 받는 이자는 계산보다 적습니다. 왜냐하면 세금을 내기 때문입니다. 세금은 보통 이자의 15.4%를 뗍니다. 요약하면 예금 이자는 '예금액 × 연금리(%) − {(예금액×연금리) ×15.4%}'가 됩니다.

적금도 예금과 비슷한 방식으로 계산해 볼 수 있습니다. 여기서 적금의 이자가 적은 이유는 돈을 은행에 맡기는 기간이 짧기 때문입니다. 첫 달에 적립한 적금 액수는 1년간 은행이 활용할 수 있으므로 1년치 이자를 다 줍니다. 하지만 2개월째 적금은 11개월만 활용할 수 있기 때문에 1년치 이자의 11/12만 주죠. 마지막 달 적금액은 1개월만 활용 가능하므로 1년치 이자의 1/12만 받게 됩니다. 그래서 통상적으로 적금 이자가 예금 이자보다 적어지는 겁니다. 즉 매월 입금한 금액은 동일해도 각각의 금액에 12개월 동안의 합산 이자를 받게 됩니다.

 금리가 중요한 이유는?

이 부분 역시 아이들에게는 굳이 설명해 주려고 부담 갖지 않으시면

좋겠네요. 어른들이 먼저 읽어 보시고 필요하다 싶은 부분을 아이에게 알려 주시기 바랍니다.

금리는 경제의 신호등입니다. 도로에 차가 다닐 때 신호등을 보고 멈춰야 할 때와 가야 할 때를 알 수 있는 것처럼 금리를 보면 경기가 좋아질지 나빠질지 대략적으로 예측할 수 있습니다. 신호와 반대로 가다가 사고가 나는 것처럼 금리라는 신호등을 잘못 읽으면 금전적으로 손해를 볼 수 있습니다.

금리가 올라간다는 것은 돈을 빌리기 어렵다는 뜻입니다. 돈을 빌리는 사용료가 높아지니 돈을 빌리기 보다는 은행에 넣어 두고 이자를 받는 것이 유리합니다. 그렇기 때문에 금리가 높아지면 경기가 진정되겠다고 추측할 수 있습니다. 금리가 높아질지 낮아질지는 기사를 보면서 예측할 수도 있고, 한국은행에서 발표하는 기준금리를 봐도 됩니다.

반대로 금리가 낮아진다는 것은 돈을 싼 가격에 빌릴 수 있다는 뜻입니다. 돈을 빌리기 쉬우면 빌려서 다른 것에 투자하려고 합니다. 투자가 늘면 경기가 좋아집니다. 예를 들어 아파트 가격이 높더라도 이자를 적게 낼 수 있다면 대출을 받아서 집을 사는 것이 유리할 수 있습니다.

금리는 신호등이면서 또한 기준이 됩니다. 돈을 가지고 있을 때 예금하는 경우와 투자하는 경우 어느 쪽을 선택하는 것이 맞을까요? 가장 기본이 되는 기준이 금리입니다. 투자해서 얻을 수익이 금리보다 높을 것 같지 않으면 투자하지 않는 것이 맞습니다. **투자를 할 때는 예금 금리보다 높은 수익을 내야 하는 것이 최소 기준입니다.** 투자하는 기간의 기회비용이나 돈을 잃을 수 있는 투자 위험까지 감안한다면 예금 금리보다 많이 높아야 합니다. 그래야 투자하는 것이 합리적이라는 결론을 내릴 수 있습니다.

📖 저금이 먼저일까? 투자가 먼저일까?

이 부분은 생각이 많이 갈릴 수 있습니다. 제 기준으로는 저금이 먼저입니다. 왜냐하면 저금은 원금이 사라지지 않기 때문입니다. 그리고 저금 중에서도 적금이란 공장을 유지해야 목돈이 모입니다. 투자에 한 번 실패해도 적금이란 공장에서 계속 투자금을 만들어 주기 때문에 다시 투자에 나설 수 있게 됩니다.

투자를 우선시하는 분들의 의견도 있습니다. 저금을 해 봤자 이자가 너무 적기 때문에 수익으로 볼 수 없고 저금통에 넣어 두는 것과 같다는 생각입니다. 그럴 바에 차라리 분산 투자 등으로 수익을 극대화하는 것이 낫다는 생각입니다. 게다가 어릴수록 투자에 실패해도 나중에 회복할 시간이 더 많기 때문에 더욱 투자에 나서야 한다고 생각합니다. 어느 쪽이 적합할지는 어른들이 생각하신 후 결정하시기 바랍니다. 저는 일단 저금이 먼저라는 생각으로 계속 설명해 나가겠습니다.

📇 기본적인 저축 상품 구조는?

아이가 저축에 익숙해질 때까지 '적금은 계속, 적금의 만기가 돌아오면 예금으로 변경'의 구조를 유지하시는 것이 좋습니다. 이자가 적다고 생각되실 수도 있습니다만 지금은 아이들에게 기본적인 과정을 알려 주면서 돈을 모으는 습관과 이자를 만드는 기본기를 익히게 도와주는 시간이니 서두르지 않으시면 좋겠습니다. 아이들이 은행 상품에 익숙해지면 주식이나 펀드 등으로 옮겨 갈 수 있습니다. 그리고 한 번의 사이클이 끝나면 이자가 높은 상품을 같이 찾아보는 것도 좋다고 생각합니다. 자기주도적으로 금리 높은 상품을 찾는 등 금리에 민감한 습관을 갖는 것은 자본주의 사회에서 사는 데에 매우 도움이 됩니다.

실천하기

아이들이 은행 상품에 친숙해지도록 유도하기 위해 적금 상품에 가입합니다. 적금 상품은 짧게 유지하고, 만기가 되면 일부 금액으로 아이에게 칭찬해 주세요. 그리고 나머지 금액은 모두 예금 상품으로 돌립니다. 아이가 저금하는 것을 자연스럽게 여길 때까지 반복해 주세요. 그리고 이자에 대해 잘 이해를 하지 못하더라도 '꾹 참고 저금하면 돈을 벌 수 있다'는 것을 알려 주세요. 이자로 돈을 많이 벌겠다는 것이 아니라 아이에게 은행과 저금이란 것에 익숙해지도록 하는 것이 목표입니다.

아이와 함께하는
오늘의 **재테크 습관 기르기**

💰 오늘의 지수를 적고 어제와 얼마나 다른지 표시해 보세요.

코스피

코스닥

유가

환율

💰 적금에 직접 가입해 보는 활동을 통해 아이와 함께 저금 습관을 익혀 봐요.

i 아이와 함께 적금에 가입합니다.

ii 예상되는 원금과 이자를 아이와 함께 알아봅니다.

iii 적금 만기가 될 때까지 저금을 합니다. 중간중간 쌓이는 돈을 아이에게 알려 줍니다.

iv 만기가 되었을 때 아이에게 작은 선물과 축하의 말 등을 통해 기념해 줍니다.

v 남은 돈으로 예금 상품에 가입합니다.

vi 이 과정을 반복합니다.

PART 2

3장

돈을 버는 방법

1. 돈을 벌게 해 주는 직업

2. 소득을 늘리는 투자

3. 주식의 개념

4. 주식으로 돈을 버는 두 가지 방법

5. 펀드를 알아보자

1
돈을 벌게 해 주는 직업

이해하기

직업은 '돈을 버는 일'입니다. 교과서적인 설명은 **소득**을 얻기 위한 일이고요. 돈을 버는 이유는 필요한 것을 구매하기 위해서입니다. 교과서에 나오는 것처럼 설명하면 물건을 구매하거나 서비스를 이용하거나 세금을 내거나 투자를 하기 위해서입니다. 한 사람의 입장에서는 자신의 필요를 위해서 돈을 번다고 할 수 있지만 경제 구조에서 보면 나라의 경제 활동을 원활하게 돌아가게 하는 데에 꼭 필요한 일입니다. 경제 주체로 볼 때 각 가정으로 대표되는 가계는 소득을 얻어 소비하는 주체가 됩니다. 사람들이 쓸 돈이 없으면 경제도 나빠지게 됩니다. 왜냐하면 쓰는 돈이 없기 때문에 벌어들일 돈도 부족해지기 때문이죠. 직업은 돈을 벌기 위한 것 외에 자신의 행복과 보람을 위해서도 필요하다고 얘기합니다. 이 또한 맞는 말입니다. 하지만 무엇보다 스스로를 책임질 수 있는 돈을 버는 일을 해야 직업을 가지고 있다고 할 수 있습니다. 그렇기 때문에 나라가 실업률을 챙기는 것은 경제 구조를 위해 매우 필요한 일입니다.

직업은 돈을 버는 일이에요

① 소득은 꼭 필요해요

② 소득의 종류

💵 돈이 왜 필요하지?

너무 당연한 질문으로 생각됩니다. 하지만 아이들에게 물어보세요. 가장 쉽게는 '물건을 사기 위해서'라고 답을 할 겁니다. 틀린 답이 아니라고 생각합니다. 하지만 시야를 약간 넓혀 주시는 것이 필요합니다. 아이들이 말하는 물건은 '갖고 싶은 것'이지 '필요한 것'이라고는 생각하지 않을 겁니다. 어른들과 아이들의 차이점은 이 인식에서 벌어진다고 생각합니다. 어른들에게는 돈이 왜 필요한지에 대한 질문이 필요 없습니다. 어떻게 돈을 벌 것인가에 대한 질문에만 관심 있습니다. 하지만 아이들과 이야기를 나눌 때는 먼저 왜 돈이 필요한가에 대한 질문을 해야 합니다. 그래야 그 이후에 돈을 버는 이유부터 돈을 모으는 이유까지 자연스럽게 연결시킬 수 있기 때문입니다.

아이들의 입장에서는 갖고 싶은 물건을 사기 위해서 돈이 필요하다고 생각하겠지만 어른들의 입장에서는 필요한 물건을 구매하기 위한 돈이 더욱 절실히 필요합니다. **필요한 것과 사고 싶은 물건을 대할 때는 분명 태도의 차이가 생깁니다.** 예를 들어 배가 고픈 사람에게 필요한 것은 음식입니다. 먹고 싶은 음식의 종류를 고르는 것이 아니라 배를 채울 것이 필요합니다. 우리나라 어른들에게 학원비를 포함한 교육비는 필요한 돈이지만 아이들에게는 그저 어른들이 내는 돈입니다. 몸이 아픈 사람들에게 병원비나 약을 사기 위한 돈은 필수적인 것입니다. 하지만 아이들은 병원비가 필요하다는 사실 자체를 잘 모를 겁니다.

아이들에게 필요한 것을 사기 위해 돈을 벌어야 한다고 설명하는 것은 어려울지 모릅니다만, 돈이 필요한 이유로 좋아하는 물건보다 필요한 물건을 사기 위함이라고 가르치는 것이 올바르다고 생각합니다.

아이들이 소비를 할 때 이런 질문을 계속해 보세요. "이 물건은 너에게 필요한 것이니? 아니면 원하는 것이니?" 처음에 아이들은 무슨 말인지 모를 수 있습니다. 그럴 땐 두 번째 질문을 하면 됩니다. "왜 필요하니?"라고요. 물론 이 질문을 할 때 어른들이 원하는 답을 할 때까지 아이에게 압박감을 느끼게 하면 안 됩니다. 괜히 눈치를 살피면서 어른들이 원하는 대답을 하게 되거나 어른들이 사 주기 싫어서 자신에게 아니라는 대답을 유도한다고 생각할지도 모르거든요. 아이에게 할 질문은 "이걸 왜 꼭 사야 하니?"입니다. 그리고 아이가 사야 하는 이유를 잘 설명했다고 생각하면 사 주시고, 이유를 대지 못한다면 사 주지 않으셔야 합니다. 때로는 아이의 이유가 합당하더라도 생활비가 부족하거나 조금만 기다리면 더 좋은 버전의 물건이 나올 경우도 있습니다. 이럴 때는 '참고 다음에 사자'는 보류 결정을 하는 것도 좋습니다. 전제는 아이의 눈높이에 맞게 설명해 주는 것입니다.

어떻게 돈을 벌지?

돈을 버는 구체적인 방법을 묻는 질문이 아닙니다. 돈을 버는 수단으로 직업을 가지고 있어야 한다는 의도입니다. 위에서 말한 것처럼 자기에게 필요한 물건을 사기 위한 돈을 버는 수단을 직업이라고 부를 수 있습니다. 궂은 일은 좋은 직업일까요? 나쁜 직업일까요? 저는 기준 없이 좋다 나쁘다 판단할 수 없다고 생각합니다. 다른 직업보다 육체적으로 힘들고, 더 위험하거나 지저분한 환경에서 일한다고 해서 나쁜 직업은 아닙니다. 직업의 기준으로는 아이들이 경제적으로 책임질 수 있는지를 우선적으로 생각하면 좋겠습니다.

어른들은 자신의 경험에 따라 신분이 보장되고 좋은 수입을 가진 직업을 아이들에게 유도하거나 강요하는 경향이 있습니다. 저희 집의 경우 "공부를 잘해야 의사가 될 수 있거든"이라는 아이 엄마의 말을 아이가 지금은 잘 따릅니다. 저 역시 아이가 공부도 잘하고 적성에도 맞아서 의사가 되면 좋겠습니다만 아직 어떻게 자랄지 모르는 아이에게 의사가 좋은 직업일지 아닐지는 모르겠습니다.

세상에 좋은 직업은 '본인이 좋아하는 일을 하면서 돈도 버는 일'이라고 생각합니다. 세상에 나쁜 직업은 '본인이 좋아하지 않으면서도 먹고 살기 위해서 하는 일'이라고 생각합니다. 인정해야겠습니다. 대한민국에 살고 있는 대부분의 어른들은 '좋아하지 않지만 먹고살기 위해 하는 일'을 대부분 직업으로 갖고 있습니다. 일반적으로는 이렇게 뭉뚱그려서 이야기할 수 있지만 또 자세히 생각해 보면 이게 답은 아닙니다. 회사 다니시는 분들은 회사를 떠올려 보세요. 지금 다니고 있는 회사가 정말 절대로 다닐만한 곳이 못 된다면 보통은 회사를 이직합니다. 하지만 아직 이직을 하지 않고 계시는 것은 아주 작더라도 자신의 조건에서 볼 때 장점과 만족스러운 부분이 있기 때문일 겁니다. 장사를 하시는 분들도 마찬가지라고 생각합니다. 사업을 하시는 분들도 그렇고요.

적은 임금을 받는 일이 나쁜 직업인 것이 아니라 나에게 1%의 만족감도 주지 못하는 일이나 남에게 피해를 주는 일이 나쁜 직업이라고 생각합니다. 궂은 일은 좀 더 육체적으로 힘들고 위험한 일일 뿐이지 나쁜 직업, 가지면 안 되는 직업이 아닙니다. 아이들이 하고 싶어하는 일은 계속 변할 겁니다. 그러니 아이가 어떤 일을 잘하는지, 어떤 것에 흥미를 느끼는지 잘 살펴보면서 아이와 꿈을 만들어 가는 것이 필요하겠지요. 다만 한 가지 중요한 점을 잊으시면 안 됩니다. 아이는 직업을 가져야 합니다. 그리고 **직업은 필요한 돈을 해결하기 위한 수단입니다.**

📒 소득 수단으로서의 직업

앞에서 가계가 버는 돈을 소득이라고 한다고 말씀드렸습니다. 좀 더 교과서적으로 말하자면 소득의 개념은 생산 활동을 하고 대가로 받은 것을 의미합니다. 도둑질을 해서 돈을 번 것을 소득이라고 할 수 있을까요? 그렇지 않습니다. 왜냐하면 생산 활동을 하지 않았기 때문입니다. 도둑의 행동은 생산적인 일을 한 것이 아니라 남의 생산물을 훔친 것입니다. 소득 수단으로서의 직업이 아닙니다.

그럼 건물주가 되어서 임대소득을 얻는 경우는 직업이라고 할 수 있을까요? 제 생각엔 재산 형성 과정과 임대수익을 얻는 과정에 따라 달라질 것 같습니다. 자신의 노력으로 부를 쌓은 후에 건물을 사고, 해당 건물에 생산 활동을 할 수 있는 사람들을 위한 공간을 제공하면서 적절한 비용을 받았다면 소득이 맞다고 봅니다. 하지만 자기의 노력 없이 출생 과정에서 운이 좋아 부모님께 물려받은 후 건물 관리는 제대로 하지 않으면서 임대수익만 많이 받으려고 한다면 생산 활동에 도움이 된다고 보기 어려울 겁니다. 저는 이런 경우라면 직업이라고 보지 않습니다. 그리고 이런 상황이라면 **불로소득**이라고 얘기할 겁니다. 불로소득의 개념은 일하지 않으면서 얻는 소득을 말하니까요.

가치관이 개입되는 부분도 있을 겁니다. 부모님께 물려받은 것은 맞지만 증여나 상속 관련 세금을 모두 물려받는 사람이 냈고, 이후에 건물 관리를 잘해 나가면서 임대소득을 받는다면 불로소득일까요? 저는 아니라고 생각합니다. 자본주의 사회에서 돈이 많다는 사실만으로 욕을 먹을 수는 없으니까요. 아이가 중학생 이상이라면 직업관에 대한 이야기도 함께 나눠 보는 것이 좋겠습니다. 정답이 있다고 보지는 않습니다. 계속 말씀드린 것처럼 돈을 대하는 태도는 가정마다 다르니까요. 다만 함께 이야기해 봄으로써 아이 스스로 돈에 대한 가치관을 형성하게 하는 것이 필요합니다.

소득의 분류

직업으로 생산적인 활동을 한 대가로 얻은 돈을 소득이라고 부른다고 했습니다. 그럼 소득은 어떻게 나눌 수 있을까요? 교과서에서 설명하고 뉴스에서도 나오는 개념이니 아이들과 이야기해 보시면 좋겠습니다. 소득의 개념을 구분하는 것이 당장 무슨 의미가 있는지 모를 수 있지만 결국은 **세금**을 내는 과정에서 중요하게 필요합니다.

세금은 소득을 얻기 위해 한 행동에 따라 구분합니다. 가장 쉬운 예로 회사를 다니면서 월급을 받는 경우가 있습니다. 이때 우리는 회사에서 일한 뒤에 월급을 받았습니다. 일을 하고 돈을 받았기 때문에 **근로소득**이라고 합니다. 이때 내는 세금은 **근로소득세**(=근소세)가 됩니다.

장사나 작은 사업을 하는 경우에는 **사업소득**이 됩니다. 여기서 작은 사업으로 구분한 이유는 법인을 만들어서 회사를 운영할 때 벌어들인 소득은 **법인소득**으로 구분되기 때문입니다. 작은 가게를 운영하는 경우라면 사업소득이 됩니다.

부동산으로 임대를 주고 임대료를 받는 경우에는 **임대소득**이 됩니다. 임대소득의 경우, 민감한 말들이 많이 나올 수 있습니다. 뉴스 기사에서도 많이 나옵니다. 빌딩을 가지고 있는 경우에는 대부분 **임대소득세**를 지불합니다. 하지만 집이나 빌라를 가지고 있는 사람이 월세를 받아서 생활하는 경우가 있습니다. 법대로 하면 임대소득세를 내야 합니다. 그런데 그동안 임대소득세를 낸 사람들이 많지 않았습니다. 우리나라에서는 젊어서 근로소득이나 사업소득으로 돈을 벌다가 은퇴하면 빌라를 관리하면서 월세를 받아서 사는 노년의 삶이라는 구조가 있었습니다. 임대소득을 받으면서 세금을 내지 않던 분들은 세금을 내라고 하는 정부의 정책에 반발하게 됩니다. 세금이란 항목은 나중에 따로 설명드리겠지만 누구라도 세금을 내라고 하면 싫어합니다. 그동안 내지 않던 세금을 내라고 하면 당연히 거부감이 들게 됩니다. 지금 임대료를 내야 하는 분들은 어떻게든 바로 잡히기를 희망하겠지만 임대료를 받는 분들은 정부의 규제가 강화되는 것을 싫어할 수 밖에 없습니다.

임대료를 받아서 생계를 유지하는 것 외에 예금이 많아 이자를 받는 경우도 있습니다. 가지고 있는 금융자산이 펀드라면 이자가 아니라 수익금을 받게 됩니다. 이처럼 돈을 투자해서 받는 소득을 **금융소득**이라고 합니다. 금융소득에 따른 세금이 거의 없는 경우가 주식 투자입니다. 그래서 뉴스에서 요즘 주식 관련 세금에 대한 말이 많은 것입니다.

이외에도 소득을 더 구분할 수 있습니다만 대략 이 정도만 아이와 얘기하셔도 됩니다. 정부에서는 세금을 매길 때 **종합소득**으로 관리합니다. 종합소득이란 위에서 말한 모든 소득을 합쳐서 한 명의 소득으로 본다는 의미입니다.

🧾 아이들에게 직업이란

위에서 계속 말씀드렸습니다만 돈을 벌기 위한 지속적인 행위가 직업입니다. 따라서 직업인지의 아닌지의 구분은 소득을 얻느냐 못 얻느냐로 나눠야 합니다. TV에 가끔 등장하는 분들 중에 직업은 연예인이지만 다른 일로 먹고산다는 분들이 있습니다. 엄밀히 말하면 이 분의 직업은 다른 일이고, 연예인은 하고 싶은 일입니다. **아이들에게 설명을 해 줄 때도 돈을 벌 수 있는 일을 직업이라고 알려 주시면 좋겠습니다.**

그렇다고 해서 돈을 벌지 못하는 일이 무의미하다는 것은 아닙니다. 지금은 부족하지만 자기가 하고 싶은 일을 하면서 먹고살 수 있는 기회가 생기기도 합니다. 그러니 하고 싶은 일과 잘하는 일을 나눠서 아이와 찾아보는 것이 좋습니다. 잘하는 일을 직업으로 삼고, 하고 싶은 일을 취미로 삼는다면 인생을 좀 더 풍요롭게 살 수 있을 겁니다.

예를 들어 제 경우의 직업은 회사원이지만 부업 또는 하고 싶은 일로 글을 쓰고 있습니다. 지금의 아이들은 훨씬 더 오래 살 것이고 사회보장제도가 더 탄탄한 나라에서 살게 될 겁니다. 미래에 어른으로 살아갈 아이들에겐 잘하는 일과 좋아하는 일을 알려 주는 것이 필요합니다.

실천하기

아이와 직업에 대해서 생각해 봐야 합니다. 직업은 '무엇으로 돈을 벌 수 있을까?'를 고민하는 것입니다. 어떤 직업이든 아이가 하고 싶다는 것이 있으면 들어 주고 이야기해 주시기 바랍니다. 연예인이나 유튜버를 하겠다고 할 수도 있습니다. 당연히 괜찮습니다. 억지로 의사나 변호사, 과학자가 더 낫다고 유도하지 않으셨으면 좋겠습니다.

그 다음으로 얘기해 봐야 하는 것은 아이가 잘하는 것과 좋아하는 것을 따져보는 것입니다. 고맙게도 제 아이는 자기가 못하는 것 하나는 분명히 알고 있습니다. 운동입니다. 저나 아이의 엄마가 운동으로는 소질이 없는데 유전자의 힘은 강하더군요. 다행히 아이도 프로 운동 선수가 되고 싶다는 말은 안 합니다. 부모의 마음으로 그저 아이가 스스로 즐기는 운동 하나쯤 있으면 좋겠다고 생각합니다.

마지막으로는 잘하는 것을 더 잘해 직업으로 삼기 위해서는 지금부터 어떤 것을 준비하면 좋을지 이야기해 보면 좋겠습니다. 자연스럽게 아이에게 공부를 하거나 학원을 가야 하는 이유를 설명할 수도 있으니 일석이조겠지요.

아이와 함께하는
오늘의 재테크 습관 기르기

🪙 오늘의 지수를 적고 어제와 얼마나 다른지 표시해 보세요.

코스피 〰〰〰〰〰〰〰〰〰〰〰   코스닥 〰〰〰〰〰〰〰〰〰〰〰

유가 〰〰〰〰〰〰〰〰〰〰〰   환율 〰〰〰〰〰〰〰〰〰〰〰

🪙 아래의 활동을 통해 직업이란 무엇인지 아이와 함께 이야기해 봐요.

ⅰ 아이에게 양육자의 직업을 알고 있는지 물어보세요.

ⅱ 아이에게 나중에 어떤 직업을 갖고 싶고, 그 이유는 무엇인지, 그것으로 어떻게 돈을 벌 수 있는지 서로 이야기 나눠 보세요.

ⅲ 아이가 실제로 잘할 수 있는 일은 무엇이고, 잘하고 싶어 하는 것은 무엇인가요?

ⅳ 아이가 원하는 직업을 갖기 위해서 지금 해야 할 일은 무엇이 있을까요?

2

소득을 늘리는 투자

이해하기

어른들끼리는 **투자**라는 단어를 매우 자주 사용합니다. 하지만 어린이들이 이해하기는 어려운 단어라고 생각합니다. 투자 결과가 즉시 나타나지 않고 먼 미래를 준비하는 일이기 때문입니다. 또 다른 이유로 투자는 보통 돈을 넣어서 불리는 일이기 때문에 실물로 눈에 보이지 않습니다. 부동산 투자를 한다면 집을 산 것은 알수 있지만 집값이 오르는 것은 알 수 없습니다. 오로지 시세라는 단어의 숫자로만 표기될 뿐입니다. 주식이나 펀드 역시 비슷합니다.

이런 상황이지만 어린이들에게도 투자는 필요합니다. 수익을 불리는 것이 투자이고 미래의 결과를 위해 지금 노력하는 것이 투자 과정이기 때문입니다. 투자의기본은 인내와 미래에 대한 예측입니다. 또한 투자의 특징은 큰 수익을 얻을 수 있지만 손해를 볼 수도 있다는 점입니다. 아이들은 어른들처럼 살면서 경험하지 못했기때문에 미래에 수익을 얻는다는 말을 이해하기 어려울 겁니다. 그래서 투자는 아이들과 같이 하면서 직접 느낄 수 있도록 계속해서 도와주셔야 합니다.

투자는 자산을 늘리기 위한 적극적인 방법

① 저금과 다른점

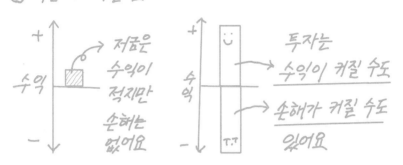

② 투자는 과일나무 기르기와 비슷해요

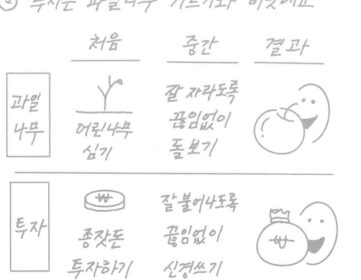

	처음	중간	결과
과일나무	어린나무 심기	잘 자라도록 끊임없이 돌보기	
투자	종잣돈 투자하기	잘 불어나도록 끊임없이 신경쓰기	

📑 투자는 미래의 돈을 키우는 일

어른들은 항상 투자에 대해서 고민을 많이 합니다. 어떻게 하면 돈을 한 푼이라도 더 벌 수 있을지를 두고 사람들끼리 모이기만 하면 계속 얘기합니다. 대표적인 대화 주제로는 부동산과 주식 투자를 꼽을 수 있겠죠. 하지만 아이들과 투자에 대한 이야기를 하려면 부동산과 주식이 무엇인지에 대해 설명하기보다 투자가 무엇인지부터 이야기하는 것이 먼저라고 생각합니다.

투자를 하는 이유는 나중에 더 큰돈을 벌기 위해서입니다. 어른들에게는 돈이 더 필요한 이유를 설명할 필요도 없지만 아이들은 왜 돈이 더 필요한지 잘 모를 수 있습니다. 게다가 단위가 커질수록 아이들은 더 이해하기 힘들어할 겁니다.

어른들에게 투자를 해야 하는 이유를 설명한다면 예금이나 적금으로는 금리가 낮아서 물가상승률 대비 실질적인 소득을 기대할 수 없기 때문이라고 하겠지만 아이들에게 이렇게 설명하면 이해하는 아이가 별로 없을 겁니다. 제가 생각하는 투자의 개념은 '식물이나 채소 키우기'와 같다고 생각합니다. 농사와 가장 비슷한 것이 투자일 것 같습니다. 그러니 아이들에게 투자에 대한 개념을 심어 주고 싶으시다면 아이와 식물이나 채소를 심어 보시면 좋겠습니다.

더 빠른 예도 있습니다. 요즘 아이들은 게임을 많이 합니다. 게임 중에 '강화'라는 기능이 있습니다. 잘 모르는 어른들을 위해 설명하자면 좋은 아이템은 게임에서 매우 유리해지는 도구입니다. 좋은 아이템을 줍는 방법도 있지만 만드는 방법도 있습니다. 그때 쓰는 기능이 강화입니다. 아이템을 좋게 만들기 위한 재료들을 모아서 강화라는 프로세스를 진행시킵니다. 100% 강화에 성공하는 것은 아닙니다. 확률에 따라 성공해서 좋은 아이템으로 변신하는 경우도 있지만 실패해서 재료만 버리는 경우도 있습니다. **식물을 기르는 것이 장기 투자의 모습과 비슷하다면, 게임에서 강화를 하는 것은 단기 투자와 비슷합니다.** 아이들이 무엇을 좋아하고 어떤 것에 흥미를 느끼는지에 따라 투자라는 개념을 설명해 주시면 좋겠습니다.

투자의 특징

아이들에게 투자라는 개념을 심어 주기 위해서는 어른들이 투자의 특징을 알아야 합니다. 투자를 하는 이유는 우리가 이미 알고 있습니다. 미래에 더 큰돈을 벌기 위해 노력하는 것이 투자입니다. 노력보다 더 많은 부를 얻으려는 투기나 운에 맡기는 도박과는 구분되어야 합니다. 그리고 미래의 수익이 확정되는 저금과도 다릅니다. 투기나 저금의 사이에 있는 어떤 것으로 생각하시면 좋겠습니다.

첫째로 미래를 위해서 지금의 욕구를 참는 것이 투자의 특징입니다. 투자는 더 큰돈을 벌기 위해서 당장의 소비를 줄이면서 돈을 다른 곳에 묻어 두는 것입니다. 당장의 소비를 줄이면서 돈을 묻어 둔다는 점은 저금과도 비슷합니다. 하지만 저금과 다른 점은 저금보다 더 큰 수익을 얻기 위한 목적을 가지고 있다는 것입니다. 그래서 식물 키우기와 비슷하다고 말씀드렸던 거죠.

혹시 고추를 심어 보신 적이 있나요? 고추 종자를 받아서 화분에 심으면 처음에는 그냥 자라기만 합니다. 고추가 어디에 매달려 있는지 눈을 씻고 찾아봐도 볼 수가 없습니다. 하지만 꽃이 피고 나면 그 자리에 조그마한 열매가 생길 겁니다. 좀 더 지켜보면 드디어 조금씩 고추 모양으로 변합니다. 고추가 초록색으로 적당히 자랐을 때 따서 먹으면 됩니다. 여기까지의 과정이 걸리는 시간은 봄부터 여름까지로 두 계절은 잘 가꾸셔야 합니다.

열매가 열릴 때까지 묻어 두는 것은 저금과 비슷하지만 어떤 고추 나무에서 몇 개의 고추가 열릴지 알 수 없는 것이 저금과 다른 점입니다. 저금은 하나의 고추 나무를 심으면 10개의 고추를 얻을 수 있다고 정해지는 방식이라면 투자는 투자하는 사람의 능력에 따라 얻게 되는 고추의 양이 달라집니다. 아이와 먹을 수 있는 채소를 길러 보세요. 대신, 관리하는 것은 아이에게 일정 정도 맡기셔야 합니다. 화분을 나누는 것도 좋습니다. 예를 들어 어른이 관리하는 화분과 아이가 관리하는 화분을 나눕니다. 대부분의 아이들은 물을 잘 주지 않을 겁니다. 이때 어른들이 '우리 아이가 슬퍼하겠지?'라며 챙겨 주시면 아이는 어른들을 의지하게 됩니다. 아이의 작물이 말라 죽더라도 두고 보는 것이 필요합니다. 그래야 아이도 그 결과를 체험할 수 있습니다. 아이가 기대와 전혀 다른 결과 때문에 너무 슬퍼하면 어른들이 관리하던 식물을 일부 나눠 주세요. 다만 작물에 관심을 가지고 계속 관리해 주어야 잘 자랄 수 있다는 것은 꼭 짚어 주세요.

두 번째 특징은 예측을 통해 결과를 얻는다는 점입니다. 투자는 자기의 예측에 따라야 합니다. 우연히 좋은 결과가 나올 것이라고 생각하면 도박입니다. 식물이나 채소를 사올 때 가게 주인에게 정보를 잘 들어야 합니다. 얼마나 자주 물을 줘야 하는지, 얼마나 햇빛을 보게 해 줘야 하는지 기억하고 그에 따라 적절하게 관리해야 좋은 결과를 기대할 수 있습니다. 가게 주인에게 들어 둔 이야기 외에도 유튜브나 포털 검색을 해보면 어떻게 관리해야 해당 작물에서 최상의 결과를 얻을 수 있는지 많은 정보를 찾을 수 있습니다. 적절한 예측과 그에 따른 관리를 했을 때 괜찮은 결과를 기대할 수 있기 때문입니다.

고추 심기를 추천 드렸지만 아이가 좋아하는 방울토마토를 키우는 것도 좋습니다. 제 아이의 외갓집에서는 손주들이 좋아할 거라며 블루베리를 심었습니다. 블루베리는 관리에 손도 많이 가고 당신들의 텃밭에는 적절하지 않은 종류라는 것을 아시면서도 손주들이 좋아한다는 사실 때문에 기르고 계십니다. 결과적으로 고추나 방울토마토는 아주 잘 자라서 처치가 곤란할 정도로 수확할 수 있지만 블루베리는 많이 열려도 식구들이 모여서 한 번 맛보면 사라질 정도 만큼씩만 열립니다. 나무가 죽지나 않으면 다행인 경우도 있습니다.

투자는 자기의 목적에 따라 예측하고 관리하는 것입니다. 아무리 망고를 좋아한다고 해도 우리나라의 대부분 지역은 망고 농사에 적당하지 않습니다. 투자는 적절한 예측을 해야 원하는 결과를 얻을 가능성이 높아집니다. 저는 고추를 추천했지만 아이와 이야기해서 어떤 식물을 심으면 좋을지 얘기해 보면 좋겠습니다. 투자를 위해 얼마나 준비해야 하는지 간접적으로나마 경험할 수 있습니다.

세 번째 특징으로 노력했지만 안 좋은 결과가 나올 수도 있다는 점을 들 수 있습니다. 투자가 어려운 이유이면서 투자의 가장 뚜렷한 특징입니다. 예측도 잘했고 적절한 환경도 갖췄고, 세심하게 관리했더라도 실패할 수 있습니다. 농사를 생각해 보면 갑자기 폭우가 쏟아지거나 태풍이 닥치거나 우박이 쏟아져서 농사를 망치는 경우도 종종 발생한다는 것을 알고 있습니다. 집에서 채소를 기를 때도 깜빡 잊고 휴가 다녀오는 동안 방치하면 말라 죽어 버리는 경우가 있습니다. 그리고 집에서 기를 때는 농약을 치지 않기 때문에 병충해에 약할 수도 있습니다.

저는 집에서 상추를 키워 본 적이 있습니다. 시장에서 파는 상추는 싱싱해 보이고 크기도 크고 맛도 진한데 집에서 기르는 상추는 비실비실하고 맛도 없습니다. 원래는 아이 엄마가 상추를 좋아해서 심은 것이었는데 정작 외면 받은 비실이 상추를 먹은 사람은 저였습니다. 그 다음부터 저희 집에서 상추 기르기는 퇴출되었죠. 좋게 말하면 투자 상품의 포트폴리오를 변경한 것이고 나쁘게 말하면 투자에 실패한 겁니다. 투자 상품에 빗댄다면 잘 준비되지 않은 직접 투자를 하는 것보다 전문가에게 맡기는 간접 투자가 나을 수 있다는 의미이기도 합니다.

🎴 투자 경험하기

아이에게 투자를 경험하게 하는 방법으로 금융 투자와 작물 기르기 두 가지를 같이 하면 좋겠습니다. 말도 안 된다고 생각하실지 모르겠지만 투자 교육 포트폴리오라고 말씀드리겠습니다. 두 가지 이유로 이 방식을 추천드립니다. 첫 번째는 리스크를 헤지(대비)하기 위해서입니다. 보통 투자 포트폴리오라고 하면 투자의 위험도를 낮추기 위해 적절하게 투자 상품이나 규모를 나누는 것을 가리킵니다. 모든 상품의 투자가 성공하면 좋겠지만 일부 손해를 보더라도 모두 손해를 보지 않도록 구분하고 나누는 것입니다. 아이들이 투자 상품에 투자하는 경우 금액이 크지 않을 겁니다. 그리고 하나의 상품 이상 투자하기 힘드실 거예요. 그러니 투자 상품 하나에 가입하고 또 하나는 작물을 기르는 것입니다. 투자 상품에서도 돈을 벌고, 원하는 작물도 맛있게 먹을 정도로 키우면 좋겠지만 하나가 안 되더라도 위로가 되기 때문입니다. 상상하기 싫지만 둘 다 실패하는 경우도 있겠지요. 그때를 대비해 어른들은 마음의 준비를 해 두셔야 합니다. 이쯤 생각하니 피곤할 것 같죠? 사실 투자는 피곤한 것이 정상입니다. **투자를 생각하신다면 아이도 어른도 적당한 스트레스 내성을 키우는 것이 필요합니다.**

두 번째 이유는 아이들 눈에 실제로 확인할 수 있는 무언가가 보이는 것이 좋기 때문입니다. 어른들이야 눈에 보이는 고추나 방울토마토보다 계좌 잔고에 수익률이라는 숫자가 늘어나는 것이 훨씬 좋겠지만 아이들은 별 감흥을 느끼지 못할 겁니다. 워낙 호기심이 많은 아이들이니 금세 숫자는 잊을 테고 관심도 없어질 겁니다. 반면 작물을 키우는 것은 눈에 보입니다. 천천히 변하겠지만 변화하는 과정도 보여 줄 수 있습니다. 손에 잡히지 않는 숫자뿐만 아니라 손에 잡히고 느낄 수 있는 작물 재배로 투자를 알려 주시면 좋겠습니다.

🎴 아이들과 투자 상품 고르기

앞에서 식물 재배를 예로 들었습니다. 하지만 꼭 식물일 필요는 없습니다. 물고기나 달팽이 같은 동물이어도 됩니다. 아이가 가장 관심 가질 만한 것 중에서 고르는 것이 좋습니다. 계속 말씀드리지만 지금 이 책의 목적은 아이들이 돈과 친해지는 방법을 찾아 주는 것이지 정말 놀라울 만큼의 수익률을 올리겠다는 것이 아니니까요. 투자라는 개념을 아이에게 심어 줄 수 있는 모든 방법이 가능합니다. 제 상상력이 부족하기 때문에 예시가 부족할 수 있지만 아이들의 상상력과 어른들의 관심이 모이면 투자라는 개념을 가르치기에 적당한 방법이나 수단을 더 많이 찾을 수 있을 겁니다.

투자 상품도 마찬가지입니다. 주식 투자나 펀드 투자가 가장 쉽게 접근할 수 있는 상품입니다. 주식을 구매하는 것도 좋고, 펀드에 가입하는 것도 좋습니다. 개별 상품에 대한 설명은 다른 장에서 하겠습니다. 지금 말씀드릴 것은 어떤 주식, 어떤 펀드에 가입하려고 하시더라도 어른들이 혼자 결정하지 말고 아이들과 의견을 나눠 보시라는 겁니다. 아이에게 위험한 투자를 맡길 수 없다고 생각하신다면 금액을 좀 줄여 보세요. 그리고 어떤 전문가도 투자에서 항상 수익을 낼 수는 없다는 점을 기억하세요. 투자에 대해 하나도 모르는 아이의 의견을 따랐을 때 가장 높은 수익률을 낼 가능성도 분명히 있습니다. 지금 아이에게 필요한 것은 몇 %의 수익을 내느냐가 아니라 어떤 과정과 기준으로 투자를 결정하고 관리하는지를 익히는 것입니다. 이런 과정을 반복한 아이라면 고등학생 정도만 되어도 어른들보다 훨씬 깊이 있는 분석과 통찰력을 보여 줄 것입니다. 아이들의 가능성은 무한합니다. 어른들이 가능성을 믿지 못하고 불안해하는 것일지 모릅니다.

실천하기

아이와 투자할 종목과 기간을 정해 봅니다. 이때 어떤 수준의 결과를 기대하는지도 같이 이야기하고 적어 두시는 것이 좋습니다. 몇 월부터 몇 월까지 투자를 할 것이고, 어느 정도의 수익과 수확을 기대하는지, 그러기 위해서는 아이가 어떤 일을 해야 할 지 알려 주시는 것이 좋습니다. 식물 기르기라면 물을 며칠마다 줘야 하는지 알려 주시고, 금융 투자라면 최소 몇 주에 한 번 실적을 체크할지 정하시기 바랍니다. 투자는 오래 걸려야 결과를 알 수 있고, 목표를 예측하는 과정도 필요하고, 결과적으로는 손해를 볼 수도 있습니다. 그렇기 때문에 '기간', '목표', '해야 할 일'을 적어 두는 것이 필요합니다. 손해를 입었을 때의 대책도 적어 두면 좋겠지만 이 부분만큼은 어른들께서 담당해 주셔야 할 것 같습니다. 갑자기 말라 죽으면 아이가 펑펑 울 텐데 이럴 때는 이해시키는 것 보다 잘 달래 줘야 하니까요.

아이와 함께하는
오늘의 재테크 습관 기르기

💰 오늘의 지수를 적고 어제와 얼마나 다른지 표시해 보세요.

코스피   코스닥

유가   환율

💰 아래의 활동을 통해 우리 집은 어떤 투자를 하고 싶은지 아이와 함께 이야기해 봐요.

i   우리 집에서 어떤 투자를 하고 있는지 알아 봅시다. 없다면 어떤 것부터 시작하면 좋을지 순서를 정해 봐요.

ii 아이와 어른이 함께 어떤 투자를 하면 좋을지 얘기해 봐요.

iii 어른과 아이가 투자할 하나의 금융 상품(주식 또는 펀드) 종목과 함께 기를 생물 하나를 정해 봅시다.

iv 정해진 기간 동안 어린이가 할 일을 정해 보고, 실천했는지 체크해 보세요.

v   정해진 기간이 끝나면 원하는 결과가 나왔는지 점검해 봐요.

3

주식의 개념

이해하기

주식은 주식회사의 자본을 이루는 단위입니다. 해당 주식은 각각 금액이 정해져 있고, 이 주식을 갖고 있는 사람을 주주라고 합니다. 주주가 되면 주식회사의 주인으로서 권리와 의무를 모두 얻게 됩니다. 주식에 적혀 있는 금액을 액면가라고 부르고 보통은 한 주에 5천 원입니다. 주식회사는 주식을 발행해서 자본금을 모으고, 모인 자본금으로 사업을 하는 겁니다. 주식의 액면가는 고정되어 있지만 주식을 사고팔 때의 가격은 수시로 바뀝니다. 액면가가 아니라 주식 시장에서 사고파는 가격을 시가라고 부릅니다. 왜냐하면 회사의 실적에 따라 사람들이 생각하는 회사의 가치가 변하기 때문이죠. 그리고 우리나라의 모든 주식 가격을 종합해서 보여 주는 것을 종합주가지수(KOSPI)라고 부릅니다. 이번에는 기본적인 주식에 대한 개념과 주식회사, 주식과 주주의 관계, 주식 투자가 이루어지는 구조에 대해서 알아보도록 하겠습니다. 왜 알아야 할까요? 주식은 위험한 부분도 있지만 선을 넘지 않으면 아주 적은 금액으로도 할 수 있는 투자 상품이기 때문입니다.

주식 = 회사의 주인이란 증명서

권리	✓ 의사 결정 ✓ 회사와 성장
책임	✓ 회사가 손해를 보면 같이 손해 봄

주식 = 액면가는 보통 5천 원

✓ 5천 원보다 더 높은
가격에 팔 수도 있어요

✓ 5천 원보다 낮은 가격이
될 수도 있어요

✓ 주식은 심사를 통과해서
주식 시장에 상장되어야
자유롭게 사고 팔 수 있어요

📖 주식회사는 주주들의 돈을 모아서 사업하는 회사

회사 이름을 보면 앞이나 뒤에 ㈜ 또는 주식회사라고 쓰여 있는 경우가 있습니다. 우리가 알고 있는 큰 회사는 대부분 주식회사입니다. **주식회사는 주식을 기반으로 만들어진 회사를 말합니다.** 주식으로 만들어진 회사라니 아이들에게 설명하기 어려운 부분입니다. 예를 들어 회사를 만든다고 생각해 보겠습니다. 커다란 과자 공장을 지을 겁니다. 커다란 공장을 지으려면 돈이 아주 많이 필요한데 공장 지을 돈을 가지고 있는 사람은 별로 없습니다. 그럼 어떻게 할까요?

은행에서 빌리는 방법도 있지만 여러 사람들에게 돈을 조금씩 나누어서 빌리는 방법이 있습니다. 다른 사람들에게 돈을 받을 때 회사는 그 대가로 주식을 줍니다. 주식의 양은 돈을 낸 액수에 따라서 나누어 줍니다. 회사에 많은 돈을 준 사람은 더 많은 주식을 받게 되는 것이죠. 이렇게 회사에 돈을 주고 주식을 받은 사람이 주주가 되고, 주식을 나눠 주는 대가로 돈을 모아서 만든 회사를 주식회사라고 부릅니다. 그러니까 주식회사는 주주들의 돈을 가지고 사업을 시작하게 되는 거죠.

그럼 우리 주변에 어떤 주식회사가 있는지 아이가 직접 느낄 수 있게 해 주는 것이 좋겠지요? 아이들과 집에 있는 가전제품을 만든 회사가 어디인지 함께 알아보세요. TV 뒷면에 회사의 이름이 써 있기도 하고, 냉장고 옆면에 써 있기도 합니다. 가전제품 말고 장난감 상자나 과자 봉투에도 있을 겁니다. 한번 찾아보세요. 혹시 ㈜나 '주식회사'를 못 찾으셨다면 영어로 된 Co.,Ltd라는 글자를 찾아보세요. 영어로 표기한 주식회사라는 의미입니다.

🏦 주주는 회사의 주인이란 증명서

만약 주식을 갖고 있는 사람이 있다고 해 봅시다. 이 사람은 주식을 산 회사의 주주가 됩니다. 주주가 되면 뭐가 좋을까요? 주주는 회사의 주인이기 때문에 책임도 져야 하고 권리도 갖게 됩니다. 가장 큰 권리는 회사의 의사결정에 참여할 수 있다는 점입니다. 주주는 주식을 사면서 돈을 낸 회사의 주인이 되었기 때문에 회사가 중요한 결정을 할 때 자기가 원하는 결정을 하도록 주장하거나 원하지 않는 결정을 하지 못하도록 막을 수 있습니다.

그렇다면 주주가 여러 명일 때는 문제가 생기겠네요. 어떤 주주는 하라고 주장하고 어떤 주주는 하지 말라고 한다면 어떻게 결정해야 할까요? 생각보다 간단합니다. 다수결 원칙에 따릅니다. 여기서 다수결은 더 많은 숫자의 의견에 따르는 것을 말합니다. 더 많은 숫자는 주주의 숫자가 아니라 주주가 가진 주식 수를 가리킵니다. 찬성하는 쪽의 주주들을 보니 2명의 주주가 각각 10주의 주식을 가지고 있다고 가정합시다. 찬성하는 표를 계산하면 2명×10주로 20표가 되겠네요. 반대하는 쪽을 보니 10명의 주주가 각각 1주의 주식을 갖고 있습니다. 반대하는 표를 계산하면 10명×1주로 10표가 됩니다. 그럼 주식회사에서는 표를 더 많이 가진 '찬성'하는 쪽의 의견에 따라 결정하게 됩니다. 물론 모든 결정 사항을 주주들에게 물어볼 수는 없습니다. 그래서 보통은 가장 중요한 사항을 **주주총회**에서 결정합니다. 주주들이 모두 모여서 결정하는 모임을 주주총회라고 부릅니다. 주주는 회사의 주인이기 때문에 회사가 잘되는 방향을 고민하고 결정해야 합니다. 이는 권리이자 의무입니다.

주주에게는 또 다른 권리가 있습니다. 회사에 돈을 주고 사업을 진행하도록 했기 때문에 회사가 돈을 벌면 그 돈을 나누어 받을 수 있습니다. 이렇게 회사에서 번 돈을 주주들에게 나눠 주는 것을 **배당**이라고 부릅니다. 그럼 아이들에게 다음과 같이 질문해 봅시다. 회사에서 번 돈을 나눠 줄 때 모든 주주들에게 똑같은 금액을 줄까요? 아니면 주주마다 다르게 나눠 줄까요?

둘 다 맞는 말입니다. 왜냐하면 중요한 일을 결정하는 방식과 똑같은 방법으로 **배당금**을 나눠 주기 때문입니다. 회사에서는 하나의 주식당 얼마를 나눠 주겠다고 결정합니다. 해당 주식 중 1주를 갖고 있는 사람은 1주에 해당하는 금액을 받게 되고, 10주의 주식을 갖고 있는 사람은 10배, 100주를 갖고 있는 사람은 100배에 해당하는 금액을 받게 됩니다. 주식을 많이 가지고 있으면 내가 원하는 대로 회사 일을 결정할 수도 있고 배당금도 더 많이 받으니까 당연히 좋은 걸까요? 아이와 함께 이 부분에 대해서 생각해 봅시다.

회사의 주인이 가져야 할 책임

주주는 대신 투자에 대한 여러 가지 책임도 져야 합니다. 회사가 항상 성장하는 것은 아닙니다. 오히려 손해를 입는 경우도 있고, 심하면 회사가 망하기도 합니다. 회사가 돈을 벌지 못하면 배당을 나눠 줄 돈이 없기 때문에 주주들은 돈을 받지 못합니다. 회사가 망하면 단지 배당을 못 받는 것뿐만 아니라 회사에 투자했던 돈도 사라지게 됩니다. 회사에서 사용하려고 모은 돈인데 돈이 다 없어져서 회사가 망하게 되면 주인도 고스란히 돈을 잃게 되는 거죠. 이럴 때 어떤 주주의 가장 손해가 클까요? 당연히 가장 많은 주식을 가지고 있던 주주입니다. 그러니 주식이 많다고 항상 좋은 것은 아닙니다. 꼭 투자 분야뿐만 아니라 사회의 여러 상황 속에서 우리는 권리에 따른 책임을 져야 합니다. 아이들이 투자와 함께 이런 사실도 익힐 수 있게 도와주세요.

📚 주식의 가격은 회사의 가치

이 글을 읽고 계신 분들 중에 이미 주식 투자를 하시는 분도 계시겠지요. 처음 주식을 발행할 때의 가격은 보통 한 주당 5천 원이라고 설명했습니다. 주식에 적혀 있기 때문에 액면가라고 부릅니다. 하지만 대부분의 주식은 액면가 보다 높은 가격으로 거래됩니다. 왜 그럴까요? 지폐를 생각해 보면 1,000이라 쓰여져 있는 돈은 항상 천 원입니다. 50,000이라고 쓰여 있으면 5만 원이고요. 하지만 주식의 실제 가격은 쓰여 있는 것과 다른 가격으로 거래됩니다. 왜냐하면 **주식의 가격인 주가는 회사의 가치를 반영하고 있기 때문입니다.**

회사의 가치에는 현재의 실적은 물론이고 미래 가치까지 포함되어 있습니다. 미래에 잘될 것 같은 회사라면 주식의 가격이 오르게 됩니다. 반면에 지금 굉장히 사업을 잘하고 있는 회사인데 주가가 떨어지는 경우도 있습니다. 그 이유는 미래에 그 사업이 잘되지 않을 것 같기 때문입니다. 물론 미래의 일은 누구도 정확히 맞추기 어렵습니다. 그래서 사람들은 서로 나름의 근거를 가지고 추측을 합니다. 회사가 잘될 것 같으면 주가가 오를 것이라고 생각하고 회사가 잘되지 않을 것 같으면 주가가 내려갈 것이라고 생각합니다. 주가는 결국 사람들의 생각에 따라 오르고 내리게 되는 셈이지요.

옛날 이야기 중에 '우산 장수 아들과 부채 장수 아들을 둔 어머니' 이야기가 있습니다. 이 어머니는 해가 뜨면 우산 장수 아들이 돈을 못 벌까 봐 슬퍼하고 비가 오면 부채 장수 아들이 돈을 못 벌까 봐 슬퍼했습니다. 그 모습을 본 어떤 사람이 어머니에게 "해가 뜨면 부채 장수 아들이 돈을 벌고, 비가 오면 우산 장수 아들이 돈을 벌 테니 즐거워해야 하지 않을까요?"라고 말했다고 하지요. 이처럼 똑같은 상황을 어떻게 바라보느냐에 따라 회사의 미래 가치는 달라질 수 있습니다. 그래서 본인만의 기준과 생각이 중요합니다.

🪙 주식 시장 이야기

시장은 물건을 사고파는 곳입니다. 주식도 사고팔 수 있습니다. 그래서 주식을 사고파는 시장을 **주식 시장**이라고 부릅니다. 주식 시장에서는 누구나 주식을 사고팔 수 있습니다. 사람들은 자기가 좋아하는 회사의 주식을 사거나 팔면서 회사에 투자를 하게 됩니다.

그럼 주식 시장은 어디서 볼 수 있을까요? 주식을 거래할 때 요즘은 보통 스마트폰에 있는 어플을 이용하지요. 옛날에는 주식을 거래할 수 있는 장소까지 가야 했지만 요즘은 집에서 혹은 이동하면서도 얼마든지 주식을 사고팔 수 있습니다.

그럼 아무 주식이나 시장에서 거래할 수 있을까요? 당연히 아닙니다. 인증된 기관을 통해 일정한 자격을 얻어야 합니다. 예를 들어 우리가 동네 편의점이나 마트에 간 다음에 자리를 잡고 집에서 가지고 온 물건을 팔 수 있을까요? 아니죠. 편의점 주인이나 마트 주인이 와서 "어서 물건 가지고 나가세요!"라고 할 겁니다.

주식 시장도 똑같습니다. 허락을 받은 물건만 거래할 수 있습니다. **이렇게 사고팔 수 있는 자격을 얻는 것을 상장(上場)이라고 부릅니다.** 시장에 올린다는 뜻이죠. 우리나라에서는 **증권거래소**에서 신청을 받은 후에 상장과 관련된 심사를 합니다. 그러니 증권거래소가 주식 시장에서 주식을 사고팔 수 있도록 허락해 주는 곳인 셈입니다.

📓 상장과 상장 폐지

증권거래소의 심사를 통과하면 주식을 거래할 수 있게 됩니다. 우리나라에서는 약 2천 개 회사의 주식을 사고팔 수 있습니다. 어려운 심사를 통과해야 되기 때문에 상장된 종목이라면 '불량 식품이 아니니 안심하고 사 먹어도 된다'와 같은 의미가 됩니다.

주식 하나 상장하겠다는데 왜 이렇게 엄격하게 심사를 할까요? 주식회사는 수많은 사람들의 돈을 모아서 운영하기 때문에 혹시라도 회사가 잘못되면 많은 사람들이 피해를 입기 때문입니다. 주식은 상장하는 것도 어렵지만 주기적으로 자격 심사를 해서 자격에 미달되면 주식 시장에서 사고팔지 못하게 합니다. 이것을 상장 폐지라고 부릅니다. 마트에서 신선하지 않은 채소를 계속해서 진열대에 놓지 못하도록 걸러내는 것처럼 위험한 회사들을 주식 시장에서 내보내는 겁니다.

주식 시장의 크기

도대체 얼마나 많은 사람들의 돈이 주식 시장에서 거래되기에 이렇게 관리를 할까요? 주가는 계속해서 바뀌기 때문에 정확하게 크기가 얼마라고 말할 수는 없습니다. 여러 가지 숫자로 판단할 수 있지만 가장 쉬운 방법은 시가총액을 알아보는 겁니다.

시가총액이란 주식시장에서 거래되는 모든 주식의 가격을 합친 것을 말합니다. 2020년 11월에는 우리나라 주식 시장이 역대 최고 시가총액인 1694조 7940억 원을 기록했습니다. 삼성전자가 얼마나 큰 회사인지는 삼성전자 시가총액을 보면 알 수 있습니다.

삼성전자의 시가총액은 400조가 넘습니다. 400조라고 하면 감이 잘 안 오겠지요? 다음에 등장하는 '실천하기' 코너에서 400조를 써 보는 활동을 아이와 함께 해 보세요. 동그라미가 몇 개나 있어야 하는지 동그라미 개수도 세어 보세요.

📑 코스피 지수, 코스닥 지수

주가는 회사의 가치와 비례한다고 했습니다. 그리고 주가는 항상 변한다고 했어요. 한 회사의 주가를 보면 그 회사가 경영을 잘하고 있는지 아닌지 알 수 있습니다. 그런데 우리나라에는 회사가 하나만 있는 게 아니라는 것이 투자를 어렵게 합니다.

우리나라 경제가 전반적으로 좋은 상황인지 알아보려면 각 회사의 주가를 확인해야 하는데 그 많은 회사의 주가를 하나하나 확인할 수는 없겠지요? 그럼 우리나라 경제가 잘 풀리고 있는지 아닌지 쉽게 알아볼 수 있는 방법이 있지 않을까요? 시가총액을 살펴보는 것과 비슷한 방법이 **종합주가지수**를 보는 거예요. 종합주가지수(경제 용어에 익숙해지도록 이하 코스피 지수로 표기합니다)는 앞에서 설명한 것과 마찬가지로 **코스피(KOSPI) 지수**라고도 부릅니다. 코스피 지수는 모든 경제 관련 뉴스에는 빠지지 않고 나오는 아주아주 중요한 숫자이니까 아이와 함께 꼭 기억해 두세요.

코스피 지수는 '현재의 시가총액 / 기준 시점의 시가총액 × 100'이라는 공식으로 계산합니다. 기준 시점은 1980년 1월 4일의 시가총액입니다. 계산법을 외울 필요는 없습니다. 오늘 코스피 지수가 2500대라고 하면 우리나라 경제가 1980년 보다 약 25배 커졌다고 생각하시면 됩니다. 그리고 코스피 지수가 계속해서 오르면 우리나라 경제가 커지고 있고,

내려가면 우리나라 경제가 나빠지고 있다는 것을 파악할 수 있을 정도면 충분합니다.

숫자를 잘 기억하지 못하겠다면 색깔만 기억하셔도 됩니다. 사람들의 기분이 좋아지면 빨갛게 달아오르는 것처럼 코스피 지수가 오를 때는 빨간색으로 표시하고, 풀이 죽을 때 파랗게 질리는 것처럼 코스피 지수가 떨어지면 파란색으로 표시합니다. 그러니 색깔만 잘 보셔도 코스피가 오르는지 내리는지 알 수 있습니다.

조금 주의 깊게 경제 지표를 봐 오셨다면 **코스닥(KOSDAQ)**이란 것이 있다는 사실도 아실 거예요. 프로 축구나 프로 야구에는 1군과 2군이 있습니다. 이것과 비슷하게 코스피가 1군이면, 코스닥은 2군입니다. 주로 IT 기업들이나 신생 기업들 중심으로 막 성장하는 회사들이 모여 있는 곳이 코스닥입니다. 코스닥의 특징은 주가의 변화 폭이 코스피에 있는 회사들보다 훨씬 크다는 점입니다.

해외 주식 시장

주식 시장 이야기가 나온 김에 해외 주식 시장도 알아 두면 좋겠습니다. 돈의 특징은 사람보다 더 쉽게 국가의 경계를 넘나들면서 세상에 영향을 끼친다는 것입니다. 전 세계 경제는 무역과 환율을 통해 주식 시장의 자본들끼리 서로 연결되어 있습니다. 그러다 보니 우리나라 주식 시장의 변화는 다른 나라의 주식 시장과 비슷하게 움직이는 경향이 생깁니다. 가장 대표적인 나라가 미국입니다. 미국에는 우리나라 코스피 지수와 비슷한 것으로 **다우존스 지수, S&P 500 지수**가 있습니다. 일본은 **니케이 지수**, 중국은 **상하이 종합지수**나 홍콩의 **항셍 지수** 등이 있습니다. 우리나라 코스닥 지수와 비슷한 것은 미국의 **나스닥 지수**가 있습니다. 요즘은 해외 주식도 쉽게 사고팔 수 있으니 아이가 디즈니 애니메이션이나 물건을 너무 좋아한다면 디즈니 주식을 직접 사 보도록 도와주셔도 좋겠습니다.

실천하기

주식이란 개념을 아이에게 설명하긴 쉽지 않을 겁니다. 주식의 개념 중 주가는 회사의 가치와 같이 움직인다는 점을 중심으로 알려 주세요. 주가는 사람들의 생각에 따라 변하게 됩니다. 아이가 좋아하는 물건을 만드는 회사를 골라서 주가가 어떻게 변했는지, 시가총액이 얼마인지 알아보면서 주식회사 및 주식과 익숙해지도록 도와주세요. 그리고 시장 전체를 보기 위해서 코스피 지수를 찾아보고 어떻게 변했는지 함께 살펴보면 좋겠습니다. 주가나 코스피 지수는 숫자로 보면 재미가 없습니다. 그래프를 보여 주면서 아이와 자연스럽게 이야기를 나눠 보시기 바랍니다.

아이와 함께하는
오늘의 재테크 습관 기르기

💰 오늘의 지수를 적고 어제와 얼마나 다른지 표시해 보세요.

코스피   코스닥

유가   환율

💰 아래의 활동을 통해 주식의 개념에 대해 아이와 함께 익혀 봐요.

i   아이의 흥미를 유도하기 위해 400조는 얼마나 큰 숫자인지 종이에 써 보고 숫자에
    0이 몇 개나 들어가는지 세어 보세요.

ii 좋아하는 회사를 3개 정도 골라 보세요.

iii 이제 그 회사의 주주가 되었다고 상상하세요. 여러분이 주주인 회사의 주가는
    어떻게 변했나요? 과거 1년 이상의 주가 그래프를 보면서 흐름을 이해해 보세요.

iv 그래프를 보고 나서 3개의 회사 중 어떤 회사가 가장 큰 회사인지 골라 봅시다.
    시가총액 기준과 주가가 가장 높은순으로 말해 보세요.

v   앞으로 계속 3개 회사의 주주로 지낼지 말지 결정해 보세요.

4

주식으로 돈을 버는
두 가지 방법

이해하기

주식은 회사의 주인이라는 증서라고 했습니다. 그런데 이 주식을 가지고 어떻게 돈을 벌 수 있다는 것일까요?

첫째로 주식은 사고팔 수 있습니다. 장사를 할 때 돈 버는 방법으로 단순하게 표현하면 **싸게 사서 비싸게 파는 것**입니다. 주식 역시 주식의 가격인 주가가 낮을 때 사서 비싸지면 파는 겁니다. 내가 주식을 가지고 있는 회사의 가치가 앞으로 높아질 것 같으면 주가가 오릅니다. 반대라면 내리겠죠. 이렇게 예측해서 주식 가격의 차이를 이용해 돈을 버는 겁니다.

둘째로 회사가 돈을 벌면 회사 혼자 갖는 것이 아니라 주주들과 벌어들인 수익을 나눕니다. 이걸 '배당'이라고 부르고 이때 나눠 주는 돈을 **배당금**이라고 부릅니다. 즉 배당금을 받아 돈을 벌게 됩니다.

주식으로 돈 버는 두 가지 방법

1 시세차익

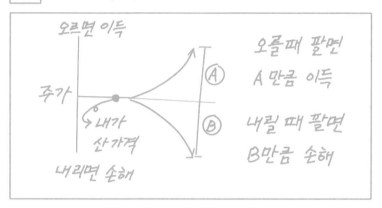

2 배당수익

163

🗒️ 주식으로 어떻게 돈을 벌까?

주식으로 돈을 버는 첫 번째 방법은 주식을 쌀 때 사서 비쌀 때 파는 것입니다. 예를 들어 A라는 회사의 주식을 1주에 1만 원일 때 샀습니다. 그런데 이 회사의 주가가 1주에 1만 2천 원이 되었다면 이때 주식을 팝니다. 그럼 1만 원에 산 물건(=주식)을 1만 2천 원에 팔았기 때문에 2천 원의 수익을 올리게 되는 겁니다. 주식 투자로 돈을 벌었다는 사람들은 대부분 이렇게 돈을 법니다.

두 번째 방법에서 A라는 회사의 주식을 사서 가지고 있어야 한다는 것은 첫 번째 방법과 같습니다. 다른 점은 주식을 팔지 않고 가지고 있는 겁니다. A라는 회사가 사업을 잘해서 돈을 벌면, 번 돈을 주주들에게 나눠 줍니다. 회사가 번 수익을 주주들에게 돌려주는 것을 '배당'이라고 한다고 앞에서 말씀드렸었지요. 보통 주식 1주당 얼마를 주겠다는 결정을 하기 때문에 주식을 많이 가지고 있는 사람은 그만큼 많은 수익을 얻게 됩니다.

첫 번째 방법은 시세(때에 따른 가격의 변동)의 차이에 따라 돈을 버는 것이기 때문에 **시세차익**이라고 부릅니다. 반면에 두 번째 방법은 배당금을 받아서 돈을 벌기 때문에 **배당 수익**이라고 부릅니다.

📚 주식을 사면 항상 돈을 벌까?

주식으로 돈 버는 방법을 알아봤습니다. 주식 투자는 실제로 생각보다 간단하고 쉽습니다. 그래서 많은 사람들이 주식 투자를 하고 있습니다. 그럼, 주식을 사서 돈을 벌 방법을 알았으니 주식을 사면 될까요? 아닙니다. 주식 투자로 돈을 벌기보단 손해를 봤다는 사람도 많습니다.

첫 번째 방법은 쌀 때 사서 비쌀 때 파는 것이었습니다. 하지만 반대의 경우도 종종 벌어집니다. A라는 회사의 주식을 1주에 1만 원에 샀습니다. A라는 회사가 잘될 줄 알았는데 생각보다 경영을 잘 못해서 돈을 못 벌었습니다. 그럼 이 회사의 주가는 떨어집니다. 1주에 8천 원이 되는 경우가 생깁니다. 그렇다면 주식을 가지고 있는 사람은 1만 원짜리 물건을 사서 8천 원이 되었기 때문에 2천 원을 손해 보게 됩니다.

두 번째 방법은 배당금을 받는 것이었습니다. 다만 모든 회사가 배당금을 주는 것은 아닙니다. 회사가 돈을 벌면 주주들에게 수익금을 나눠 주는 것이 배당금입니다. 그런데 회사가 돈을 번 것이 아니라 손해를 봤다면 회사에서 주주들에게 나눠 줄 수익금이 없습니다. 따라서 회사에서는 주주들에게 '올해는 죄송한데 배당금을 드릴 수 없습니다'라고 얘기합니다. 그럼 주식을 가지고 있는 사람은 100원도 벌지 못하게 되는 겁니다. 또 다른 경우로는 회사가 돈을 벌었지만 이번에 번 돈을 다른 곳에 투자해서 내년에 더 많은 돈을 벌겠다면서 배당하지 않는 상황도 있습니다.

조금 복잡한 경우도 있습니다. 배당금을 받더라도 기회비용 때문에 손해인 경우가 있습니다. 100만 원짜리 주식을 가지고 있는데, 배당금으로 1,000원을 받았다고 해 보겠습니다. 이 경우 수익률은 0.1%(1,000원/100만 원=0.1%)가 됩니다. 만약 100만 원짜리 주식 대신 연금리 1%짜리 정기 예금에 가입했다면 1년 뒤에 이자로만(세금 제외) 1만 원을 받게 됩니다. 똑같이 100만 원을 투자했지만 주식에 투자했을 때 예금이자인 1만 원 대신 배당금 1천 원을 벌었기 때문에 9천 원의 기회비용이 발생했다고 볼 수 있습니다.

이처럼 주식 투자로 꼭 돈을 번다는 보장이 있는 것이 아니고 돈을 잃게 되는 경우도 종종 있습니다. 사실 주식 투자뿐만 아니라 투자라고 부르는 행위는 모두 돈을 얻을 수도 있지만 잃는 경우도 발생하는 것이 일반적입니다. 게다가 주식을 사고파는 방법은 매우 간단하지만 어느 주식이 오르고 내릴지 판단하기가 어렵기 때문에 가능한 하지 말라고 말하는 사람도 있는 겁니다. 진짜로 주식 투자 자체를 하지 말라는 이야기가 아닙니다. 주식 투자를 하려면 주가가 오를지 내릴지를 판단하기 위한 공부가 많이 필요하니 쉽게 생각하거나 남의 이야기만 듣고 투자를 하지 말라는 의미입니다. 손쉽게 돈을 벌기 위한 수단으로 투자하는 사람들이 많아지면서 부정적인 인식이 생긴 겁니다. 주식으로 돈을 벌려면 가치에 대한 판단력을 높이기 위해 공부를 해야 합니다.

주식 투자를 잘 하는 방법은 뭘까?

주식으로 돈을 버는 방법은 알아보았습니다. 그럼 돈을 잃지 않고 돈을 버는 방법을 생각해 보겠습니다. 한 가지만 확실하게 알면 됩니다. 바로 '어느 주식이 오를 것인가'입니다. 과연 방법이 있을까요? 점쟁이도 아닌데 점을 칠 수는 없겠죠. 사실 이 세상의 누구도 정확히 알 수 없습니다. 하지만 여러 가지를 살펴보면 오를 가능성이 높은 주식을 알 수 있습니다. **우리가 알아내야 할 것은 가능성입니다.** 오를 가능성이 높은 회사를 찾는 게임과 같아요. 아이들도 게임이라면 일가견이 있으니까 함께 공부하다 보면 자신만의 기준을 찾게 될 겁니다.

물론 결과를 100% 맞힐 수는 없겠지요. 하지만 누가 더 높은 성적을 거둘지 예측하는 것은 가능합니다. 우선 회사와 관련한 새로운 소식들을 알아야 합니다. 새롭게 변하는 것을 알 수 있는 가장 손쉬운 방법이 있어요. 바로 뉴스입니다. 뉴스를 보면서 이 소식은 어떤 회사에는 좋겠다 나쁘겠다를 생각해 볼 수 있습니다. 그렇다고 모든 뉴스를 보고 모든 회사의 미래를 예측해야 한다고 하면 겁이 덜컥 날 겁니다. 실제로 그렇게 하는 사람은 별로 없습니다. 나오는 뉴스도, 공부할 회사도 너무 많잖아요. 그리고 주식 투자로 모든 돈을 벌겠다는 것도 아닙니다. 범위를 좁혀야 합니다. 이제부터 두 가지 방법을 알려 드릴게요.

🧧 중요한 요소들의 변동을 체크합니다

첫 번째는 장기적으로 큰 변화를 일으키는 중요한 요소들의 변동을 체크하는 겁니다. **대표적인 것이 주가, 금리, 유가입니다. 환율도 있지만** 환율은 좀 어려우니 아이의 이해도에 따라 넣어도 되고 빼도 됩니다. 나머지 세 가지 숫자들은 중장기적으로 경제가 좋아질지 나빠질지 알 수 있는 내용이니 아이들이 잘 모르더라도 같이 보면 좋겠습니다. 정확하게 숫자를 기억하려고 애쓰지 마세요. 전날과 비교해서 올랐는지 내렸는지만 체크하면 됩니다. 그리고 앞으로 오를지 내릴지 예측하면 됩니다. 아이들과 매일 확인하고 3개월 뒤 혹은 6개월 뒤에 오를지 내릴지 예상한 내용을 노트에 적어 보세요. 맞으면 아이에게 칭찬을 해 주시고 틀리면 왜 틀렸는지 같이 이유를 찾아보면 됩니다.

주가 특히 해외 주식 시장의 주가는 우리나라와 연관이 깊습니다. 이유는 세계 경제가 하나로 묶여 있기 때문입니다. 우리나라는 수출을 많이 해야 돈을 벌 수 있는 경제 구조를 가진 나라입니다. 다른 나라의 경제가 나빠서 주가가 내려간다면 코스피와 같은 우리나라 주가 지수나 수출을 많이 하는 회사의 주가가 떨어질 가능성이 높습니다.

금리는 남의 돈을 빌려 쓰는 비용입니다. 금리가 높으면 회사에서는 돈을 빌리기 힘들기 때문에 투자를 줄입니다. 투자를 줄이면 보통은 앞으로 수익이 좋지 않을 가능성이 높습니다. 반대로 금리가 낮으면 돈을 빌리기 쉽기 때문에 경제가 좋아질 가능성이 높습니다. 마지막으로 유가를 움직이는 석유는 우리나라 회사들이 물건을 만들 때 들어가는 필수 자원이지만 우리나라에서는 나지 않습니다. 꼭 해외에서 사와야 합니다. 따라서 유가가 오르면 제품의 원가가 오르고 가격이 비싸지니 수출에 좋지 않습니다. 유가가 낮아지면 반대로 원가와 물건 가격이 싸지니 수출에 유리해집니다. 다시 요약해서 말씀드리면 아이와 게임하듯이 주요 지표 3가지가 올랐는지 내렸는지 확인해 보세요. 그리고 앞으로 더 내려갈지 올라갈지 맞혀 보시면 됩니다. 정확하게 맞히는 것에 신경 쓰기보단 아이들이 게임처럼 느끼게 해 주세요. 그래야 경제 이야기를 하는 것에 흥미를 잃지 않습니다.

🧧 내가 좋아하는 회사를 고릅니다

두 번째 방법은 마음에 드는 회사를 한 개 고르는 겁니다. 더 좋은 방법은 그 회사의 주식을 1주라도 사는 겁니다. 실제 주식을 사기 위해 필요한 과정은 마지막에 설명드리겠습니다. 회사를 고를 때는 아이와 함께하는 것이 좋습니다. 아이가 관심을 보이는 회사를 골라 주세요. 회사를 고르는 법으로 우선 제가 썼던 방법을 소개해 드리겠지만 여러분이 아이와 함께 다른 방법을 생각해 보셔도 좋겠습니다.

저희 집은 운이 좋게도 아이의 엄마가 상장회사에 다닙니다. 엄마의 회사이기 때문에 아이는 뉴스에서 관련된 이야기만 나오면 민감하게 반응합니다. 회사가 좋아진다는 내용이 나오면 "엄마! 좋아진대!"라고 신나하고, 안 좋은 이야기가 나오면 "왜 저렇게 얘기하는 거야!"라며 화를 냅니다. 제가 볼 땐 엄연히 그 회사가 잘못했지만 아이에게 그것은 중요하지 않습니다. 엄마 회사니까 무조건 좋게 생각하려고 합니다.

엄마의 회사에만 신경 쓰는 것이 아닙니다. 아이는 어느새 경쟁사까지 알고 민감하게 반응합니다. 경쟁사가 잘 된다는 뉴스가 나오면 "어휴!"라며 엄마보다 훨씬 아쉬워합니다. 그러면서 어른들처럼 경쟁사에 대한 적당한 비방과 엄마 회사에 대한 애정을 표현합니다. 이제 뉴스에 나오는 엄마 회사 이야기는 흘러가는 어른들의 이야기가 아니라 자연스럽게 아이가 관심을 가지고 보는 콘텐츠가 됩니다.

아이들의 학습 능력을 볼 때마다 놀라게 되는 부분이 있습니다. 아이들은 관심을 갖는 순간 어른들의 상상 이상으로 몰입합니다. 아마 저희 아이에게 물어보면 제 기대보다 더 자세히 엄마 회사에 대한 내용을 기억하고 있을지도 모릅니다.

그렇지만 모든 어른들이 상장회사에 다닐 수는 없습니다. 그래서 또 다른 방법으로 아이가 좋아하는 물건과 연관된 회사를 고르는 것을 권합니다. 아이들이 좋아하는 물건은 먹을 것일 수도 있고, 장난감, 게임 회사, 연예인, 스포츠 선수일 수도 있습니다. 그 중에 관련된 한 개의 회사를 고르는 것입니다. 아이가 자기의 여가 시간을 보낼 때 가장 많은 시간을 할애하는 것으로 고르시면 좋겠습니다.

저희 아이를 기준으로 한다면 저는 우선 '유튜브' 관련 회사를 살펴볼 생각입니다. 요즘 아이가 유튜브에 푹 빠져 있거든요. 그 다음은 아이가 좋아하는 스마트폰 게임 회사를 살펴볼 겁니다. 아이에게 스마트폰을 보여 주기 싫으시다면 장난감이나 먹을 것을 만드는 회사도 좋을 것 같습니다. 저희는 실제로 아이가 레고를 너무 좋아해서 '레고' 주식을 사자고 말을 했는데 아이는 레고를 사서 만드는 것에만 눈을 반짝거리지 레고 회사의 주식을 가지는 것에는 심드렁했습니다. 그래서 레고 주식을 갖게 되면 나중에 레고 본사에 놀러 가자고 무리수를 던졌지만 안타깝게도 꾀는 데는 실패했네요.

그래도 방법이 마땅하지 않으면 집안의 가전 회사를 고르세요. 우리나라에서는 삼성전자 아니면 LG전자일 가능성이 높지요. 혹시 아이폰이나 맥북을 가지고 계시면 애플 주식도 좋습니다. 집에 자동차가 있으면 그 자동차를 만든 회사의 주식을 사셔도 됩니다. 주로 쇼핑을 하는 마트나 홈쇼핑, 서비스 회사의 주식을 사도 됩니다.

중요한 점은 아이가 흥미를 느낄만한 연결 고리를 어른이 만들어 주어야 한다는 것입니다. 그리고 실제 주식을 산 후 뉴스에서 그 회사와 관련된 내용이 나올 때 아이와 같이 이야기하시면 됩니다. 틀리면 어떡하냐고요? 어차피 100% 맞는 사람은 없어요. 익숙해지기 위한 것이라 생각하고 꾸준히 이야기를 나누시기 바랍니다. 조금만 지나도 아이들이 먼저 관련 뉴스를 챙겨 주고, 어른들에게 브리핑을 해 줄 겁니다. 아이들의 능력은 생각보다 뛰어납니다. 아이를 믿으세요.

실천하기

주식을 사고팔 수 있는 준비물이 필요합니다. 준비물이란 내가 가진 돈을 넣어 두고 주식을 사고파는 '증권 계좌'를 말합니다. 증권 계좌는 보통 증권 회사에서 만들게 됩니다. 아이들 명의로 증권 계좌를 만들려면 대부분 직접 방문하셔야 합니다. 가족관계증명서와 도장을 준비하시는 게 좋습니다. 방문 전에 꼭 전화로 확인해 보세요. 아이들에게는 '아이와 같이 미래를 맞히는 게임을 하는 것'이라고 설명해 주세요. '돈을 많이 벌 거야!'라는 생각을 굳이 안 할 이유는 없지만 제일 중요하다고는 얘기하지 말아 주세요. 왜냐하면 지금은 투자 공부를 하는 것이 목적이지 돈을 벌기 위한 것이 아니기 때문입니다. 물론 돈을 많이 벌면 더 좋을 겁니다! 대신 아이가 가진 돈을 모두 주식 투자에 넣지는 마세요. 제가 권해 드리는 방법은 처음에 아이의 1년치 세뱃돈 정도의 금액 이상을 넣지 않으면 좋겠습니다. 아이가 익숙해지고 어른들도 익숙해지면 그 다음에 액수를 늘리시기 바랍니다.

아이와 함께하는
오늘의 재테크 습관 기르기

🪙 오늘의 지수를 적고 어제와 얼마나 다른지 표시해 보세요.

코스피

코스닥

유가

환율

🪙 아래의 활동을 통해 주식으로 돈을 버는 방법에 대해 아이와 함께 이야기해 봐요.

i 지금까지 스터디 노트에 적어 두었던 코스피 지수가 계속 올랐는지 내렸는지 추이를
   확인해 보세요. 그리고 우리나라의 경제 상황이 좋아지고 있는지 아닌지 아이와
   함께 이야기해 보세요.

ii 아이의 주식 계좌를 만들어 보세요. 아이와 함께 증권사에 꼭 같이 가 보세요.

iii 내가 지금 가진 돈으로 좋아하는 회사의 주식을 몇 주나 살 수 있는지 계산해
    보세요.

iv 아이가 원하는 주식을 사 보세요.

v 한 달에 한 번 이상 주가가 어떻게 변했는지 체크해 보세요.

5

펀드의 개념

이해하기

투자 대상이 되는 상품은 생각보다 많습니다. 대표적인 것이 주식이나 채권이고, 선물이나 옵션이란 것도 있습니다. 실물이라 부르는 실제 물건에 투자하는 경우도 있습니다. 하지만 현실적으로 개인이 투자하기에는 돈도 부족하고, 알아야 할 일도 너무 많습니다. 혼자서는 하기 힘든 일입니다. 그래서 <u>펀드</u>가 만들어졌습니다. 펀드는 여러 사람의 돈을 모은 전문가가 대신 여러 가지 상품에 투자해 주는 것입니다. 투자 전문가는 대신 내가 낸 돈에서 일정 부분을 수고한 비용으로 가져갑니다. 이번 장에서는 펀드란 무엇이고, 펀드의 종류는 어떤 것이 있는지 알아보겠습니다. 그리고 펀드에 투자하는 이유와 장단점은 어떤 것이 있는지 살펴보겠습니다. 아이들이 이해할 수 있는 적금 상품과 적립식 펀드를 비교해서 차이점을 설명드리겠습니다. 그리고 주식과 펀드의 중간 형태인 <u>ETF</u>를 알아보겠습니다. 투자를 할 때는 아이의 성향이나 어른들의 현재 상태에 맞게 주식이나 펀드 중에 골라서 투자를 해 보는 것이 좋습니다. 어떤 것이 정답이라는 법은 없습니다. 가장 좋은 투자는 나에게 가장 적합한 방식의 투자입니다.

펀드는   여러 사람의 돈을 모아
전문가가 불려 주는 거예요

전문가

펀드

나
(투자자)

배 요금
(펀드 수수료)

종류   너무너무 많아요

상품   주식형·채권형·혼합형

크기   초대형·중형·소형

지역   국내·미국·중국

📑 펀드란?

요즘 은행에 가면 펀드라고 이름을 붙인 상품이 참 많습니다. 펀드가 무엇인지 헷갈리실 겁니다. 어렵게 생각하고 복잡하게 바라보면 따져야 할 것이 너무 많습니다. 아이들에게 설명하기도 어렵고 이해시키기도 어려울 겁니다. **펀드는 여러 사람이 모은 돈을 전문가가 대신 투자하고 그 성과를 나눠 주는 것입니다.** 펀드라는 말 자체가 특정 목적을 위한 돈을 뜻합니다.

펀드는 '공동구매'와 비슷한 겁니다. 제가 어렸을 때 부모님들은 도매시장에 자주 가셨습니다. 이유는 물건의 가격이 싸고 양이 많았기 때문입니다. 하지만 문제가 하나 있죠. 한 집에서 먹기에는 양이 너무 많았습니다. 그래서 부모님들은 옆집이나 친척들에게 미리 전화해서 "내가 이 물건을 사올 테니 나눌래?"라고 물어본 후에 사러 갔습니다. 펀드는 이처럼 역할과 돈을 나눠서 최대한의 이익을 내는 상품입니다. 전문가가 살 물건을 정하고 같이 나눠 먹을 사람을 모집합니다. 이후에 물건을 사고 나눠서 싼 가격에 맛있게 먹으면 됩니다. 이것을 좀 더 경제적인 용어로 표현하자면 전문가가 투자 상품을 정하고 수익을 나눌 사람을 모집합니다. 그 사람들의 돈으로 투자를 한 뒤 수익이 나면 투자자들에게 수익을 배분하는 형태인 것이죠.

투자를 잘 모르는 보통 사람이라면 내가 잘 모르거나 시간이 없더라도 일정 금액만 내면 동네 시장에 가서 물건을 사는 것보다 훨씬 사고 질 좋은 상품을 얻게 되는 것과 비슷한 방식인 펀드 투자의 장점을 활용할 수 있습니다.

🎴 펀드 수수료와 보수

다시 부모님들이 했던 공동구매 이야기로 가 보겠습니다. 그렇다면 저희 부모님께서는 왜 중간에서 번거로운 일을 하셨을까요? 이점이 있기 때문입니다. 지불한 금액에 따라 물건을 나누는 것이 맞지만 덤으로 더 얻는 물건들이 생길 수도 있고, 나눌 때 더 좋은 것을 우선 가질 수도 있기 때문입니다. 나쁜 짓을 하는 게 아니라 고생한 사람으로서의 권리이기도 합니다. 펀드를 직접 운영하는 사람들에게도 이런 권리가 있습니다. 고생한 만큼 돈을 받는 것이 **수수료와 보수**입니다. 펀드에 가입한다면 수수료와 보수로 내가 입금한 금액에서 일부(약 2~4%)를 뗀다고 생각하셔야 합니다. 내가 직접 주식을 사고팔려면 어떤 주식을 사야 할지, 언제 팔아야 할지 오로지 내가 고민해야 합니다. 고민하는 것도 괴롭지만 고민하는 시간도 오로지 나의 시간을 쪼개서 써야 합니다. 하지만 전문가가 해 준다면 그 사람에게 일종의 수고비를 주면 됩니다.

요즘 택배를 많이 시키는데요, 택배에는 택배비가 붙습니다. 생각해 보면 이것도 수고비입니다. 내가 직접 마트에 가서 물건을 사서 들고 오면 택배비를 아낄 수 있습니다. 하지만 택배비를 주면 마트에 갈 필요도 없고 집까지 물건이 배달되니 시간을 줄일 수 있죠. 수수료와 보수도 같은 개념으로 생각하시면 됩니다. 그래서 펀드는 간접 투자라고 부릅니다. 내가 직접 하는 것이 아니니까요. 직접 투자하는 것이 좋을지 간접 투자인 펀드를 선택할지는 아이와 본인의 상황에서 적합한 것을 고르시면 됩니다.

펀드의 종류

이번엔 펀드의 종류를 생각해 보겠습니다. 펀드를 고르는 것은 마트에서 한 봉지 안에 1만 원어치의 물건 골라 담기와 비슷합니다. 금액이 한정되어 있고 과자를 담을지 음료수를 담을지 채소를 담을지 골라야 합니다. 어느 것을 골라야 할까요? 나에게 가장 필요한 것을 담는 것이 정답입니다만 모든 것이 다 필요할 땐 가장 잘 알고 있는 제품 중에 고르는 것이 위험 부담이 적습니다. 잘 모르는 과자들 중에 고르는 것보다 잘 아는 것 중에 고르는 것이 만족스럽지 못한 것을 선택할 가능성을 낮춰 줍니다. 아는 맛이 제일 무섭다고 하잖아요.

또한 반드시 기억하셔야 할 내용이 하나 있습니다. 위험이 높을수록 수익이 높고, 위험이 낮을수록 수익이 낮습니다. 모든 펀드 상품에 동일하게 적용됩니다. 아이에게 이 문장만큼은 꼭 설명해 주세요. High Risk High Return 수익도 높고 위험도 낮은 상품은 없습니다. 수익이 높으려면 돈을 잃을 위험도 많이 감수해야 하고, 돈을 잃을 위험을 줄이려면 수익이 낮은 것도 받아들여야 합니다. 어떤 것을 선택할지는 본인의 몫입니다. 아이들도 이 단순한 문장만큼은 꼭 알고 있어야 합니다.

① **투자하는 상품에 따른 분류**: 가장 흔한 상품으로 주식 비율이 높은 펀드와 채권 비율이 높은 펀드가 있습니다. 주식 비중이 높으면 주식형, 채권 비중이 높으면 채권형, 둘이 적당히 섞여 있으면 혼합형이라 부릅니다. 상품별 특징으로는 주식 비율이 높을수록 수익성이 높습니다. 채권 비율이 높을수록 안정성이 높습니다. 단점은 반대가 됩니다. 주식 비율이 높을수록 돈을 잃을 가능성이 높고, 채권 비율이 높을수록 수익이 눈에 띄게 오르지 않습니다. 부동산과 관련된 상품에 투자하는 펀드도 있습니다. 보통은 리츠(REITs)라고 부릅니다. 이 외에도 다양한 상품에 투자하는 펀드들이 아주 많이 있습니다. 펀드 종류는 너무너무 많아서 고르기가 어렵다는 것이 문제입니다.

② **투자하는 주식의 종류에 따른 분류**: 주식도 종류를 나눌 수 있습니

다. '성장주' 중심이라고 하면 앞으로 성장 가능성이 높은 주식을 뜻합니다. 성장 가능성이 높다는 것은 수익률이 높을 것이라 기대한다는 것입니다. 당연히 위험도도 높겠죠. '대형주' 중심이라고 하면 시가총액이 높은 기업들 위주로 투자하는 것입니다. 시가총액이 높고 몸집이 클수록 주가가 안정적입니다. 안정적이니 수익률은 조금 낮을 겁니다. '가치주'라는 것도 있습니다. 현재 가치가 있는 주식을 말합니다. 성장주만큼의 드라마틱한 주가 상승은 없지만 안정적인 성장을 보여줍니다. '배당주' 펀드는 배당금을 꼬박꼬박 잘 주는 회사들로 구성되어 있습니다.

③ **설정 금액에 따른 분류**: 펀드에 모여 있는 금액의 크기에 따른 분류입니다. 보통 소형, 대형, 초대형으로 나눕니다. 소형일수록 위험도가 높고 수익도 높습니다. 초대형이면 그만큼 안정적으로 운용될 가능성이 높습니다.

④ **투자 지역에 따른 분류**: 보통은 펀드에 나라 이름이 들어갑니다. 베트남이 들어가면 베트남에 투자하는 것이고, 중국이 있으면 중국에 투자합니다. 해외 펀드는 환율에 따라서도 수익이 변합니다. 수익이 났더라도 환율의 변동에 따라 수익이 사라질 수도 있기 때문에 경험이 부족하다면 해외 투자는 신중하게 생각해 보는 것이 좋습니다.

⑤ **투자하는 방식에 따른 분류**: 크게 거치식과 적립식이 있습니다. 거치식은 한 번에 모든 금액을 다 투자하는 것입니다. 저금에서 예금과 비

슷합니다. 적립식은 매월 일정 금액을 투자합니다. 저금에서 적금과 비슷합니다.

적립식 펀드와 적금

적립식 펀드와 적금은 매월 일정 금액을 떼내서 입금한다는 점 말고는 같은 점이 없습니다. 적금은 만기가 있고 만기가 되면 확정된 이자를 받게 됩니다. 펀드는 만기라는 개념이 없습니다. 펀드는 일정 기간이 지나면 해지하게 되고 해지 시점의 투자 수익을 받게 됩니다. 그리고 투자 수익이라고 말했지만 실제로는 손해를 볼 수도 있습니다. 그럼에도 사람들이 적립식 펀드를 하라고 하는 이유는 무엇일까요?

적립식 펀드는 기대할 수 있는 수익이 적금의 이자보다 높습니다. 그리고 매월 투자하는 적립이라는 방식으로 손해 위험을 줄일 수 있습니다. 적립식은 시장이 좋든 나쁘든 일정 금액을 계속 투자합니다. 예를 들어서 10만 원을 넣고 10만 원의 가치가 쌓이면 늘어나는 것도 줄어드는 것도 없을 겁니다. 그 다음 달에는 10만 원을 넣었지만 시장 상황이 좋지 않아서 10%를 손해 보게 되었다고 해 봅시다. 그럼 투자금은 20만 원이지만 가치는 10%가 줄어든 18만 원이 됩니다. 다음달에 10%가 올랐다면 어떻게 될까요? 투자금의 총액은 30만 원이 되고 기존 가치 18만

원과 투자 금액 10만 원의 합인 28만 원의 10%가 오른 30만 2천 원이 됩니다. 매우 간략하게 설명한 것이라 실제와는 조금 다르지만 이처럼 시장이 오르고 내리더라도 수익을 낼 수 있기 때문에 적립식으로 투자를 권하는 것입니다.

한 가지만 분명하게 말씀드리면, 적립식 투자라도 시장이 성장해야 수익을 낼 수 있습니다. 아무리 적립식이라도 시장이 계속 내려가면 손해를 계속 보게 되어 있습니다. 아이에게 펀드의 구조를 설명하는 것은 쉽지 않겠지만, 펀드는 투자 상품이라 손해를 볼 수도 있다는 것 자체는 꼭 알려 줘야 합니다. 그래야 나중에 어른이 되더라도 고위험 상품에 무작정 가입하는 것을 막을 수 있습니다.

🏦 ETF라는 상품

주식 투자를 직접하자니 신경 쓸 것이 많고 펀드를 하자니 너무 남에게 의존하는 것 같다고 생각하는 분들을 위한 상품이 ETF입니다. **ETF는 상장지수펀드라고 합니다.** 펀드지만 주식 시장에 상장되어 있어서 주식처럼 사고팔 수 있는 상품입니다. ETF도 여러 종류가 있지만 코스피 지수를 그대로 따라가도록 만든 ETF가 있습니다. 경제 뉴스에서는 이를 두고 코스피 지수를 추종한다고 표현하기도 합니다. 저는 이 종류의 펀드부터 시작하시면 좋겠습니다. 각 종목을 분석하는 것이 아니라 코스피 지수가 오를까 내릴까만 고민하면 되니까 생각할 부분이 좀 더 단순해 집니다. 그래서 혹시 아이들과 개별 종목을 고르는 것이 너무 어렵다면 지수를 따르는 ETF 상품에 투자해 보면 좋겠습니다. 물론 ETF 중에는 특정 업종만 묶어서 파는 상품도 있습니다. 예를 들면 자동차나 농산물, 원유와 관련된 종목들을 묶어 놓은 것입니다. 게다가 수수료도 일반 펀드에 비해 저렴합니다.

펀드 관련 직업과 펀드를 살 수 있는 곳

펀드와 관련된 사람들을 간단히 추려 보자면 펀드를 운용하는 사람들을 **펀드매니저**라고 부릅니다. 미국뿐만 아니라 우리나라에서도 연봉이 높은 직업으로 알려져 있습니다. 대신 남의 돈을 관리하는 일이기 때문에 스트레스가 굉장히 높을 겁니다. 내가 믿고 돈을 맡겼는데 그 사람이 돈을 잃게 되면 일단 펀드매니저에게 화를 내게 되는 것이 사람들의 일반적인 반응이니까요.

시장이나 회사를 분석하는 사람들은 **애널리스트**라고 부릅니다. 분석하는 사람이라는 뜻이지요. 펀드를 판매하는 곳은 펀드 판매사라고 합니다. 요즘은 은행이나 증권 회사뿐만 아니라 온라인에서도 펀드에 가입할 수 있습니다.

아이들과 펀드를 고르기는 쉽지 않습니다. 꼭 펀드를 가입해야겠다는 목적이 아니더라도 아이와 함께 은행에 방문해서 어떤 펀드가 좋을지 같이 설명을 들어 보는 방법을 추천드립니다. 그럼 어른과 아이 모두 같이 공부를 하게 되고 아이도 금융 기관에 익숙해질 겁니다. 펀드 관련 용어와 직업도 좀 더 친숙하게 느낄 수 있겠지요.

실천하기

펀드의 종류는 너무 많습니다. 그리고 펀드의 구성이나 운용 방법을 보면 볼수록 어렵다고 느끼실 수 있습니다. 하지만 아이와 함께 펀드에 대해 알아보는 이유는 아이들이 흥미를 갖게 유도하는 것이 필요하기 때문입니다. 그러니 아이들과 보물찾기를 한다는 기분을 가지고 천천히 접근하는 것을 추천드립니다. 아이들이 좋아하는 상품이나 물건을 만드는 펀드가 있는지 찾아보거나, 아이가 관심 있는 국가의 해외 펀드를 찾는 방법으로 골라 보세요.

어쩌면 아이에게 수수료와 보수를 설명하기도 어려울 겁니다. 그럴 때는 주변 상황을 예시로 들어 아주 단순하게 택배를 시키면 택배비가 포함되는 것처럼 다른 사람에게 투자를 맡기면 그 사람에게 수고비를 줘야 한다고 설명해 주세요. 아이들이 고른 펀드의 종류를 살펴보고 위험도가 너무 높지 않은 상품인지 확인해 주세요. 그리고 실제 펀드에 투자하는 경우 적금보다 적거나 같은 금액 정도만 적립식으로 투자하는 것이 안전합니다.

아이와 함께하는
오늘의 **재테크** 습관 기르기

💰 오늘의 지수를 적고 어제와 얼마나 다른지 표시해 보세요.

코스피   코스닥

유가   환율

💰 아래의 활동을 통해 펀드의 개념에 대해 아이와 함께 익혀 봐요.

i 아이가 좋아하는 분야의 펀드를 골라 봐요.

ii 펀드다모아(http://fundamoa.kofia.or.kr) 사이트에서 'my펀드찾기'를 해
   보세요.

iii 펀드를 사려면 어디로 가야 하는지 아이와 함께 확인해 보세요. 우리 집에서 가장
    가까운 판매처는 얼마나 떨어져 있는지 포털 지도로 찾아보세요.

iv 어른들이 아이와 상의해서 펀드에 얼마나 투자할지 얘기해 보세요.

v 결정했으면 아이와 함께 펀드에 가입하러 가세요. 혹시 가입이 망설여진다면
   아이와 함께 가서 직접 각 펀드에 대한 설명을 들어 보세요.

PART 2

4장

돈이 도는 방법

1. 소득에는 세금이 있다

2. 시장은 어디에나 있어요

3. 수요와 공급, 그리고 가격

4. 경제의 3대 주역은 가계, 회사, 정부

5. 나라와 나라가 거래하는 무역

6. 외국 돈과 우리나라 돈의 교환 비율인 환율

7. 인플레이션이란?

1

소득에는 세금이 있다

<u>세금</u>은 누구나 내기 싫어합니다. 하지만 세금은 꼭 필요한 돈입니다. 세금이란 무엇이고 어디에 쓰이는 것인지 알아보겠습니다. 그리고 바람직한 세금에 대한 관점을 제 나름대로 정리할 생각입니다. 세금은 사람들이 대부분 부정적으로 이야기하기 때문에 아이들에게는 일부러라도 세금에 대한 긍정적인 측면을 얘기해 주시면 좋겠습니다.

세금은 사회 안전망을 위해 필요하기 때문에 얼마를 내는지도 중요하지만 내가 낸 세금이 어디에 어떻게 쓰이는지 확인하는 것도 중요합니다. 또한, 아무리 나의 노력으로 돈을 많이 벌었다고 해도 사회의 도움이 없었다면 이룰 수 없는 경우가 대부분입니다. 그러니 세금을 내는 것 역시 내가 돈을 많이 벌도록 도와준 사회에 환원하는 자랑스러운 일로 여기도록 해 주세요.

세금은 국가 이용료예요

① 세금의 종류

	세금 내야 할 사람		세금 내는 사람
직접세	😐	=	😐 예)소득세
간접세	😐	≠	😐 예)부가세

② 세금은 어디에 쓸까?

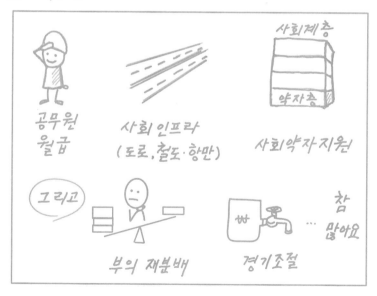

공무원 월급

사회 인프라 (도로, 철도·항만)

사회계층
약자층
사회약자지원

그리고

부의 재분배

경기조절

참 … 많아요

💵 세금은 국가이용료

세금이란 정부에서 국민들에게 받아 가는 돈을 말합니다. 중요한 것은 강제로 받아 간다는 점입니다. **그래서 국민의 4대 의무 중 하나인 '납세의 의무'라고 표현됩니다.** 국방, 교육, 근로, 납세의 의무가 4대 의무고 헌법에는 여기에 '환경 보전'과 '재산권 행사 시 공공 복리에 적합할' 의무까지 포함해 6대 의무가 됩니다. 이중에서 국방과 납세를 제외한 나머지는 권리이기도 합니다. 세금은 의무이기 때문에 내지 않으면 법적인 처벌을 받게 되지만 내지 않을수록 당장의 이득이 있기 때문에 어른들은 내지 않거나 적게 내려고 많은 고민을 하기도 합니다.

제가 생각하는 세금은 '국가이용료'입니다. 아이들과 테마파크에 갈 때 이용료를 내는 것은 당연하게 생각합니다. 돈을 내고 입장한 사람들은 마음껏 테마파크를 즐기면 됩니다. 테마파크에서는 이용객들에게 받은 돈으로 직원들의 월급도 주고, 놀이기구가 고장나면 고치기도 하고 새로운 시설에 투자도 합니다. 마찬가지입니다. 우리가 대한민국의 국민이 되는 순간 세금이라는 국가이용료를 내야 합니다. 대신 우리는 국가를 마음껏 이용하면 됩니다. 테마파크에 들어갈 때 돈을 내지 않는 사람이 발견되면 돈을 받거나 쫓아내야 하는 것처럼 세금을 내지 않으면 국가를 이용할 수 없게 벌을 주거나 세금을 받아 내야 합니다.

대신 국가가 마음대로 세금을 거둘 수는 없습니다. 법에 정해진 대로 해야 합니다. 법을 만드는 사람은 국회의원입니다. 그럼 국회의원 마음대로 정할 수도 있겠네요. 물론 그러지 못하게 국회의원은 국민들이 투표해서 뽑습니다. 현실에서 여러 가지 일이 벌어지긴 합니다만 그래도 국회의원이 국민을 위해 일하지 않으면 4년에 한 번씩 바꿀 수 있다는 뜻이지요. 결국 국가에서 세금을 정하는 것을 감시하고 마음대로 못하도록 막는 것도 국민입니다.

💵 직접세와 간접세는 어떻게 나뉠까?

세금은 소득이 있는 경우에 생깁니다. 소득의 종류는 앞에서 이미 말씀드렸고, 이번에는 세금이 **직접세**와 **간접세**로 나뉜다는 말씀을 드리려고 합니다. 복잡하게 느껴질 수 있지만 돈을 벌어 소득이 생기면 세금을 낸다는 원칙은 동일합니다. 다만 몸이 불편하거나 일할 능력이 안 돼서 소득이 없는 사람들에게는 세금을 내지 않도록 면제해 주거나 많이 줄여 줍니다. 반대로 매우 돈을 많이 버는 사람은 세금도 더 많이 냅니다. 이렇게 소득 수준에 따라 세금을 받는 비율인 세율이 점점 쌓이면서 높아지는 것을 **누진세**라고 부릅니다.

그럼 아이들도 세금을 낼까요? 그럼요. 아이들이 일을 해서 돈을 벌지는 않지만 금융소득이 생길 수는 있습니다. 아이에게 금융소득이 없다면 아직 통장을 만들어 주지 않은 겁니다. 아이 통장을 만들고 예금이나 적금을 가입하고 나면 이자가 나옵니다. 이자가 바로 금융소득이에요. 소득이 생기면 당연히 세금도 생기겠지요.

예를 들어 100만 원을 예금했고 계산하기 편하게 이자율이 10%라고 해 볼게요. 그럼 이자는 100만 원×10%인 10만 원이 되어야 합니다. 하지만 통장을 보면 10만 원보다 적은 금액이 들어와 있을 겁니다. 누가 내 이자를 가져갔죠? 국가에서 세금으로 걷어 간 겁니다. 예금에는 보통 15.4%의 세금이 붙습니다. **아이가 저금을 하고 이자를 받을 때 세금이 생긴다는 것을 알려 주셔야 합니다.**

아, 그리고 이렇게 소득에 붙는 세금을 직접세라고 부릅니다. 그 이유는 소득을 벌어들인 사람이 직접 세금을 내야 하기 때문입니다. 이자에서 세금을 떼는 것은 아이가 소득을 번 것이고, 그 아이의 소득에서 직접 세금을 가져간다는 의미입니다.

그럼 세금을 직접 내지 않고 다른 사람이 내는 경우도 있다는 뜻이겠네요? 네. 다른 사람이 세금을 모아서 내는 경우를 간접세라고 부릅니다. 대표적인 간접세로 **부가가치세**, 줄여서 **부가세**라 부르는 세금이 있습니다. 물건을 살 때 가격에 포함되어 있지요. 지금 바로 아이들과 함께 최근에 결제하고 받은 영수증을 찾아보세요. 영수증을 보면 내가 언제, 어디서, 얼마의 물건을 샀는지가 나온 뒤 맨 아래쪽에 결제한 금액의 합계가 있을 겁니다. 그리고 합계 바로 위를 보면 10%의 부가가치세가 표시되어 있습니다. 혹시 안 나오는 경우도 있을까요? 그럴 땐 V.A.T라고 쓰인 곳을 확인해 보세요. V.A.T가 부가세의 영어 표현이니까요. 이제 아이들과 과자를 사든, 장난감을 사든, 옷을 사든 영수증을 보여 주세요. 내가 산 가격에 10%의 부가세가 포함되어 있다는 것을 아이들이 인식할 수 있습니다.

부가세가 왜 간접세인지는 얘기하지 않았지만 힌트는 나왔습니다. 마지막에 돈을 받은 사람이 한꺼번에 모아서 세금을 내기 때문입니다. 과자를 사 먹은 사람은 아이와 우리들이지만 우리는 세금을 내지 않았습니다. 여기서 세금을 내지 않았다는 뜻은 국가에 직접 내지 않았다는 뜻이에요. 모든 손님들이 가격에 포함해서 낸 10%의 부가세를 가게 주인들이 모아서 세금으로 내게 됩니다. 이처럼 세금을 내야 하는 사람이 직접 내지 않고 다른 사람이 대신 내는 경우를 간접세라고 부릅니다.

복잡해 보일 수도 있겠지만 아이들에게는 돈과 관련된 행동인 저금, 투자, 지불, 판매, 구매를 할 땐 항상 세금이 생긴다고 설명하면 좋겠습니다. 일상의 활동에서 세금이 생기는 순간을 공유하다 보면 아이들이 자연스럽게 익힐 수 있는 날이 올 겁니다.

📑 세금을 걷어서 어디에 쓸까?

아이와 세금을 내는 것만 얘기하다 보면 대체 이 세금을 걷어서 어떻게 쓰는지 궁금해할 겁니다. 조금 전에 이야기했던 테마파크를 예로 들어 설명해 봅시다. 대한민국이라는 테마파크를 운영한다고 생각해 보세요. 세금이라는 이용료를 받았습니다. 이제 어디에 돈을 쓸까요?

우선 테마파크에서 일하는 사람들에게 월급을 줘야 합니다. 국가라는 테마파크에서 일하는 사람들이 바로 공무원입니다. 공무원은 정부 기관에도 있고, 시청이나 구청, 주민센터에도 있고, 경찰서와 소방서에도 있습니다. 나라를 지키는 군인들도 공무원입니다.

테마파크에서는 놀이기구를 새로 들이거나 고장난 놀이기구를 고쳐야 될 겁니다. 이렇게 사회에 기반이 되는 시설들을 사회 인프라라고 부릅니다. 사회 인프라를 만드는 것도 국가가 할 일입니다. 공항, 항만, 철도, 도로, 가로등, 신호등을 만들 때도 세금을 사용합니다.

이제 테마파크로 설명하기 어려운 다른 세금의 기능을 이야기할 차례입니다. 2020년부터 어른들은 코로나 때문에 너무 힘든 시기를 보내셨을 겁니다. 혹시 2020년 5월에 코로나 관련 지원금 받은 것 기억나시나요? 우리들은 쉽게 코로나 지원금이라고 불렀지만 정식 명칭은 **긴급 재난지원금**이었습니다. 1차는 전국민에게 지급되었고 2차 이후부터는 일부에게만 지급되었습니다. 다수에게 지급되긴 했지만 선별적으로 주었습니다. 이 긴급재난지원금 역시 세금으로 나눠 준 것입니다. 2020년 1차 지원처럼 전국민에게 정부에서 지원금을 주는 사례는 거의 발생하지 않지만 취약 계층을 지원하는 경우는 많이 있습니다.

아이와 함께 이야기하는 책이니 아동수당의 예를 들어 보겠습니다. 아동수당은 2018년에 6세 미만 아동이 있는 가계 중 소득이나 자산이 하위 90%에 해당하는 일부 계층에게만 지급했습니다. 2019년 1월에 6세 미만 전체 아동에게로, 9월에는 7세 미만 전체 아동으로 확대되었습니다. 아이들은 대표적인 사회적 약자에 해당합니다. 아이들이 최소한의 안전 등을 보장받을 수 있는 환경에서 자랄 수 있도록 도와주는 제도로 1인당 월 10만 원씩 지급됩니다. 이 외에도 취업이 어려운 경우 세금으로 지원하면서 일자리를 만들거나 취업준비생을 지원하기도 합니다. 이런 세금은 테마파크에서는 잘 일어나지 않는 일이지만 사회가 국민들에게 최소한의 생활을 지원하여 자립할 수 있도록 돕기 위해 쓰였다고 볼 수 있습니다.

세금의 또 다른 역할

세금으로 사회 양극화를 조절하기도 합니다. 양극화란 잘사는 사람은 더 잘살게 되고 못사는 사람은 더 못살게 되는 현상이죠. 이 양극화가 심해지면 건강한 국가를 유지하기 힘든 여러 문제가 발생합니다. 그래서 국가에서 이를 조율하기 위해 적절히 개입하려고 하는 것이지요. 그 도구로 사용되는 세금 중에 **특별소비세**라는 것이 있습니다. 주로 돈이 많은 사람들이 사는 귀금속이나 고급 승용차 등의 물건에 세금을 더 많이 내도록 하는 것입니다.

돈이 없는 사람들을 위해서는 여러 수당을 지급해서 최소한의 인간다운 삶을 살 수 있도록 지원해 줍니다. 이를 경제 용어로 부의 재분배라고도 하죠. 사회에 있는 돈의 양이 골고루 나눠지도록 정부가 조절하는 역할을 합니다.

경기를 조절하기도 합니다. 부동산 시장이 과열되면 부동산과 관련된 세금을 올립니다. 부동산을 진정시키는 거죠. 반대로 경기가 어려울 땐 정부에서 사업을 벌여서 기업들이 돈을 벌 수 있게 유도합니다. 사람들의 취업이 어려우면 **고용지원금**을 지급해서 기업에서 일자리를 만들고 경기를 살릴 수 있도록 노력합니다.

이미 걷은 세금을 사용하는 방식도 있지만 재난을 당한 지역이 있으면 그 지역에서는 거꾸로 세금을 받지 않는 정책을 써서 해당 지역을 지원하기도 합니다. 세금은 더 걷는 것과 걷지 않는 것, 꼭 써야 할 때 적절한 곳에 세금으로 돈을 지급하는 것 등의 다양한 방법으로 국민을 위해 사용됩니다.

📑 세금은 어디에 어떻게 쓰이는지가 중요합니다

세금을 대할 때 아이들 앞에서 "왜 이렇게 세금이 많아!"라고 얘기하는 것은 가급적 줄이셔야 합니다. 세금을 부정적인 것으로만 인식하게 되면 아이들 역시 어떻게든 세금을 내지 않으려고 할 것이기 때문입니다. 세금은 국가를 유지하고 국민들에게 편의를 제공하기 위해서 꼭 필요한 것입니다.

그보다는 '세금을 어디에 썼는지, 어떤 기준으로 썼는지'를 아이와 이야기하는 것이 필요합니다. 국가에서 세금을 좀 많이 걷더라도 제대로 쓰고 올바르게 썼다면 괜찮다고 생각합니다. 촘촘하고 충분한 사회복지를 바란다면 그만큼 세금을 내야 하고 우리가 낸 세금이 엉뚱하게 쓰이지 않도록 감시하는 것이 필요합니다. 그러기 위해선 필요한 것들이 많습니다. 국민들이 서로를 믿어야 하고 돈으로만 사람을 평가하는 인식도 바꿔야 하고, 가진 사람이 좀 더 돈을 내야 하고, 많이 내놓은 사람을 존중해 주는 자세도 필요합니다. 아이와 세금에 대해 이야기하면서 스스로 생각을 정립할 수 있게 도와주세요.

📑 세금 많이 내는 것을 자랑하는 아이로 키워 주세요

외국의 부자들이 재산을 사회에 환원하면서 뉴스에 등장하는 경우를 많이 봅니다. 이들도 충분히 존경받아야 하지만 제 생각엔 세금을 제대로 내면서 많이 내는 사람도 존경받아야 한다고 믿습니다. 세금을 많이 낸다는 것은 사회와 사람들을 위해 많은 일을 하고 있다는 증거이니까요. 아이들에게는 세금을 적게 내거나 내지 않는 방법만 이야기할 것이 아니라 많은 세금을 낼 수 있을 만큼 능력 있는 사람이 되라고 가르치면 좋겠습니다.

실천하기

지금 아이들에게는 세금을 꼭 내야 하는 것이라는 사실을 알려 주시는 것이 필요합니다. 그리고 아이가 낸 세금에는 어떤 종류가 있는지 설명해 주시면 좋겠습니다. 세금 액수보다는 어떤 명목으로 세금을 내고 있는지와 세금으로 어떤 혜택을 받고 있는지 알려 주세요.

아이들에게 세금에 대한 부정적인 이야기를 하지 않도록 주의해 주시기 바랍니다. 마음에 들지 않는 공무원들에 대한 비난이나 맨날 도로 포장을 다시 하는 낭비를 한다는 등의 이야기는 가급적 아이 앞에서는 참아 주세요. 돈을 많이 버는 상황이 되면 수익과 관련해서 세금은 굉장히 중요한 부분이 됩니다. 그때를 위해서라도 돈을 벌면 세금을 내야 한다는 가장 기본적인 사항을 익히게 해 주시기 바랍니다.

아이와 함께하는
오늘의 재테크 습관 기르기

🪙 오늘의 지수를 적고 어제와 얼마나 다른지 표시해 보세요.

코스피   코스닥

유가   환율

🪙 아래의 활동을 통해 세금에 대해 아이와 함께 익혀 봐요.

ⅰ 우리집은 코로나로 얼마의 긴급재난지원금을 받았는지 아이와 함께 알아봅시다.

ⅱ 우리집에서는 세금을 얼마나 내고 있는지 아이와 함께 알아보고 대략적인 금액도
   적어 봅시다. 참고로 집이나 땅이 있다면 재산세를 냈을 겁니다. 자동차가 있다면
   자동차세를 냅니다. 세대가 분리되어 있다면 주민세를 냅니다. 반면 전기료나
   관리비는 세금이 아니라 이용료예요.

ⅲ 지난번 결제한 영수증을 찾아서 부가가치세를 찾아보세요. 가지고 있는 모든
   영수증에 표기되어 있는지 아이와 함께 확인해 보세요.

ⅳ 아이와 함께한 저금(적금, 예금 상품 등)에 대한 이익으로 얼마의 세금을 냈는지
   계산해 보세요.

ⅴ 아이와 함께 우리 주변에서 세금이 실제로 어떻게 쓰이고 있는지 알아봅시다.
   첫 번째로 우리를 도와주고 있는 공무원으로는 어떤 사람이 있는지 살펴봅시다.
   두 번째로 우리 집에서 제일 가까운 기차역과 고속도로(국가기반시설)가 어디에
   있는지 확인해 보세요.

2

시장은 어디에나 있어요

이해하기

　물건을 사고파는 곳을 우리는 <u>시장</u>이라고 부릅니다. 코로나가 심하지 않을 때는 물건을 사려고 보통 마트로 가거나 전통시장으로 갔습니다. 시장에 가는 이유는 우리가 필요한 물건을 살 수 있기 때문입니다. 반대로 얘기하면 물건을 사려는 사람들이 모이기 때문에 물건을 팔려는 사람도 시장으로 모입니다. 요즘 코로나가 심해지자 사람들은 밖으로 나가는 것을 좋아하지 않게 되었습니다. 그렇다고 물건을 사지 않는 건 아니죠. 여전히 물건을 사고 있고, 또 계속 물건을 팔고 있지만 달라진 것은 물건을 사고파는 장소로 직접 가지 않는다는 사실뿐입니다.

　경제에서 말하는 시장은 지금 우리가 경험하고 있는 시장과 비슷합니다. 시장의 개념은 <u>거래가 일어나는 곳</u>입니다. 이름에 시장이 붙어 있지 않고 물건을 진열해 놓고 파는 상점 건물이 없어도 시장은 존재합니다. 시장의 다른 의미로는 한 나라의 경제 체제를 나타내는 말로도 쓰입니다. 정부가 통제하지 않고 민간의 시장에 경제를 맡긴다는 의미로 <u>시장 경제 체제</u>라고도 말합니다. 이번에는 이처럼 시장이 가진 여러 가지 의미를 함께 알아보도록 하겠습니다.

시장 = 거래가 일어나는 곳

| 팔기 ⇄ 사기 | 사기 ⇄ 팔기 | 팔기 ⇄ 사기 | ⟹ | 모두 시장 |

1 거래하는 상품에 따라

부동산 🏢 × 거래 = 부동산 시장
주식 증권 × 거래 = 주식 시장
채용 👤 × 거래 = 채용 시장

2 거래 방식에 따라

모바일 × 거래 = 모바일 쇼핑
인터넷 × 거래 = 인터넷 쇼핑
해외직구 × 거래 = 직구시장

3 판매자의 수

많으면 👥👥👥 = 완전경쟁 시장
소수면 👤👤👤 = 과점 시장
혼자면 😟 = 독점시장

📖 시장은 어떤 곳일까요?

시장은 물건을 사고파는 곳입니다. 원래 시장이 생겨났던 이유를 살펴보겠습니다. 농부는 농사를 지어서 곡식을 가지고 있고, 사냥꾼은 짐승을 사냥해서 털이나 가죽을 가지고 있고, 어부는 바다에서 물고기를 잡았습니다. 농부와 사냥꾼과 어부는 서로서로 자기가 가진 물건을 주고 상대방이 가진 물건과 바꾸고 싶었습니다. 그러려면 어딘가에서는 만나야 했죠. 가장 좋은 방법은 농부와 사냥꾼, 어부 세 사람이 모이기 쉬운 동네에서 만날 날을 정하는 것이었습니다. 이처럼 처음의 시장은 각자가 가지고 있는 물건들을 교환하기 위해 만들어졌습니다. 그리고 매일 모이기 어려우니 날을 정했죠. 5일에 한 번 모이는 장날이라고 해서 5일장이라고 부르고 모이는 동네의 이름을 따서 봉평 5일장 같은 이름을 정했습니다. 처음에는 물물교환이 이루어졌고 돈을 사용하기 시작하면서는 돈으로 물건을 사고팔게 되었죠. **이처럼 전통시장은 장소가 굉장히 중요했습니다.** 어디에서 언제 모이는지를 알아야 사람들이 갈 수 있었으니까요. 그래서 지금도 남아 있는 전통시장인 남대문 시장이나 동대문 시장처럼 지역 이름이 붙어 있는 경우가 대부분입니다. 아이들과 여행을 다니다 보면 여전히 장이 서는 동네에서 묵어 본 경험이 있으실 겁니다. 아이에게 이 때의 이야기를 해 주면 좀 더 시장의 생성 과정에 대해 관심을 갖게 될 거예요.

반면 요즘에는 지역 이름이 붙어 있는 시장보다 이마트, 롯데마트, 홈플러스와 같은 할인매장이 더 많습니다. 그리고 5일장이 아니라 특별한 날을 제외하고 매일 열립니다. 그래도 여전히 눈에 보이는 장소에 시장이 있다는 것은 변하지 않았습니다. 대신, 이름이 변했죠. 대형마트나 백화점, 슈퍼 혹은 편의점 등으로 불리면서 시장이라는 이름을 쓰지 않는 경우가 많아졌습니다. 하지만 그런 곳들도 여전히 물건을 사고파는 역할을 갖고 있습니다.

코로나 이전에도 사람들은 실재하는 시장에 가는 것을 줄이고 있었습니다. 홈쇼핑이나 인터넷 상거래 때문입니다. 거의 모든 사람이 스마트폰을 갖게 되면서 모바일 쇼핑도 많이 이용합니다. 그래서 코로나가 퍼지자 많은 사람들이 모이는 마트를 피하게 됐지만 여전히 물건을 사고파는 데 큰 불편함을 느끼지 않고 있습니다. 이미 물건을 사고파는 기능의 공간이 온라인으로 많이 옮겨 왔기 때문입니다.

다시 정리해 볼게요. 시장의 유래는 물건을 사고파는 특정한 시간과 장소에서 출발했지만 지금 시장의 의미는 '물건을 사고팔 수 있는 곳'이면 충분합니다. 그러니 아이들에게 시장을 설명할 때는 새로운 정의로 설명해 주세요. 특정 장소를 붙이면 아이들은 앞으로 만나게 될 다양한 시장의 형태에 혼란스러워할지 모릅니다. 최근에는 물건이 아닌 서비스를 사고파는 것도 거래에 포함되기 때문에 지역뿐만 아니라 물건이라는 말도 없앤 **거래가 일어나는 곳이라는** 정의가 현재의 시장이라는 의미에 가장 적당해 보입니다.

.

경제 기사에서 말하는 시장이란?

거래가 일어나는 곳이 시장의 개념이라고 말씀드렸지요. 그럼 뉴스에서 쉽게 접할 수 있는 시장의 종류부터 알아보겠습니다.

첫째, 거래하는 물건으로 구분하는 시장입니다. 뉴스에서 부동산 경기가 상승한다거나 하락한다는 내용이 자주 나옵니다. 다른 말로 '부동산 시장'이라고도 합니다. '부동산 시장이 들썩거린다', '부동산 시장이 불안하다' 같은 예가 있습니다. 부동산 시장은 어디일까요? 전국에서 집을 사고팔기 때문에 나라 전체가 부동산 시장이라고 볼 수 있지만 누구도 어디에 있는 시장인지 궁금해하지 않습니다.

앞에서 설명했던 것처럼 주식을 사고파는 곳을 주식 시장이라고 표현합니다. 주식 시장 역시 특정 지역을 구분하는 것은 의미가 없습니다. 상징적인 의미로 '여의도 증권가'라는 표현을 쓰긴 하지만 실제 여의도를 의미하지 않습니다. 지역 구분이라면 오히려 미국 주식 시장, 한국 주식 시장으로 표현합니다. 거래 조건과 상품이 다른 것을 표현할 때 나라 이름으로 구분하는 것이 편리하기 때문입니다. 이와 비슷한 것으로 채용 시장, 노동 시장 등도 있습니다. 요즘 배달이 일상화되다 보니 배달 시장이란 말도 자주 쓰입니다. 정리하자면 어떤 특정 물건이나 상품 혹은 서비스가 거래되는 단위 뒤에 시장을 붙입니다.

두 번째는 거래하는 방식 혹은 수단에 맞춰 구분하는 시장입니다. 인터넷 쇼핑, 홈쇼핑, 모바일 쇼핑처럼 어떤 수단으로 거래가 이뤄지는지에 따라 나뉩니다. 좀 더 세부적으로는 오픈 마켓처럼 누구나 물건을 사고팔 수 있는 경우나 해외의 물건을 직접 구매한다는 의미의 직구 시장, 동네에서 중고 거래를 하는 직거래 시장 등으로 나누기도 합니다.

세 번째는 교과서적인 시장의 구분입니다. 교과서나 어린이들의 경제 관련 책에서 설명하는 내용이라 이렇게 이름을 붙여 봤습니다. 경쟁 구도에 따른 분류입니다. 누구나 같은 조건에서 물건을 판매하면 완전 경쟁 시장, 특정한 소수가 주도하면 과점 시장, 공급자가 하나밖에 없다면 독점 시장이라고 분류합니다. 인터넷 쇼핑이 대표적인 완전 경쟁 시장에 가깝습니다. 누구라도 물건을 팔 수 있고 가격도 모두에게 공개되어 있어서 끊임없이 최저가 경쟁을 해야 합니다. 과점이나 독점 시장은 현실적으로 있는 것 같지만 실제로 찾기는 어렵습니다. 독과점 시장은 보통 사람들인 소비자들에게 불리하기 때문에 정부에서 관리합니다.

📖 시장 경제에서도 정부가 때때로 시장에 개입합니다

독과점 시장이 왜 소비자에게 불리할까요? 인터넷 쇼핑에서 최저가를 검색하는 이유는 같은 물건을 조금이라도 싼 가격에 사고 싶기 때문입니다. 손품을 팔다 보면 가장 낮은 가격에 좋은 물건을 구매하게 되죠. 판매하는 사람들도 알고 있기 때문에 계속해서 가격을 조정합니다. 그런데 판매하는 사람이 딱 한 명만 있다고 해 보죠. 그리고 다른 사람들은 그 물건을 판매하지 못한다고 하면 최저가는 없어집니다. 판매하는 사람이 마음대로 가격을 정할 수 있으니까요. 판매하는 사람은 당연히 가격을 높여서 더 많은 이득을 보려고 할 겁니다. 이를 막기 위해 만든 조직이 **공정거래위원회**입니다. 국민 대다수인 소비자들이 판매자의 독과점에 손해 보지 않도록 지켜 주는 조직입니다.

독과점 이야기가 나오면 등장하는 단어로 **담합**이 있습니다. 판매자들이 자기에게 유리한 조건을 만들기 위해 남모르게 나쁜 약속을 하는 것입니다. 물론 모든 사람은 자신에게 더 유리한 조건을 만들고 싶어합니다. 이 자체가 나쁜 것은 아닙니다. 하지만 **담합은 자기들끼리의 약속으로 다른 사람과 사회에 피해를 입히는 것을 알면서도 하는 것이기 때문에 나쁩니다.** 공정거래위원회에서 감시하고 나중에 담합을 밝혀내면 관련된 사람이나 기업들에게 벌을 줍니다.

이런 이야기를 아이들에게 하기에 꽤 어렵게 느껴질 수 있습니다.

그런데 놀랍게도 이미 교과서에서 시장과 경쟁에 대해 다루고 있습니다. 그러니 교과서 속 개념이 실제로 우리 경제 속에서 어떻게 작동하는지 가볍게 이야기해 보셔도 좋겠습니다.

시장을 왜 알아야 할까?

시장은 자본주의 체제의 가장 기본 구조입니다. 아이들이 돈을 쓰는 곳도 시장이고, 돈을 벌게 되는 곳도 결국 시장입니다. 돈이 살아 있는 생물처럼 이리저리 옮겨 다니는 곳이 시장입니다. 아이들이 시장을 모른다면 돈을 모르는 것과 같습니다. 결국 돈을 더 쓰고 덜 벌게 됩니다. 따라서 아이가 시장 자체에 대해 이해하는 것은 중요합니다.

다시 저희 아이 이야기를 해 보겠습니다. 레고를 좋아하는 것은 이미 말씀드렸고 한 3~4년간은 베이블레이드라는 팽이에 폭 빠져 있었습니다. 최근엔 그래도 관심이 좀 덜한 편이지만 여전히 새로운 종류의 팽이가 나오면 진열대 앞을 떠나지 못합니다. 아이는 TV 광고를 보고 새로운 팽이가 나온다는 것을 알게 되었습니다. 새로운 팽이 출시일을 기가 막히게 기억하고서는 장난감 가게에 가자고 조릅니다. 아이는 팽이를 살 수 있는 구매처가 세 곳이라는 것을 압니다. 즉 아이의 머릿속에 '팽이 시장'은 세 곳이 존재하는 겁니다. 첫 번째는 대형마트입니다. 장점은 1주일에 한 번 길어도 2주에 한 번 방문해서 실시간으로 팽이의 재고를 파악할 수 있는 시장입니다. 단점은 가격이 조금 비쌉니다. 두 번째는 장난감 전문점입니다. 가격은 마트보다 조금 쌉니다만 언제 방문할 수 있을지 모릅니다. 어른들에게 예쁨 받을 만한 행동을 해야 갈 수 있는 시장입니다. 세 번째는 인터넷 쇼핑입니다. 가격이 가장 저렴합니다. 단점은 기다려야 합니다. 결제하고 제품이 수급되고 택배사에 전달되는 과정을 거쳐야 얻을 수 있는 시장입니다. 또 하나의 걸림돌은 스스로 검색해서 찾아내고 결제하는 과정이 복잡하고 어렵기 때문에 어른들을 더 많이 설득해야 합니다.

아이는 어떤 결정을 할까요? 만약 가장 저렴한 인터넷에서 살 것이라는 답을 생각하셨다면 틀리셨습니다. 아이는 시장의 특성을 이해하고 자기의 상황에 가장 유리한 시장을 선택합니다. 아이 입장에서 우선순위를 매겨 보겠습니다. 아이는 가장 빠른 시간에 팽이를 얻는 것이 최우선이고, 두 번째는 늦더라도 팽이를 반드시 얻는 것입니다.

아이의 첫 선택지는 마트입니다. 바로 팽이를 갖게 될 확률이 높기 때문입니다. 하지만 장난감 전문점과 가격차가 크다면 구매를 보류합니다. 팽이를 아예 못 갖게 되니 잠시 참는 게 낫기 때문입니다. 대신 '장난감 가게에 갈 시기'를 앞당기기 위한 온갖 로비를 시도합니다. 밥을 먹다가도 혹은 TV를 보다가도 한 시간에 한 번 이상 팽이 이야기를 꺼내 어른들에게 상기시킵니다. 어른들은 마트에서 양보한 아이에게 대신 장난감 가게에 가기로 약속했기 때문에 압박감을 느낍니다. 오히려 가격 측면에서 가장 유리한 인터넷은 아이 입장에서 가장 후순위입니다.

앞에서 제가 말씀드릴 때 시장을 모르면 아이가 돈을 더 쓰거나 덜 벌 것이라고 했었지요. 아이는 시장을 알지만 돈을 더 쓴 것일까요? 제 생각에 아이는 자기에게 가장 잘 맞게 돈을 쓴 것입니다. 돈도 결국 '가장 최적의 가치'를 얻도록 쓰는 것이 정답이라고 생각합니다. 아이 입장에서는 며칠을 기다리면서 천 원도 안 되는 금액을 아끼는 것보다 바로 구매해서 자기의 만족도를 최대한으로 이끌어 내도록 결정한 것입니다. 제 생각에 동의하실지 모르겠지만 적어도 '팽이 시장'에서 아이는 시장을 잘 알고 활용하고 있다고 생각합니다. 레고를 구매할 경우, 특히 고가일수록 아이는 큰 고민 없이 인터넷을 선택합니다. 가격에 가장 민감하게 반응해야 어른들을 설득할 수 있기 때문입니다.

시장을 몰라서 돈을 덜 벌게 되는 경우는 어떤 것이 있을까요? 요즘에는 검색 한 번으로 전국의 모든 은행과 저축은행 상품의 금리를 쉽게 비교할 수 있고, 휴대폰으로 상품에 가입하는 것이 가능할 만큼 거래 방법도 쉬워졌습니다. 아이가 저금 상품에 가입할 때 가까이 있거나 늘 거래하던 은행의 상품을 고집할 이유가 줄어들었습니다. 아이와 함께 은행에 가야 한다는 점을 고려할 때 거주지에서 너무 멀리 갈 수는 없겠지만, 우선 스마트폰을 활용해 조금 더 노력한 뒤 금리 높은 곳을 찾아서 가입하셔야 합니다. 만약 검색하지 않고 저축 상품에 가입한다면 시장을 몰라서 돈을 덜 번 경우가 될 수 있습니다.

실천하기

시장은 이름에 'XX 시장'이라고 붙어 있는 곳만이 아니라 거래가 이루어지는 모든 곳을 일컫는 말입니다. 이 개념이 중요한 이유는 결국 시장을 통해서 모든 경제 활동이 이루어지고 돈이 흘러 다니기 때문입니다. 어떤 시장을 고르느냐에 따라 직접적으로는 돈을 아낄 수 있거나 혹은 돈만큼 중요한 시간을 아낄 수 있고, 나에게 가장 만족스러운 선택을 할 수 있기 때문입니다. 또한 시장이라고 표현되는 많은 기사와 뉴스, 대화에서는 정보가 흘러 다닙니다. 부동산 시장, 주식 시장, 채용 시장 등 실물 경제와 밀접한 내용들이 포함됩니다. 아이들이 넓고 다양한 모습의 시장 개념을 갖고 있어야 현재 또는 미래를 위해 자기에게 가장 적합한 선택을 할 수 있습니다.

아이와 함께하는
오늘의 **재테크** 습관 기르기

🪙 오늘의 지수를 적고 어제와 얼마나 다른지 표시해 보세요.

코스피 _____ 코스닥 _____

유가 _____ 환율 _____

🪙 아래의 활동을 통해 시장의 개념에 대해 아이와 함께 이야기해 봐요.

i 알고 있는 시장을 10개 이상 적어 보세요. '시장'으로 끝나는 단어만 생각하면 안 됩니다. 아이가 시장을 '거래가 발생하는 모든 곳'으로 생각하도록 범위를 넓혀 주세요.

ii 최근에 아이와 함께 산 물건이 있다면 어느 곳에서 샀고 왜 그곳에서 샀는지 적어 보세요. 아이에게 왜 그 물건을 그곳에서 구매했는지 생각해 보도록 유도하는 질문입니다.

iii 최근에 아이와 함께 이용한 서비스가 있다면 어떤 서비스를 돈 주고 샀는지 적어 보세요. 예를 들면 머리카락을 자르거나 온라인에서 학원을 등록했거나 영화를 구매해서 본 경우, 모바일 게임을 구매하거나 아이템을 산 경우도 해당됩니다.

iv 똑같은 물건을 마트, 편의점, 인터넷, 홈쇼핑에서도 살 수 있다면 어느 곳에서 사는 것이 좋을지와 그 이유에 대해 아이에게 물어보세요. 가격, 시간, 실물 확인 여부, 편리함의 정도 등 여러 측면에서 시장에 대한 생각을 정리하도록 유도해 주세요.

3

수요와 공급, 그리고 가격

이번에는 **수요**와 **공급**이라는 구조와 이 두 가지가 만나서 결정되는 **가격**에 대한 내용입니다. 어른들은 이미 경험으로 수요가 늘어나면 가격이 높아지고, 공급이 늘어나면 가격이 낮아진다는 것을 체감하고 있습니다. 아이들에게는 수요와 공급이란 단어가 익숙하지 않겠지만 초등 교과서에도 단어 그대로 등장하는 개념이니까 차근히 설명하면서 가격이 어떻게 결정되는지를 알려 주는 것이 필요합니다. 왜냐하면 결국 가치는 가격으로 환산되고, 자신의 가치에 맞는 가격을 선택하는 것이 가장 합리적인 소비이며, 가격 변동을 예상할 수 있어야 투자에서 원하는 수익을 얻을 가능성이 높아지기 때문입니다. 아이들에게는 이론을 먼저 설명할 수밖에 없겠지만 수요와 공급에 의해 가격이 바뀌는 상황을 아이들이나 집안과 관련된 사건으로 연결시키면서 미래를 예측해 보는 습관을 익히게 해 주세요.

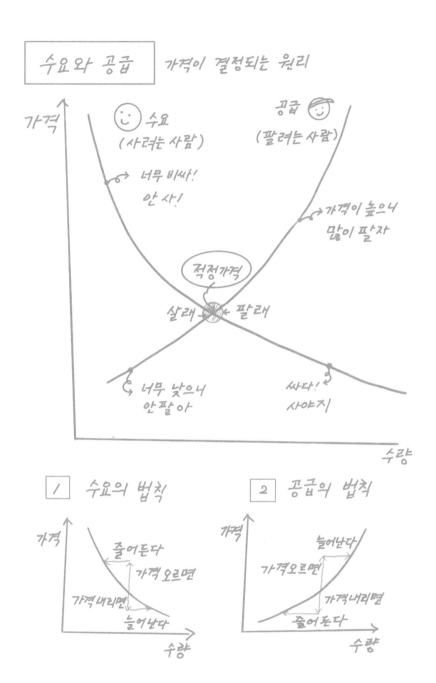

수요와 공급 | 가격이 결정되는 원리

가격

☺ 수요
(사려는 사람)

너무 비싸!
안 사!

공급 ☺
(팔려는 사람)

가격이 높으니
많이 팔자

적정가격

살래 ⊗ 팔래

너무 낮으니
안 팔아

싸다!
사야지

수량

1 수요의 법칙

가격

줄어든다

가격 오르면

가격 내리면

늘어난다

수량

2 공급의 법칙

가격

늘어난다

가격오르면

가격내리면

줄어든다

수량

213

💵 수요와 공급은 무슨 말일까요?

시장이라는 개념에 대해 바로 앞에서 이야기했습니다. 자본주의 사회에서 가장 기반이 되는 곳이자 거래가 일어나는 곳이 시장입니다. 거래가 일어나려면 파는 쪽과 사는 쪽이 필요합니다. **'파는 쪽'을 공급이라고 부르고, '사는 쪽'을 수요라고 부릅니다.** 사려는 사람들이 많으면 수요가 많은 것이고, 팔려는 사람이 많으면 공급이 많은 것이라고 설명해 주시면 좋겠습니다. 교과서적인 설명도 필요할 것 같습니다. 왜냐하면 아이들을 위한 책이나 교과서에서는 수요와 공급을 매우 중요하게 다루기 때문입니다. 그만큼 가장 중요한 원리이기도 합니다. 어른들이라면 수요와 공급이라는 것을 어렴풋하게라도 알고 계실 겁니다. 아이들도 어렵지 않게 이해할 수 있다고 생각합니다. 단어 자체가 쉽지는 않지만 단어 표현 그대로 아이들이 받아들이면 가장 좋겠습니다.

교과서적인 설명을 한다면 수요는 상품을 사려는 의지와 실제로 구매 능력을 갖춘 욕구를 말합니다. 공급은 상품을 판매하려는 의도라고 할 수 있습니다.

수요와 공급의 학술적인 정의를 아는 것도 좋겠지만 실제적으로 수요와 공급이란 것이 어떤 의미가 있는지를 알려 주는 것이 더 중요하다고 생각합니다.

수요와 공급을 중요하게 다루는 이유는 그 두 가지 요소에 따라 가격이 결정된다고 보기 때문입니다. 가격은 바로 돈의 기능 중 가장 중요한 가치 척도를 나타내는 것입니다. 논리적인 흐름대로만 따라간다면 수요와 공급에 의해서 '가치'가 결정되는 것이기 때문입니다. 물론 모든 상품의 가격이 수요와 공급에 의해서만 결정되지는 않지만 가장 중요한 원칙이란 것은 변함이 없습니다.

가격이 결정되는 원리

가장 기본적인 원칙은 수요와 공급이 만나는 지점에서 가격이 결정된다는 것입니다. 수요자 쪽에서 설명해 보겠습니다. 수요자는 같은 제품 또는 같은 효용을 가진 것을 사야 한다면 당연히 싸면 쌀수록 좋아합니다. 즉 사려는 사람은 다른 요소가 동일할 때 가격이 낮을수록 좋아합니다. 이번엔 공급자 쪽에서 생각해 보겠습니다. 공급자는 파는 사람입니다. 당연히 파는 사람은 높은 가격을 받으면 받을수록 좋아합니다. 한쪽은 싼 것을 원하고 한 쪽은 비싼 것을 원하는데 가격의 변동이 없다면 거래가 되지 않을 겁니다. 어떻게 하면 거래가 될까요? 사려고 하는 수요자 중에 '조금만 더 돈을 내도 되겠다'라고 결정하는 사람이 나타나면 가격이 조금 비싸도 됩니다. 물건을 팔려고 하는 공급자 중에 '조금만 더 낮은 가격을 받아도 되겠다'라는 생각하는 사람이 생기면 가격이 조금 싸져도 될 겁니다. 결국 사려는 사람과 팔려는 사람 간에 서로 '이만하면 됐다' 싶은 가격에 도달하면 거래가 됩니다. 그리고 보통 이 가격을 기준으로 시장에 통용되기 시작합니다.

📖 가격은 언제 변하게 될까?

앞에서는 수요가 늘어나면 가격이 올라가고, 수요가 줄어들면 가격이 내려간다고 했습니다. 반대의 경우도 있겠죠? 공급이 늘어나면 가격이 내려가고, 공급이 줄어들면 가격이 올라갑니다. 그렇게 가격이 정해졌습니다. 이 가격은 앞으로 변하지 않을까요? 아니죠, 계속 변합니다.

가격이 정해졌다고 가정했으니 가격을 중심으로 수요와 공급을 예측해 보겠습니다. 가격이 올라가면 수요가 줄어들고 가격이 내려가면 수요가 늘어납니다. 이를 **수요의 법칙**이라고 합니다. 그럼 공급은 어떨까요? 가격이 올라가면 공급이 늘어나고 가격이 내려가면 공급이 줄어듭니다. 이를 **공급의 법칙**이라고 합니다. 수요와 공급이 만나는 선에서 가격이 결정된다는 것이 **수요-공급의 법칙**입니다. 이 개념은 앞에서 그림으로 보여드리기도 했지만 아이와 함께 말로 얘기하면서 직접 그림으로 그려 보는 것도 좋겠습니다.

KF94 마스크로 알아보는 수요, 공급, 가격

보통 수요와 공급의 사례를 들 때 모든 사람이 공감할 만한 내용의 예를 드는 것이 어렵습니다. 하지만 코로나 때문에 어른들이나 아이들 모두 아주 쉽게 이해할 만한 사례가 생겼습니다. 이제 기억력을 되살려 보시기 바랍니다. 그리고 아래 마스크 가격은 제가 대략적으로 예시를 든 것임을 감안해 주세요.

코로나 19 바이러스가 퍼진 것은 2020년 봄이 되는 시점이었습니다. 이때 마스크 가격은 1,000원이었습니다. 마스크의 수요는 크게 변할 것이 없는 상품이었습니다. 저희 집에서는 저보다 민감하게 건강을 챙기는 아이 엄마가 있어서 '황사를 대비하기 위한 마스크'를 구매했습니다. 그래서 대략 가격을 알고 있었죠. 저희는 2상자 정도의 마스크를 구매할 생각이었습니다. 그 정도면 충분하니까요. 저는 아이 엄마와 달리 마스크를 거의 쓰지 않는 사람이었습니다. 지금 상황에서 수요는 아이 엄마와 아이 2명, 마스크 가격은 1,000원입니다.

코로나 바이러스가 확산되면서 마스크를 써야 한다는 얘기가 퍼졌습니다. 우리나라의 미디어 영향력은 엄청납니다. 2상자를 샀던 아이 엄마는 인터넷을 뒤지더니 1,700원 정도에 마스크를 파는 곳이 있다며 저에게 사야 할지 물어봤습니다. 평소의 저라면 왜 사냐고 타박을 했을 텐데, 뭔가 분위기가 이상했습니다. 그래서 사 두라고 했죠. 저는 여전히 마스크를 꼭 써야 한다고 생각하지는 않았지만 사 둬서 나쁠 것 없다는 입장이었습니다. 회사에서도 일부는 마스크를 썼지만 모두가 쓰지는 않았습니다. 하지만 마스크 가격은 점점 더 올라가기 시작했습니다. 수요가 2에서 2.5로 늘어났고, 가격은 1,000원에서 1,700원이 되었습니다.

특정 종교 단체로 인해 확진자가 갑자기 늘어났던 때인 것으로 기억합니다. '마스크 대란'이 시작되었습니다. 마스크를 반드시 사야 하는 상황이 되었기 때문이지요. 이때의 마스크 가격은 3,000원이 되었죠. 모든 사람이 마스크를 당장 쓰지 않더라도 미래를 위해서 저장해 둬야 한다는 생각 때문에 수요가 폭발했습니다. 나중에 사면 안 된다는 생각에 마스크 '사재기'가 시작되었고 별 관심 없는 사람들도 마스크를 사야 한다는 것에 동의할 수 밖에 없었습니다. 수요가 폭발하자, 마스크는 기존 가격의 3배가 되었습니다.

시장에 맡겨 두자니 여러 가지 부작용이 생기게 되었습니다. 어떤 일이 있었는지 기억하시나요? 첫째로는 **매점매석(買占賣惜)**이 생겼습니다. 공장에서 생산은 했지만 중간의 유통업자가 마스크를 시장에 내놓지 않으면서 폭리를 취하려고 했습니다. KF94 대신 예방 효과가 거의 없는 저가의 마스크가 팔리기 시작했습니다. 사람들은 사재기를 시작했고 사회적으로는 마스크를 경품으로 활용하는 경우도 생겨났습니다. 도저히 시장 자체적으로 정화가 될 것 같지 않네요?

그러자 정부가 개입했습니다. 공공마스크라는 정책을 내놨습니다. 시장 가격보다 저렴한 가격으로 일정한 수량만큼만 사람들에게 구매할 수 있게 했습니다. 약국에 줄 서서 주민등록번호 뒷자리와 일치하는 날에 마스크를 사러 가 보신 것을 기억하시나요? 그러자 시장이 조금씩 안정화되기 시작했습니다. 정부가 개입해서 시장이 안정화된 측면도 있지만 그보다는 공급이 늘었기 때문이라고 보는 것이 맞겠습니다. 정부는 일시적인 불균형과 불공정을 해소하는 역할을 하면서 시장이 제대로 기능하도록 만들었습니다.

시장이 다시 기능한다는 말은 공급이 늘어서 가격이 떨어지게 만들었다는 것입니다. 정부가 시행한 정책 때문만이 아니라 마스크 공장을 운영하던 사람들은 밤샘 작업 등으로 공급량을 대폭 늘렸습니다. 가격이 올랐기 때문에 생산만 하면 평소보다 몇 배의 가격으로 팔 수 있었기 때문입니다. 기존 공장의 생산만 늘어난 것이 아니라 빠르게 기계를 설치한 새로운 업체도 마스크를 생산하기 시작했습니다. 기존의 마스크 공장만큼은 아니더라도 꽤 많은 돈을 벌었다고 알려졌죠. 공급이 부족해서 가격이 올라가자 공급이 늘어나기 시작한 것입니다.

정부의 정책은 주민번호 끝자리가 일치하는 날에만 살 수 있는 것에서 이제 아무 때나 가도 살 수 있는 방식으로 바뀌었지만 마스크 가격은 크게 변동되지 않았습니다. 일단 비싸게 파는 마스크를 사람들이 사지 않았기 때문이기도 하지만 공급이 늘어나서 가격 경쟁력도 함께 떨어졌기 때문입니다.

그리고 요즘이 되었습니다. 여전히 우리는 모두가 마스크를 쓰고 있습니다. 초반에는 저처럼 사용하지 않는 사람들이 많았지만 지금은 모두가 사용하고 있습니다. 마스크는 대표적인 소모품입니다. 한 번 구매하고 나면 몇 개월을 쓸 수 있는 것이 아니라는 의미입니다. 그런데 가격은 어떨까요? 다시 1천 원대로 내려왔습니다. 황사와 미세먼지만 걱정하던 시기보다는 가격이 조금 올랐지만, 몇 배의 웃돈을 줘야만 구매할 수 있는 시기는 아닙니다. 수요와 공급, 그리고 정부의 개입 등으로 드라마틱하게 변했던 마스크의 가격을 보면 관련 사례는 더 이상 설명해드릴 것이 없을 정도입니다.

수요와 공급에 따른 우리의 행동

수요와 공급이란 말을 이해했다면 이제 적용하는 것이 필요하겠죠? 적용하기 전에 우리가 알고 있는 수요와 공급 관련 지식을 활용해서 나에게 가장 좋은 결정이 무엇인지 따져 본 후 선택하는 판단을 하는 것이 필요합니다. 판단하는 시점이나 결정은 각자의 상황에 따라 달라질 수밖에 없습니다. 누군가에게는 A라는 선택이 맞지만 다른 누군가에게는 동일한 사항이라도 B를 선택하는 것이 더 좋은 경우도 많습니다. 나에게 도움이 되는 판단을 위한 기준 중 하나는 수요와 공급이 어떻게 변할지 예측하는 부분입니다. 내가 물건을 사는 수요자 입장이라면 수요가 줄어들 때 가격이 내려갈 것을 알 수 있습니다. 그럼 지금 사야 하는 것이 아니라 수요가 줄어들 때까지 잠시 참아야 하겠죠.

어른들에게 와닿는 예시를 든다면 부동산입니다. 부동산의 수요가 줄어들 것 같으면 지금 집을 사면 안 됩니다. 하지만 수요가 계속 늘어날 것 같다면 사야죠! 어떤 결정이 맞을까요? 각자가 판단하시고 결정하셔야 합니다. 아이들에게 필요한 능력은 본인의 판단력을 높이는 것입니다. 지금 이 책을 통해 우리는 그 훈련을 하고 있는 것입니다.

다만 우리는 **소비자**이기만 한 것이 아닙니다. 이 부분이 중요해요. 아이들은 미래에 **공급자**로 사회에 나가게 되어 있습니다. 아이들이 입시 시장을 거쳐 취업 시장에 들어간다는 의미는 바로 공급자가 된다는 뜻입니다. 이때 어떤 전략을 취해야 할까요? 공급이 늘어나는 시장에 동일한 제품이라면 '가격이 하락'하겠죠? 가격이 그대로라면 동일한 제품이 아니라 더 좋은 제품을 낮은 가격에 제공해야 합니다.

우리나라 신입사원 시장이 이렇습니다. 신입사원들의 스펙이 어마어마하게 좋습니다. 하지만 연봉은 그다지 달라지지 않았습니다. 일부 기업들은 높을지 몰라도 대표적인 9급이나 7급 공무원의 연봉을 기준으로 생각해 본다면 많이 높지 않습니다. 보통 시장에서 공급이 늘어나면 가격이 낮아져야 하지만 연봉이 더 낮아질 수는 없으니 대신 원하는 기능인 '스펙'이 높아졌습니다. 공급자 측면에서는 괴로운 일입니다. 그러니 지금 아이들에게 공부만 열심히 하라고 하시면 안 됩니다. 어떤 공부를 어떻게 하면 좋을지 지금부터 같이 찾으셔야 합니다.

실천하기

코로나의 확산에 따라 변했던 마스크의 가격을 통해 수요와 공급의 변화를 따져 보겠습니다. 가격이 수요와 공급을 변동시키기도 하고 수요와 공급이 가격을 변동시키기도 합니다. 어느 것이 먼저라기 보다 수요와 공급으로 가격이 변동된다는 점을 알려 주시기 바랍니다. 또한 수요와 공급의 변화에 따라 내가 어떤 선택을 하면 될지 같이 생각해 봐 주시기 바랍니다. 마스크처럼 특이한 경우는 앞으로 또 생기기 어렵습니다. 하지만 수요와 공급이란 원칙에서 미래를 예측해야 하는 상황은 끝임없이 나타날 것입니다.

아이와 함께하는
오늘의 **재테크** 습관 기르기

🪙 오늘의 지수를 적고 어제와 얼마나 다른지 표시해 보세요.

코스피

코스닥

유가

환율

🪙 아래의 활동을 통해 수요와 공급이 어떻게 가격을 결정하는지 아이와 함께 익혀
보세요.

i 마스크 가격을 2020년 1월부터 12월까지 각각 찾아보세요.

ii 마스크 가격이 올랐을 때와 내렸을 때의 이유를 아이와 함께 생각해 봅시다.

iii 마스크를 사야 한다면 언제 샀어야 했을까요? 그리고 언제는 사지 않아야
했을까요?

iv 마스크 공장을 운영하고 있다면 마스크를 언제 많이 생산해야 했을까요?

v 마스크 가격이 많이 싸졌어요. 그런데 코로나 백신 접종률도 올라가고 있어요.
그럼 지금이라도 마스크를 많이 사 두는 것이 좋을까요? 아니면 조금씩 그때그때
사는 것이 좋을까요? 정답은 없습니다. 나의 필요에 따라 적절하게 구매 결정을
하면 됩니다. 분명한 점은 코로나로 인해 늘어났던 마스크 수요이기 때문에
코로나의 상황에 따라 가격이 변동할 것입니다.

4

경제의 3대 주역은
가계, 회사, 정부

경제 주체는 경제라는 구조를 지탱하고 있는 주요한 집단을 말합니다. 교과서나 경제학에서는 해외를 더해 4주체로 말하기도 합니다. 이번 장에서는 경제를 지탱하고 있는 3개의 주체인 가계, 기업, 정부에 대해서 알아보겠습니다. 가계는 소비, 기업은 생산, 정부는 균형이라는 큰 틀의 역할이 있습니다. 아이들에게는 경제의 3주체 중 가계의 역할인 소비 주체에 대해서 알려 주신 후에 기업이나 정부의 입장에 대한 것도 같이 생각할 수 있게 해 주시기 바랍니다. 아이들은 소비의 주체인 가계에 속해 있지만 어른이 돼서 기업에 취직하게 되면 생산자인 기업의 입장에 속하게 될 것입니다. 또한 아이들은 정부의 주인이기 때문에 각각의 경제 주체들의 입장에서 어떻게 판단하는 것이 좋을지 항상 생각해 봐야 합니다. 자신들의 답을 찾아가는 과정에 함께 해 주시기 바랍니다. 해외라는 주체에 대해서는 다음 무역 부분에서 다루겠습니다.

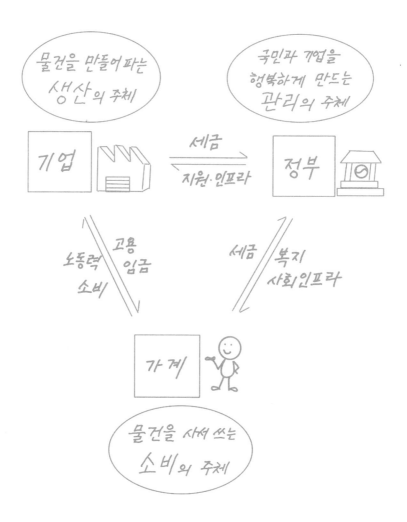

경제의 3주체 | 서로서로 도와야 돼요

물건을 만들어파는
생산의 주체

국민과 기업을
행복하게 만드는
관리의 주체

기업

세금
지원·인프라

정부

노동력
소비

고용
임금

세금

복지
사회인프라

가계

물건을 사서 쓰는
소비의 주체

225

📑 경제는 재미있는 운동 경기와 같습니다

운동 경기를 좋아하시나요? 드라마나 영화, 콘서트도 비슷하다고 생각하지만 우선 제가 익숙한 운동 경기로 설명해 보겠습니다. 프로 야구를 예로 들게요. 필요한 사람들이 누구일까요? 경기를 하려면 당연히 운동 선수들이 필요합니다. 운동장에는 운동 선수들만 있을까요? 아니요. 운동선수들보다 훨씬 더 많은 사람들이 있습니다. 관중입니다. 팬이라고 부를게요. 그리고 경기가 매끄럽게 흐르기 위해서 또 필요한 사람이 있습니다. 바로 심판입니다. 이 3주체가 모두 균형을 잘 맞춰야 가장 재미있고 흥미진진한 스포츠 경기를 즐길 수 있게 됩니다.

아이들에게도 스포츠 경기를 예로 들어 설명할 수 있습니다. 경제에도 3개의 주체가 있습니다. 기업은 운동 선수와 같은 역할을 합니다. 기업은 팬들이 좋아할 최고의 활약을 보여 주려고 열심히 연습해서 멋진 경기를 만들어 냅니다. 가장 멋진 경기는 바로 가장 저렴하면서 질이 좋은 제품입니다. 기업의 역할은 최고의 제품을 만들어서 팬들인 소비자들에게 제공하는 것입니다.

가계는 관중이나 팬의 역할을 합니다. 가계라는 말은 소비 주체로서의 가정을 일컫는 표현입니다. 생각해 보시면 회사에서 일을 하거나 장사를 해서 돈을 벌더라도 집에 돌아와서 물건을 구매하는 등 주로 물건을 사는 소비의 주체는 가정, 즉 가계라는 것을 알 수 있을 것입니다. 수요나 공급이란 단어처럼 소비, 가계와 같은 단어도 용어 그대로 기억해 두면 좋습니다.

관중들의 역할은 가장 재미있고 흥미로운 경기를 하는 팀의 경기를 보러 가는 것입니다. 재미없는 경기를 하는 팀은 자연스럽게 팬들이 줄어들 것입니다. 또한 경기를 보기만 하는 것이 아니라 특정 팀의 팬이 되어 굿즈를 사거나 응원 메시지를 남기면서 더 좋은 플레이를 하도록 응원할 수도 있습니다. 이부분을 경제적으로 표현한다면 좋아하는 회사의 주식을 사거나 좋은 리뷰를 남기고 주변에 입소문을 내서 자연스럽게 기업이 성장하도록 돕는 것입니다.

마지막으로 심판의 역할을 하는 정부가 있습니다. 정부는 경기의 흐름을 끊지 않지만 가장 민감한 상황에서도 가장 정확하고 공정한 경기를 할 수 있도록 심판을 봐야 합니다. 아무리 심판과 친한 팀이 있어도 경기는 규칙에 따라야 합니다. 심판이 마음대로 규칙을 적용하면 경기는 불공정해지고 재미없어지고 구경하러 오는 사람도 없을 겁니다. 정부는 시장이 잘 움직일 수 있도록 법에 따라 관리해야 합니다. 제품을 공급하는 기업이 더 멋진 경기를 할 수 있도록, 구경을 온 사람들이 더욱 재미를 느낄 수 있도록 경기를 운영해야 합니다.

📓 하나의 주체라도 빠지면 문제가 된다

운동 경기에 운동 선수가 없다면 말이 안 되겠죠? 경기 자체가 열릴 수 없을 테니까요. 프로 스포츠는 현재 자본주의 경제 체제와 비슷합니다. 프로 스포츠 선수들은 좋은 경기를 만드는 것에 집중합니다. 기업도 마찬가지입니다. 전문적으로 제품을 생산하고 판매하는 기업이 없다면 우리는 어떤 제품도 사기 힘들 겁니다.

관중은 어떨까요? 요즘 코로나 때문에 관중 없이 경기를 하는 경우도 있습니다. 하지만 엄밀히 말해서 TV 중계를 보는 사람도 관중이기 때문에 사실상 관중이 없으면 프로 스포츠는 계속 남아 있을 수 없습니다. 관중은 바로 소비자입니다. 아무리 좋은 물건을 만들어도 보러 오는 사람이 없으면 해당 제품은 시장에서 사라지게 됩니다. 기업들은 제품을 소비자에게 판매하는 방식으로 운영되기 때문에 제품을 판매할 수 있는 소비자가 없으면 기업 역시 생존할 수 없게 됩니다. 소비자는 경기를 볼 때 경기 관람료를 냅니다. 그리고 굿즈를 사기도 합니다. 관중들이 내는 돈으로 스포츠 구단이 운영됩니다. 경제 구조 역시 마찬가지입니다. 시장에서 소비자들이 기업의 제품을 사지 않으면 기업은 망하게 되어 있습니다. 반대로 소비자들이 계속해서 소비하는 제품이 있다면 그 기업은 충분히 먹고살 수 있을 겁니다.

심판이 없으면 어떻게 될까요? 얼핏 생각하기에 심판은 없어도 될 것 같습니다. 심판은 실제로 문제가 없을 때는 있는지 없는지 잘 모릅니다. 하지만 가장 민감한 시점에 심판의 역할이 가장 중요해집니다. 한 점만 내면 승리가 확정되는 상황에서 도루 중인 주자가 세이프인지 아웃인지 누구의 눈치도 보지 않고 원칙대로 판단해야 하는 것이 바로 심판의 역할입니다.

정부가 없다면 평소에는 문제가 없는 것처럼 보일지도 모릅니다. 하지만 어느 기업에서 몸에 좋지 않은 재료로 물건을 만들었을 때는 이를 적발하고 벌을 줘야 합니다. 그렇지 않으면 계속해서 몸에 안 좋은 것들로 물건을 만들지도 모르니까요. 반대로 너무 많은 규칙을 만들면 선수들이 경기를 제대로 할 수 없을 겁니다. 심판은 경기를 공정하면서도 재미있게 만드는 것에 집중해야지 선수들이 자기 말을 잘 듣게 만드는 것에 골몰해서는 안 됩니다.

💵 경제의 3주체가 각각 하는 일을 알아봐요

예시로만 설명하기 어려운 딱딱한 부분을 말씀드릴 차례입니다. 다만 아이들의 교과 과정에 나오는 개념이니까 아이가 이해하는 데 마냥 어렵기만 하지는 않을 겁니다. 아이들의 능력을 믿고 설명을 시작해 보면 좋겠습니다. 한 나라의 경제가 원활히 움직일 수 있도록 열심히 제품을 만드는 생산의 주체로 기업이 있습니다. 기업은 제품을 판매하면서 수익을 얻고 다시 시설 투자나 직원 고용에 비용을 투자하게 됩니다. 수익을 극대화하면서 망하지 않는 것이 기업의 역할입니다만 못지 않게 고용과 투자라는 역할도 담당해야 합니다. 고용과 투자는 다른 기업과 가계라는 소비 주체의 수입이 되기 때문입니다. 인도적인 차원에서 손해를 감내하라는 뜻이 아닙니다.

가계는 소비의 주체가 됩니다. 회사에서 월급을 받거나 장사를 해서 돈을 벌고 우리는 다시 필요한 물건들을 사기 위해서 돈을 씁니다. 아이들을 학원에도 보내야 하고 먹을 것도 사야 하고 옷도 사 입어야 하고 가끔 여행도 가야 합니다. 그리고 저금도 해야 하고 재테크도 해야겠네요. 뿐만 아니라 우리가 받은 수입에서 직접 세금도 내야 하고 소비를 할 때 가격에 포함된 간접세인 부가세도 내야 됩니다. 가계는 소비의 주체이지만 정부에 세금을 내는 주체이기도 하며, 기업에 노동력을 제공하는 주체이기도 합니다. 하지만 가계가 계속해서 소비하기 위해서, 그리고 소득세를 내기 위해서는 안정적인 수익이 있어야 합니다. 세금은 정부가 움직일 수 있는 힘입니다. 기업 역시 세금으로 구축된 인프라를 이용하므로 3주체는 서로 연결되어 있다는 사실을 잊으면 안 된다는 이야기입니다. 그래서 가계가 안정적인 수익을 얻을 수 있도록 기업에서는 급여를 주고 정부에서는 잠시 일이 없을 때도 소비를 할 수 있도록 실업수당을 지급하는 등 서로 긴밀히 연결되어 있습니다.

정부의 역할은 세금을 잘 걷은 후에 제대로 쓰는 것입니다. 또한 시장의 규칙인 법이나 각종 규제 등을 잘 관리해야 합니다. 세금을 괜히 많이 걷으면 세금을 내는 기업이나 가계가 힘들어집니다. 세금으로 지원해 주려고 해도 기준이 애매하거나 잘못되면 정작 도움이 필요한 기업이나 어려움을 겪는 가계가 지원을 못 받게 될 수도 있습니다. 정부가 시장에 너무 많이 개입해도 문제지만 외면해도 문제입니다. 정부를 견제할 수 있는 거의 유일한 수단은 국민들의 선거입니다. 그래서 아이들에게 선거가 중요하다는 이야기도 꼭 해 줘야 합니다.

🖍️ 아이들에게 필요한 판단력 기르기

아이들에게는 경제 주체에 대해 두 가지 측면을 가르쳐야 합니다. **첫 번째로 경제 3주체는 서로 연결되어 있다는 사실입니다.** 기업이나 정부를 욕하고 싶은 일도 생기겠지만 우선은 꼭 필요한 존재들이란 점을 알게 해 주면 좋겠습니다. 저도 그렇지만 남을 욕하는 것은 쉬운 일입니다. 여름에 벌레가 많이 생겨서 벌레가 없어지면 좋겠다고 생각하지만 실제로 벌레가 다 없어지면 생태계가 붕괴되어 지구가 멸망할지도 모릅니다. 우리나라를 위해서 수출을 많이 하는 회사가 있다면 그 회사에 대해 알려 주고 세금을 많이 내는 회사는 응원해 주는 것도 필요합니다. 가장 좋은 방식은 응원하는 회사의 주식을 사세요. 아이와 함께 기업에게 힘을 주는 가장 좋은 방법 중 하나라고 생각합니다.

정부 역시 마찬가지입니다. 어른들은 보통 지지하는 정당과 정부가 있을 겁니다. 없다고 해도 자신이 옳다고 생각하는 사회의 방향은 있겠지요. 정치인이라면 모두 꼴 보기 싫다고 할 수도 있겠지만 엄연히 같이 살아가야 하는 매우 중요한 집단입니다. 그래서 가장 국민에게 피해를 덜 줄 것 같은 정당과 인물에 투표하는 것이 중요합니다. 물론 나에게 가장 이익을 줄 것 같은 정당에 투표하는 것도 필요한 일이죠. 정당한 이익 추구는 사회의 구성원으로서 당연히 해야 할 일이니까요! 정부의 정책에 따라 가계의 수익도 영향을 받지만 기업의 활동에도 큰 영향을 끼치게 되니 모른 척해서는 안 됩니다.

소비 주체인 가계에서는 돈을 제대로 쓰는 훈련이 필요합니다. 오직 가격이 낮은 것만을 찾는 소비가 좋은 것은 아닙니다. 예를 들면 **공정무역**이란 개념이 있습니다. 어떤 나라에서 어린 아이들의 노동력을 이용해 가격 경쟁력을 갖춘 물건을 만든다면 가장 쌀지 모릅니다. 하지만 이런 상품을 사는 것보다 돈을 더 주더라도 아이들이 가혹한 노동을 하지 않아도 되는 제품을 구매하는 것도 생각해 봄직합니다. 아이들이 제대로 돈을 쓴다는 것은 가장 만족도 높게 소비하는 것을 말합니다. 남이

가졌다고 해서 반드시 가져야 하는 것이 아니고, 모두가 가진 것을 못 가지고 있는 것이 부끄러운 것도 아닐 겁니다. 아이들이 자신만의 기준을 세우도록 이야기를 많이 해 주세요.

두 번째는 같은 이야기지만 다른 면입니다. **경제 3주체는 연결되어 있기 때문에 자기의 입장에 따라 생각하고 판단하고 목소리를 내는 훈련이 필요합니다.** 아이들은 주로 소비 주체인 가계의 입장에 있을 가능성이 가장 높습니다. 소비자의 입장에서 불합리하다고 생각되는 내용이 있으면 기업의 수익이 극대화되고 수출이 늘어난다고 해도 고치도록 요구해야 할 수도 있습니다. 정상적인 경제 구조라면 기업의 수익이 극대화될 때 그 수익이 가계의 수익으로 이어져야 합니다. 하지만 비정상적인 사회에서는 기업의 수익과 가계의 수익이 별개인 경우도 있고, 아예 가계의 수익을 최소화시키면서 기업의 수익만 키우는 경우도 있습니다. 아이들은 기업의 입장이 아니라 소비자의 입장에서 우선 판단하도록 해야 합니다. 그래야 왜곡되지 않은 판단을 할 수 있습니다. 그리고 정부 역시 마찬가지 시선에서 평가해야 합니다.

자기 집을 갖고 있지 않지만 **종합부동산세**를 욕하면서 주위 사람들에게 열심히 부정적인 의견을 전파하는 분들을 종종 만났습니다. 집이 없는 자신에게 아무런 영향이 없고 오히려 자산이 적은 사람에게 유리한 정책인데 전혀 다른 사람의 입장을 대변하는 것은 현명하지 않습니다. 우리 아이들 역시 같은 모습으로 키우지는 않았으면 좋겠습니다. 반대로 자산을 많이 가지고 있는 사람이라면 사회적 분위기와 상관없이 종합부동산세의 문제점과 불합리함을 지적할 수 있어야 합니다. 아이들이 자기의 바람과 자기가 좋아하는 것들을 더 많이 표현하고 얘기할 수 있게 해 주세요.

실천하기

기업과 정부를 일방적으로 칭찬하거나 비난해서는 안 됩니다. 기업과 정부에게는 칭찬과 견제를 동시에 해야 경제가 잘 돌아갈 수 있습니다. 또한 무조건 소비자들이 최우선이어야 한다고 주장해도 안 됩니다. 왜냐하면 소비자들 중에도 과도한 요구를 하는 경우나 회사에 속한 사람들을 무시하거나 욕을 하는 등 잘못된 일을 하는 사람들이 있기 때문입니다. 아이들에게 여러 가지 관심 사항을 소비자의 입장에서 생각해 보도록 하는 것이 좋겠습니다.

이번 실천하기의 내용은 주로 정책과 관련된 것입니다. 정책에는 정답이 있기 어렵습니다. 이해관계자가 많고 서로의 사정이 다르기 때문입니다. 따라서 정답 찾기보다 아이와 함께 어떻게 하면 생각을 또렷하게 정리할 것인지 이야기하는 과정에 초점을 맞추시기 바랍니다.

아이와 함께하는
오늘의 **재테크 습관 기르기**

💰 오늘의 지수를 적고 어제와 얼마나 다른지 표시해 보세요.

코스피

코스닥

유가

환율

💰 아래의 활동을 통해 경제 3주체에 대해 아이와 함께 생각해 봐요.

i 기업의 CSR이란 활동이 무엇인지 아이와 함께 알아봅시다

정답 기업의 사회공헌활동입니다. 대기업에서는 특정 계열사에서 사회공헌활동을 하기도 합니다. 네이버의 '해피빈'이나 카카오의 '카카오 같이가치' 등이 있습니다.

ii 정부에서는 운영하는 사회 복지 시설을 알아봅시다.

hint 보건복지부나 여성가족부에서 운영하는 복지 시설을 포털에서 찾아볼 수 있습니다.

iii 한동안 유튜버들의 뒷광고 논란이 있었는데요. 그렇다면 뒷광고가 왜 문제가 되는지 아이와 함께 이야기해 봅시다.

hint 크게 두 가지 관점에서 문제가 됩니다. 하나는 이용자들을 속였다는 겁니다. 자기 돈으로 산 줄 알았는데 사실은 광고였다는 거죠. 또 하나는 세금 문제입니다. 수익이 생겼지만 세금을 내지 않아 탈세 의혹이 생기는 겁니다. 이를 방지하기 위해 공정거래위원회에서는 2020년 9월 '추천 · 보증 등에 관한 표시 · 광고 심사지침' 개정안을 시행하면서 규제에 들어갔습니다.

iv 택배 기사의 휴가와 과로가 사회적인 문제가 되고 있습니다. 택배 기사들이 휴가를 가면 어떤 일이 벌어질까요? 그리고 소비자들이 어떻게 해야 택배 기사도 쉴 수 있을까요? 아이들과 함께 이야기해 보세요.

hint 택배 기사의 안전한 업무를 위해서 적절한 휴식이 필요하지만 소비자들의 편리성이나 기업의 비용 증가도 해결 방법을 같이 고민해 봐야 합니다.

5

나라와 나라가
거래하는 무역

이해하기

앞에서 얘기했던 경제의 3주체를 기억하시죠? 요즘은 **외국**을 넣어서 **경제의 4주체**라고 이야기하기도 합니다. 특히나 우리나라는 수출 비중이 높은 나라로 외국 없이 경제 성장을 하기 어렵습니다. 이번에는 외국과의 거래를 뜻하는 말인 **무역**에 대해서 알아보겠습니다. 무역은 **수출**과 **수입**을 합쳐서 부르는 말입니다. 수출만 많이 하면 좋을 것 같지만 국민들의 삶이 나아지기 위해서는 수입도 필요합니다. 외국과 거래를 많이 할수록 경제 규모가 커집니다. 그렇다고 수출과 수입을 할 때 아무런 규제를 하지 않는 것도 문제가 됩니다. 역시 적절한 규제는 필요합니다. 무역의 대표적인 규제인 **관세**는 본문에서 좀 더 자세히 살펴보겠습니다. 마지막으로 아이들의 입장에서 어른이 되었을 때 꼭 우리나라에서 일을 해야 하는지 질문해 보면 좋겠습니다. 아이들이 살아갈 세상은 민족이나 혈통 혹은 국경의 테두리 안에 있지 않아도 될 정도로 세계 경제가 개방되고 연결되어 있을 것이기 때문입니다.

무역 : 나라간 거래하는 것

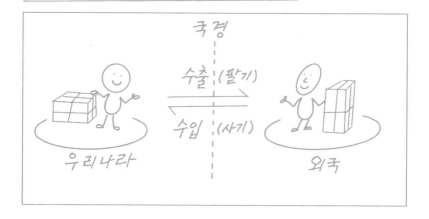

관세 대표적인 무역장벽

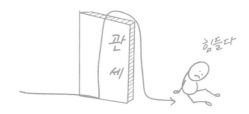

📖 무역을 왜 할까?

무역을 하는 이유를 어렵게 설명하는 방법도 있겠지만 저는 '같이 놀면 더 재미있으니까'라고 아이에게 설명합니다. 요즘은 스마트폰이 있어서 혼자서도 재미있게 놀 수 있을 것 같지만 사실 아이들이 하는 스마트폰 게임도 결국 온라인에서 다른 친구들과 같이 하는 겁니다. 같이 하면 더 재미있다는 것이 실제 무역의 핵심입니다. **어른들의 시각에서는 재미라는 단어 대신 효용, 수익, 최적화 등으로 바꿀 수 있습니다.**

무역이 시작된 이래 계속되는 이유는 시장이 생겨난 것과 동일합니다. 각자 물건을 만들어 각자 사용하는 것보다 자기가 잘 만드는 물건을 만들어 서로 바꿔 사용하는 것이 모두에게 도움이 되기 때문에 사람들이 시장을 만들어 냈다고 앞에서 언급했었는데요. 뿐만 아니라 시장에서 다수의 공급자와 수요자가 만나서 가장 적절한 가격에 재화를 교환할 수 있도록 만드는 것이 모두에게 가장 합리적이라고 생각한 것이죠.

그러던 중에 기술의 발전으로 물리적인 시장의 한계가 줄어들게 되었습니다. 그래서 어느 지역의 시장에서 한 나라의 시장으로, 한 나라의 시장에서 세계의 시장으로 확대된 것이 바로 무역입니다. 무역을 하는 이유는 서로에게 도움이 되기 때문입니다. 각 나라가 각자 필요한 물건을 모두 각각 만들어서 사용하는 것보다 각 나라가 잘 만드는 물건을 만들어서 서로 교환하면 사람들은 가장 좋은 제품을 가장 적절한 가격에 사용할 수 있게 됩니다.

외국에 물건을 파는 '수출'과 외국에서 물건을 사 오는 '수입'

무역은 크게 우리나라의 물건을 외국에 파는 수출과, 외국의 물건을 우리나라에서 사용하려고 사 오는 수입으로 나눌 수 있습니다. 수출과 수입 중에 우리나라에서는 수출을 더 중요하게 생각하는 경향이 있습니다. 왜 그럴까요? 수출은 물건을 파는 것이라 우리나라 기업이 돈을 버는 것이고 수입은 우리나라가 물건을 사 오기 위해서 외국에 돈을 줘야 하는 것이기 때문입니다. 단순화하면 수입은 돈을 쓰는 것이고 수출은 돈을 버는 것이기 때문에 더 중요하게 생각하는 거죠.

틀린 말은 아닙니다. 수출을 많이 한 회사에서는 돈을 벌어서 우리나라 사람들에게 월급을 줍니다. 그리고 번 돈으로 우리나라에 세금을 냅니다. 우리나라가 돈을 버는 것이니 결국 우리나라 사람들에게 도움이 된다고 말해도 됩니다.

그런데 요즘은 우리나라 기업들도 조금 달라졌습니다. 수출 기업이 모두 우리에게 소득을 가져다 주는 것은 아니에요. 수출하려는 나라의 규제를 피하거나 생산과 배달 비용을 줄이기 위해서 우리나라 기업이 다른 나라에 공장을 짓는 경우가 있습니다. 이때 기업은 우리나라 사람이 아닌, 공장이 있는 나라의 노동자들에게 월급을 주게 됩니다. 이렇게 기업들의 국경이 사라지는 상황이기 때문에 수출 기업들이 우리나라에서 일자리를 많이 만들 수 있도록 기업에게 유리한 정책을 펴는 것도 필요합니다. **다만 여기서 알 수 있는 것처럼 수출이 반드시 우리나라의 수익만을 담보하는 것은 아니게 되었습니다.**

그럼 외국에서 돈을 주고 사오는 것을 뜻하는 수입은 나쁜 것일까요? 아니요. 꼭 그렇지 않습니다. 왜냐하면 첫째, 우리가 수입하기 싫어도 해야 되는 상품이 있습니다. '기름 한 방울 나지 않는 우리나라'라는 구호가 어른들은 익숙하실 겁니다. 우리가 어쩔 수 없이 꼭 수입해야 하는 대표적인 것이 원유입니다. 원유는 우리나라에서 생산되지 않지만 사람들이 살아가기 위해서 꼭 필요한 원료입니다. 당연히 수입할 수 밖에 없습니다. 오히려 산유국이 우리나라에 원유를 수출하지 않겠다고 하면 훨씬 큰 문제가 됩니다.

둘째, 원료를 수입한 다음에 가공해서 다른 제품을 만들어 수출하는 경우도 많습니다. 예를 들어 수입한 원유를 정제해서 휘발유나 경유도 만들지만 플라스틱을 만드는 납사라는 원료도 만들어 냅니다. 이처럼 수입한 원료로 다른 제품을 만들어 더 비싼 가격에 수출할 경우 부가가치가 높아집니다.

　마지막으로 소비자 입장에서 더 싼 가격에 좋은 품질의 제품을 쓸 수 있게 됩니다. 예를 들면 소고기입니다. 한우는 솔직히 비싸서 먹기 힘듭니다. 그렇다고 먹고 싶은 것을 늘 참기만 할 수도 없습니다. 이럴 때 호주나 미국에서 들여오면 더 싼 가격에 좋은 품질의 소고기를 먹을 수 있습니다. 바나나도 마찬가지입니다. 기후가 맞지 않는 우리나라에서 시설을 투자해 기르는 것보다 외국에서 들여오는 바나나가 훨씬 싸기 때문에 우리는 수입한 바나나를 쉽게 사먹을 수 있습니다. 이 같은 연결관계를 아이들에게 재미있게 설명해 주면 아이는 좀 더 큰 세상을 꿈꿀 줄 알게 될 것입니다.

💵 공정한 무역을 위해서

　이쯤 이야기했다면 아이들도 수입과 수출이 모두 필요하다는 것은 이해했을 것입니다. 사람들은 서로 제한 없이 무역하는 것이 좋다고 생각해서 약속했습니다. 그걸 자유무역이라고 하죠. "앞으로 전 세계의 각 국가들끼리 서로 자유롭게 무역하자"라며 모임을 만든 것입니다. WTO(World Trade Organization, 세계무역기구)입니다. 자유무역에 위반되는 경우 각 나라에서는 WTO에 문제를 제기해서 다른 나라들은 어떻게 생각하는지 의견을 들어 보기도 합니다.

자유무역을 하면 좋은 것은 알겠는데 약속만 하면 되는 거지 왜 굳이 기구를 만들었을까요? 각 나라의 상황이 저마다 다르기 때문입니다. 예를 들어서 초등학생과 고등학생이 100m 달리기를 하면 평균적으로 고등학생이 이길 겁니다. 초등학생은 아직 신체가 완전히 발달하지 않았기 때문이죠. 각 나라의 경제 상태도 마찬가지입니다. 어떤 나라는 고등학생이 아니라 전문적인 프로 선수처럼 많이 발달한 경우가 있습니다. 보통 우리가 OECD라고 부르는 나라들이 여기에 해당합니다. 반대로 아직 경제 발전이 덜 된 나라들도 많이 있습니다. 보통은 이들을 저개발국이라고 표현합니다.

두 나라가 자유무역을 하면 한쪽이 과하게 유리하거나 불리할 수 있습니다. 이럴 때는 조정이 필요하죠. 우리나라의 '쌀'처럼 국민들의 식량과 관련된 특별한 경우에는 100% 자유무역보다 일부 조건을 걸거나 적용 기간을 뒤로 미루는 등 조금씩 양보해야 하는 경우도 생깁니다. 이를 위해 WTO가 중간에서 조율을 합니다. **무역을 하는 이유는 서로 행복해지려는 것이지 한쪽만 돈을 많이 벌게 하려는 것은 아니니까요.** 그리고 각 나라의 상황이 다르다고 했지만 특정 제품별로 상황이 다를 수도 있습니다. 이때는 주로 **관세**라는 제도를 활용해서 특정 산업을 보호하고 키우는 일을 합니다.

대표적인 무역 규제인 관세

수출과 수입을 할 때 각 나라의 국경을 건너가는 것을 **통관**이라고 합니다. 그리고 통관할 때 붙는 세금이라고 해서 관세라고 부릅니다. 관세는 당연히 수입하는 나라에서 수입하는 물건에 붙이는 세금을 말합니다. 세금이 붙을수록 물건값이 더 비싸질 테니까요. 반대로 원래대로라면 세금을 붙여야 하지만 세금을 없애는 경우도 있습니다. 이를 면세라고 합니다.

공항에서 해외로 나갈 때 면세점에 들러서 물건을 사 본 적이 있을 겁니다. 아이들과 함께 들른 적이 있다면 이렇게 세금을 없앤 물건을 파는 가게라는 뜻으로 면세점이라 부른다고 말해 주세요. 면세의 개념을 더 잘 기억할 겁니다.

그럼 관세를 왜 붙일지 생각해 볼까요? 공정한 무역을 위해서입니다. 앞에서 예를 든 것처럼 대학생과 초등학생이 100m 달리기를 한다고 해 볼게요. 그럼 공정한 경기를 위해서 어떻게 하면 될까요? 대학생이 50m 뒤에서 뛰는 방법이 있을 수도 있고, 대학생의 발목에 무거운 모래 주머니를 달고 뛰게 할 수도 있을 겁니다. **이처럼 누가 봐도 공정하지 않은 산업이나 제품을 보호하기 위해서 수입품에 세금을 붙이는 경우가 있습니다.** 우리나라에서 꼭 필요한 산업인데 수입품 때문에 완전히 없어지면 안 되니까 어느 정도 경쟁력을 갖출 때까지 지원을 해 주는 제도로 관세를 활용합니다.

관세가 아닌 비관세 제도를 이용하는 방법도 있습니다. 대표적인 방법이 수입할 수 있는 물량을 정해 주는 것입니다. 이러한 제도를 **쿼터제**라고도 부릅니다. 일정량이 넘으면 더 이상 수입을 못하게 막는 것으로 많이 먹을 수 있는 능력이 있더라도 한 사람당 빵을 한 개만 먹도록 제한하는 것과 비슷합니다.

적용하려는 나라 입장에서는 관세가 꼭 필요한 것이지만 적용받는 나라 입장에서는 부당하다고 생각할 수도 있습니다. 관세는 모래주머니를 달고 뛰는 것과 같다고 했잖아요. 상대편 입장에서는 관세인 모래주머니가 납득할 수 있는 수준보다 과도하다고 생각할 수도 있습니다. 그렇기 때문에 관세를 부과하더라도 상대방 나라와 협상을 합니다. 예를들어 우리나라의 자동차 수출 관세와 호주의 쇠고기 수입 관세를 서로 비슷하게 맞추는 겁니다. 서로 각자의 입장을 반영하면서 싸우지 않도록 조정하는 거죠.

이처럼 경제는 시스템에 따라 저절로 돌아가는 것 같지만 서로 의견을 조율하는 것들이 많습니다. 아이들에게 이런 부분도 이해시켜 주면 좋겠어요. 어느 한 쪽이 나쁜 게 아니라 서로 생각을 맞춰 가다 보니 가끔은 싸우는 것처럼 보이기도 한다는 것을요. 물론 현실에서는 여러 가지 일이 벌어지지만 원칙적으로 그러하니까요.

🎞 아무리 그래도 손해 보는 사람은 생기게 마련

관세로 조정을 하더라도 전 세계 모든 나라가 자유무역을 하게 되면 손해를 보는 사람은 생길 수 밖에 없습니다. 아이들에게 어느 정도까지 설명을 해야 할지 저도 잘 모르겠지만 어른들이 알고 있는 비밀(?)을 언젠가 알려 줘야 할 겁니다. 산타 할아버지가 사실은 존재하지 않는다는 얘기를 아이들에게 해야 할 때가 있는 것처럼 말입니다.

꼭 해야 할 이야기는 아무도 손해를 보지 않는 일이 현실 세계에는 존재하지 않는다는 사실입니다. 대표적인 산업이 우리나라의 농축산업입니다. 농부들이 남에게 해 끼치지 않고 뙤약볕에 검게 그을려 가며 벼 농사를 지어도 미국에서 기계를 활용해 대규모로 농사를 짓는 쌀보다 싼 가격으로 생산할 수 없습니다. 그리고 우리나라 입장에서는 수출을 해야 하기 때문에 무조건 농축산물을 보호하겠다고 할 수도 없습니다. 우리가 보호한다고 하면 다른 나라에서는 우리나라의 자동차나 스마트 폰, 반도체처럼 공장에서 만드는 물건을 수입하지 않겠다고 할 수도 있기 때문입니다. 그래서 슬프지만 농축산업에서 일하는 사람들이 손해를 보는 경우가 생깁니다.

아이들에게 돈 공부를 시킨다는 의미 중 하나는 세상을 냉정하게 숫자로 판단할 수 있어야 한다는 것도 포함됩니다. 힘들게 농사짓는 사람들의 수고를 무시해서도 안 되지만 농부들을 보호하기 위해 더 많은 손해를 감수하자는 것도 어렵습니다. 숫자는 그런 면에서 냉정한 도구입니다. 돈으로 환산하면 인간적인 면이 사라지고 숫자만 보입니다. 그럼 우리는 어떤 것이 더 이익인지 정할 수 있게 됩니다.

따라서 아이들에게 돈 공부를 시킨다는 것은 돈을 버는 것뿐만 아니라 적절한 수준에서 손해를 감수해야 하는 경우가 생길 수도 있다는 것을 가르쳐야 한다는 의미입니다. 손해를 보게 되는 대상이 언제든지 내가 될 수도 있기 때문입니다. 물론 과도한 손해를 무조건 받아들여서도 안 되고요. 그렇다고 남의 손해에 기뻐해서도 안 됩니다. 아이들에게 돈 공부를 시킬 때 자기의 손해만큼 다른 사람의 손해에도 공감하는 마음가짐을 가르쳐야 합니다.

우선은 아이들에게 누구나 손해를 볼 수도 있다는 사실 자체를 설명해야 합니다. 개인의 이야기로 좁히면 투자에서 손절하는 것을 가르쳐야 하는 것과도 연결할 수 있습니다. 투자할 때 손해 보는 경우가 종종 생깁니다. 보통 사람은 앞으로 손해가 더 커질 것 같아도 그동안 손해 본 것이 아까워 그냥 두고 보려고 합니다. 이때 손해를 더 키우지 않기 위해 과감하게 현재까지의 손해를 확정하는 것을 **손절**이라고 합니다. 투자는 이익을 극대화하는 것이지 손해를 하나도 보지 않는 것이 아닙니다. 아이들에게도 적정한 수준에서 손해를 받아들이는 방법을 가르쳐 주셔야 합니다.

🗞 무역은 물건만이 아닙니다

무역이라고 하면 물건만 생각하게 됩니다. 수출과 수입을 할 때도 제품을 생각하게 됩니다. 하지만 물건뿐만 아니라 서비스도 있습니다. 외국의 물건을 구매하는 경우는 자동차, 수입 과자, 옷 등 품목이 아주 흔합니다. 그렇다면 우리나라에서 외국의 서비스를 이용하는 것은 뭐가 있을까요? 수출과 수입 개념으로 보기는 어렵지만 동영상을 볼 때 우리는 거의 유튜브를 사용합니다. 유튜브는 우리나라 서비스가 아닙니다. 우리나라에서 우리나라 사람이 서비스를 이용하지만 유튜브를 운영하는 미국의 구글이 궁극적으로 돈을 벌게 됩니다. 더 정확히는 구글과 유튜브를 거느린 알파벳이라는 회사가 돈을 법니다.

조금 더 확장해 보겠습니다. 아이들이 꼭 우리나라 기업에서 일을 해야 할까요? 꼭 우리나라에서 살아야 할까요? 왜 이런 질문을 하는가 하면 제품과 서비스를 주고 받는 것만으로 무역을 한정하실 필요가 없다는 말씀을 드리기 위함입니다.

사람은 **인적 자원**이라는 리소스를 공급하는 주체이기도 합니다. 좀 더 경제적인 말로 바꾸면 아이들은 자신의 노동력을 우리나라 시장에 공급할 수도 있고, 더 가치를 인정해 준다면 외국에 제공할 수도 있습니다. 아이들에게 무역을 하면 우리나라가 좋아진다는 이야기도 해야 하지만 아이들 스스로 자신이 가진 역량을 다른 나라에 수출, 그러니까 취업할 수 있다는 가능성도 열어 주세요. 취업뿐만 아니라 외국에서 회사를 세우는 것도 얼마든지 가능합니다!

실천하기

수출과 수입의 개념은 대략 이해하실 겁니다. 아이들에게는 한 단계 더 들어가서 우리나라의 수출액이 얼마인지와 우리나라의 주력 수출 산업은 어떤 것이 있는지 알려 주는 것이 좋습니다. 반대의 경우도 있습니다. 수입을 하는 금액은 얼마나 되는지와 어떤 품목을 주로 수입하는지도 같이 찾아보시면 훨씬 재미있을 겁니다. 그러면서 우리나라의 주요 기업은 어느 곳인지 왜 삼성전자와 현대자동차, 네이버와 카카오 이야기가 나오는지 자연스럽게 알 수 있을 겁니다. 더불어 우리나라의 수출 금액을 원화로 바꾸면 얼마나 되는지도 계산해 보시기 바랍니다. 자연스럽게 다음에 이야기 나눌 환율을 설명하기 위한 기초 학습이 가능합니다.

아이와 함께하는
오늘의 재테크 습관 기르기

💰 오늘의 지수를 적고 어제와 얼마나 다른지 표시해 보세요.

코스피

코스닥

유가

환율

💰 아래의 활동을 통해 우리나라의 무역에 대해 좀 더 깊이 있게 알아봐요.

i 우리나라의 수출액은 얼마인가요? 최근 5년간 수출액이 어떻게 변화했는지 아이와 함께 알아보세요. 포털에서 검색하실 수 있습니다.

ii 우리나라에서 수출을 많이 하는 제품은 어떤 것이 있을까요? 아이와 함께 대략 세 가지 정도의 품목과 각 제품을 만드는 대표적인 회사들을 함께 알아봐요.

iii 우리나라의 수입액은 얼마인가요? 5년에서 10년간의 수입액을 알아봅시다.

iv 우리나라에서 작년에 가장 많이 수입한 제품은 어떤 것인가요?

v 수입을 줄이는 방법은 수입하는 물건을 우리나라에서 만드는 것입니다. 최근 뉴스에서 '수입대체품'을 검색해 보세요. 어떤 물건들이 있었고, 얼마의 돈을 아낄 수 있었는지 적어 봅시다.

vi 수출액과 수입액은 미국 달러로 나올 거예요. 우리나라 돈으로 바꾸면 얼마인지 아이와 함께 계산해 보세요.

6

외국 돈과 우리나라 돈의
교환 비율인 환율

이해하기

환율은 개념이 어려운 것이 아니라 환율이 오르고 내렸다는 의미와 우리나라 돈의 가치가 오르고 내렸다는 개념이 헷갈려서 어렵습니다. 이번 장에서는 환율과 관련된 어려운 단어들을 정리하고, 환율의 변동으로 발생할 수 있는 이익과 손해에 대해서 알아보겠습니다. 일반 사람들이 외국과의 거래를 할 수 없었을 때에는 환율이 특정 업무를 하는 사람들만의 문제였지만, 요즘은 실생활과 밀접하게 관련되어 있습니다. 여행을 갈 때, 외국에서 유학하는 학비를 내야 할 때, 직구를 할 때처럼 돈을 쓰는 경우 외에도 미국 주식이나 브라질 채권 등에 투자하는 사람의 경우 환율에 대한 인식이 필요합니다. 아이들에게는 외국 돈과 우리나라 돈의 교환 비율이 환율이라는 기초 지식과 환율이 변하면 나의 자산도 같이 변한다는 사실을 알려 주시는 것이 필요합니다. 환율에 따라 자산이 변한다는 것이 바로 돈을 벌거나 잃을 수 있다는 뜻이기 때문입니다.

환율 = 외국 돈과 우리나라 돈의 교환비율

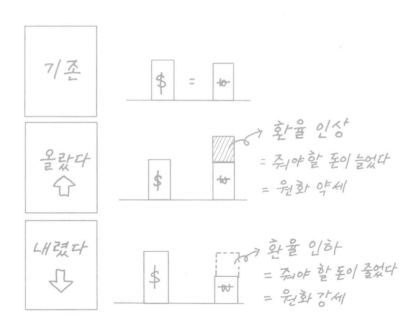

환율이 오르고 내렸다는 의미는?

기존	$ = ₩	
올랐다 ⇧		환율 인상 = 줘야 할 돈이 늘었다 = 원화 약세
내렸다 ⇩		환율 인하 = 줘야 할 돈이 줄었다 = 원화 강세

🏷 환율은 외국 돈과 우리나라 돈의 교환 비율이다

아이와 이야기할 때 앞에서 나눈 이야기의 복습부터 해 보는 것이 좋습니다. 1장의 두 번째 주제에서 돈을 세는 단위를 알아본 적이 있었지요. 대표적으로 미국의 돈은 달러라고 하고 유럽 연합의 돈은 유로라고 한 것 기억나실 겁니다. 그리고 바로 전에는 무역에 대해 알아봤습니다. 그럼 나라마다 돈이 다른데 무역할 때는 어떤 돈을 사용할까요?

예를 들어 우리나라에서 미국에 자동차를 수출한다고 해 볼게요. 자동차를 수출한 우리나라의 회사가 자동차를 수입한 미국 사람에게 받는 돈은 미국 달러입니다. 반대로 우리가 미국에서 소고기를 수입하기로 했다고 가정합시다. 그럼 미국에서 소고기를 판 사람에게 줘야 하는 돈도 역시 미국 달러가 됩니다. 우리나라에서는 미국 달러가 아닌 원화를 사용하는데 어떻게 해야 할까요? 한국 원화를 미국 달러로 바꾸거나 미국 달러를 한국 원화로 바꿔야겠지요. 바로 이렇게 돈을 바꾸는 것을 환전이라고 한다고 아이들에게 설명해 주세요.

경제 기사에서는 환전 서비스를 제공하는 은행을 포함해 우리나라 돈과 외국 돈을 바꾸는 곳을 외환 시장이라고 부릅니다. 자, 이제 바꾸는 곳은 알았습니다. 그럼 각 나라의 돈을 바꿀 때 어떤 방식으로 바꿀까요? 환전을 할 때는 각 화폐에 따라 특정한 비율을 적용해서 계산합니다. 이처럼 **시장에서 우리나라 돈과 외국 돈을 바꿀 때의 비율을 바로 환율이라고 부릅니다.**

달러 환율을 포털에서 검색해 보면 보통 1달러에 얼마인지 한국 돈의 액수가 나옵니다. 바꾼다고 표현했지만 원으로 달러를 사기 위한 가격이라고 생각해도 됩니다. 1달러를 사려면 내야 하는 액수가 바로 환율입니다. 우리나라 돈과 외국 돈의 교환 비율 또는 외국 돈을 사거나 팔기 위한 가격 등 편한 방식으로 설명하고 이해하셔도 됩니다. 일반적으로 교환이란 단어를 많이 쓰기 때문에 이 책에서는 바꾼다는 표현을 주로 쓰겠습니다.

돈을 바꿔야 하는 이유는 외국에서 우리나라 돈을 사용할 수 없고 우리나라에서도 외국 돈을 일반적으로 사용할 수 없기 때문입니다. 무역이 점점 늘어나면 거래해야 되는 나라도 같이 늘어나게 됩니다. 모든 나라의 돈을 일일이 다 바꿔야 한다면 번거로울 겁니다. 자연스럽게 가장 거래량이 많은 나라의 돈으로 거래하는 것이 편하다는 것을 알 수 있겠지요? 그게 바로 미국 달러입니다. 이를 두고 **나라간 거래의 기본이 되는 통화라는 의미인 기축통화라 부릅니다.** 수출 금액이나 수입 금액 등을 표시할 때 미국 달러로 표시하는 이유도 기축통화를 사용하면 여러 항목을 비교하거나 계산하기에 편하기 때문입니다.

📧 환율이 오르락 내리락?

환율이 올랐다고 얘기를 하면 실제로 원과 달러 사이의 관계가 어떻게 변하는지 것인지 헷갈리는 경우가 많습니다. 만약 이전에는 1달러에 1,000원으로 교환할 수 있었다고 해 볼게요. 그런데 시간이 지나 1달러에 1,100원을 줘야 하는 상황이 되었다면 '환율이 올랐다' 또는 '환율 인상'이라고 표현합니다. 같은 상품인 1달러를 얻기 위해서 1,000원이란 가격을 지불하다가 1,100원을 줘야 하는 상황으로 바뀌었을 때 '가격이 올랐다'라고 얘기하는 것과 비슷합니다. 반대로 1달러에 1,000원이었는데 1달러에 900원을 줘도 되는 상태가 되었다면 '환율이 내렸다' 또는 '환율 인하'라고 합니다.

평가 절상/절하, 원화 강세/약세라고도 합니다. 1달러에 1,000원이던 환율이 1달러에 1,100원이 되었다면 달러의 가격이 오른 것이죠? 이때 달러는 더 비싸졌기 때문에 평가 금액이 오른 겁니다. 그래서 달러는 평가 절상이라고 표현하고 반대로 평가 금액이 낮아진 원화는 평가 절하라고 합니다. 평가 금액이 높아진 것은 해당 통화의 힘이 세진 것이기도 합니다. 같은 금액으로 더 많은 외국 돈을 바꿀 수 있으니까요. 따라서 원-달러 환율이 올랐을 때 달러 강세, 원화 약세라고 합니다.

정리해 보겠습니다. 1달러에 1,000원이던 환율이 오른쪽처럼 변하게 되면 표와 같이 뉴스에서 표현합니다. 어른이 먼저 이해하고 관련 뉴스가 나오면 아이에게 설명해 주세요.

| 1달러 = 1,100원 | 원화 환율 인상, 원화 평가 절하, 원화 약세 |
| 1달러 = 900원 | 원화 환율 인하, 원화 평가 절상, 원화 강세 |

환율이 변하면 손해 혹은 이득을 본다

환율이 중요한 이유에 대해 아이에게 다음과 같이 설명해 주세요. 환율은 매일 변화하는데, 그 변화폭에 따라 사람들이 크게 손해를 보거나 이득을 보기 때문에 항상 신경을 써야 하는 거라고요. 환율이 변할 때 손해나 이득을 보는 사람은 외국 돈이 필요하거나 지금 가지고 있는 외국 돈을 우리나라 돈으로 바꿔야 하는 사람들입니다. 대표적으로는 수출이나 수입을 하는 회사들이 있고 일상 생활에서는 외국에서 유학하는 자녀들에게 학비를 보내야 하거나 외국에 여행을 가려는 사람, 외국 쇼핑몰에서 물건을 구매하려는 사람 등이 해당됩니다.

이처럼 환율 차이 때문에 이득을 보는 경우를 줄여서 **환차익**, 손해를 보는 경우를 **환차손**이라고 부릅니다. 환차익이나 환차손은 거래 금액이 클수록 같이 커지게 되어 있습니다. 예를 들어 보겠습니다. 수출을 하는 A회사가 1억 달러를 수출했습니다. 환율이 1달러에 1,000원이었다면 1억 달러를 한국 돈으로 바꿨을 때 1천억 원이 됩니다. 반면에 1달러에 1,100원으로 환율이 올랐다면 한국 돈으로 1천 100억 원을 받게 됩니다. 환율이 100원 올랐을 뿐인데 결과적으로 100억 원을 더 벌게 된 겁니다. 반대로 환율이 1달러에 900원으로 바뀌면 900억 원만 받은 꼴이니까 100억 원 손해를 보게 됩니다. 환율상으로는 100원으로 크지 않은 금액이 바뀐 것 같지만 이 회사는 100억 원이 왔다갔다했습니다.

수입을 하는 B회사는 100만 달러만큼 수입하기로 했습니다. 1달러에 1,000원이라면 물건값으로 줘야 할 달러를 바꾸는데 10억 원이 필요합니다. 환율이 1달러에 1,100원이 되면 필요한 돈이 11억 원으로 1억을 더 마련해야 합니다. 반대로 환율이 1달러에 900원이 되면 1억 원이 줄어든 9억 원으로 충분합니다.

그런데 앞의 설명을 따라 열심히 숫자 계산을 하시는 것보다 더 중요하게 알아야 할 것이 있습니다. 환율이 올라서 원화의 가치가 떨어지게 되면 수출하는 사람들은 보통 이득을 보고, 수입하는 사람들은 손해를 봅니다. 반대로 환율이 내려서 원화 가치가 오르면 수출하는 사람들은 손해를 보고, 수입하는 사람들은 이득을 봅니다.

일반인의 경우는 보통 수입업자와 같은 입장이 됩니다. 우리가 해외에 여행을 가거나 해외 쇼핑몰에서 물건을 구매하는 경우가 외국의 물건이나 서비스를 수입하는 것과 같기 때문입니다. 따라서 일반인들은 환율이 내려서 원화 강세인 경우가 유리합니다. 하지만 나라 살림 입장에서는 반갑지 않을 수 있습니다. 수출하는 기업들의 수익이 줄어들고 우리나라의 돈이 외국으로 빠져나가게 되기 때문입니다. 그렇다고 환율이 올라서 원화 약세가 되는 것만 바랄 수는 없습니다. 왜냐하면 꼭 필요로 하는 원유를 수입할 때 더욱 많은 돈을 내야 하고 원유 가격이 오르면 다른 필수품의 가격도 같이 올라가서 서민들이 살기에 힘들어지기 때문입니다. 이 사실을 아이들이 알고 나면 이렇게 말할지도 모르겠네요. "아니 그럼 도대체 어떡하라는 거예요?" 답은 어느 쪽도 완벽하게 이익이 되지는 않으므로 환율 변동에 따라 돈을 벌 수 있는 방법을 스스로 공부하고 찾아야 한다는 것입니다.

🧧 환율을 알면 돈 벌 기회가 생긴다

거래 금액이 크지 않은 일반 사람들에게는 환율 변동이 별 상관없어 보이기도 합니다. 특별히 원화가 오르거나 내리는 것이 좋은 것도 아니라고 하니 신경 쓰지 않아도 될 것 같기도 하지요. 하지만 **기술의 발전과 규제 완화 때문에 개인도 환율 변동에 따른 이득을 얻을 수 있는 기회가 점점 커지고 있습니다.** 따라서 아이들에게 이 부분을 중심으로 설명해 주시면 좋을 것 같습니다.

달러의 가격이 쌀 때 미리 사 두었다가 달러의 가격이 오를 때 되파는 전통적인 방법으로 이익을 얻을 수도 있겠지요? 실제로 현찰을 구매하지 않아도 은행에서 외화 예금 통장을 만들면 훨씬 손쉽게 이익을 얻을 수 있습니다. 더 적극적인 방법도 있습니다. 원화의 가치가 세져서 달러의 가격이 쌀 때 미국 주식을 사는 것입니다. 그럼 두 가지 측면의 기회가 생깁니다. 환율의 변동에 따라 환차익을 볼 기회와 미국 주식의 가치 변동에 따른 투자 이익을 얻을 기회입니다.

예를 들면서 더 자세하게 설명하겠습니다. '사과'라는 미국 회사가 있다고 가정하겠습니다. 환율은 1달러에 1,000원이고, 사과 회사의 주식은 1주에 100달러라고 할게요. 내가 가진 돈은 100만 원입니다.

이런 상황에서 환율의 변동에 따른 환차익을 보는 경우를 먼저 생각해 보겠습니다. 환율 변동이 없을 때는 총 10주[(100만÷1,000)÷100]의 사과 회사 주식을 살 수 있을 겁니다. 그런데 원화의 환율 인하로 달러 약세가 되면, 기존보다 더 많은 주식을 살 수 있게 됩니다. 시간이 지나서 이번엔 원화의 환율 인상으로 달러 강세가 되었습니다. 가지고 있던 사과의 주식 가격이 그대로 100달러라고 해도 사과 주식을 많이 사 두었기 때문에 더 많은 달러가 생깁니다. 게다가 달러를 원화로 바꾸면 돈이 더 늘어나 있겠네요.

이번엔 투자에 따른 이익이 발생하는 경우를 생각해 봅시다. 내가 투자하고 있을 동안 주가가 올라서 1주에 110달러가 되었습니다. 그럼 환율이 변동될 때 얻는 환차익 외에 주가가 올라서 얻는 시세차익이 더해지게 됩니다. 미국 달러의 가격이 쌀 때 미국 주식을 사면 추후에 주식과 환율이 올랐을 때 돈을 벌겠지요? 이론적으로 그렇다는 겁니다.

반대의 경우도 있습니다. 달러 가격이 싸졌다고 생각해서 샀지만 더 내려가는 경우와 미국 회사 주가가 오를 거라고 생각했는데 오히려 더 떨어질 수도 있겠지요. 그렇게 되면 앞에서 설명한 내용과 정확히 반대가 돼서 손해가 더 커집니다.

제가 이번 글에서 말씀드리려는 핵심은 무조건 해외 주식 투자를 하라는 것이 아니라 환율의 변동이 나와 전혀 상관없다는 생각에서 벗어나면 좋겠다는 것입니다. 상관없다고 생각하는 순간 관심에서 멀어지게 되는데 그럼 내 자산의 이익과 손해에도 둔감해지게 됩니다.

세계 경제가 연결되고 인터넷이 발전되면서 실시간으로 전 세계의 주식 시장이 연결되고, 꼭 은행에 가지 않더라도 환전이 가능한 시대에 살고 있습니다. **환율의 변동이 꼭 대규모 수출업자와 수입업자에게만 해당되는 일이 아니니 아이와 함께 조금은 더 관심을 가지고 보셨으면 좋겠습니다.** 당연히 여유가 되시면 아이들을 위한 외화 예금 통장도 같이 만들어 주시면 좋겠습니다. 환율의 변동은 말도 어렵고 헷갈리는 경우가 많지만 익숙해지면 아주 어렵지는 않을 겁니다. 환율 역시 앞으로 어떻게 변할지를 예측하는 것이 중요합니다.

이 책에서 매 주제마다 제공하는 '오늘의 재테크 습관 기르기' 코너를 활용해서 아이와 함께 환율의 변동을 확인하면서 상황에 따라 경제를 예측하는 힘을 길러 보세요.

실천하기

환율에 대한 가장 기본적인 학습 목표로 두 가지를 배우려고 합니다. 첫 번째로 외국 돈과 우리나라 돈을 바꾸면 각각 얼마가 되는지 익히는 것입니다. 연산 능력도 활용해 볼 수 있어요. 그리고 이미 어른들은 경험하셨겠지만 외국에 나가거나 외국에서 돈을 쓸 때 가장 유용한 능력입니다. 두 번째로 환율은 계속 변하는 것이니 내가 언제 돈을 써야 가장 유리한지 알 수 있도록 아이를 이끌어 주세요. 환율에 따라 나의 씀씀이를 조절하면 이득을 얻을 수 있다는 것을 알게 해 주시면 됩니다. 이제 환율은 사업가나 어쩌다 외국에 나갈 때 필요한 돈을 환전하는 수준이 아니라 점점 더 실생활에서 자주 접하게 되는 빈번한 일이 될 겁니다,

아이와 함께하는
오늘의 재테크 습관 기르기

💰 오늘의 지수를 적고 어제와 얼마나 다른지 표시해 보세요.

코스피

코스닥

유가

환율

💰 아래의 활동을 통해 환율을 활용해서 얻을 수 있는 이익에 대해 아이와 함께 익혀 봐요.

i 지난 1년간 제일 높은 환율과 제일 낮은 환율은 얼마였나요? 두 금액의 차이는 얼마인가요?

ii 지금 10만 원이 있다면 지난 1년 중 최고 환율일 때 미국 달러를 얼마나 살 수 있나요? 반대로 최저 환율일 때는 얼마나 살 수 있나요? 둘 사이의 금액 차이는 얼마인지 아이와 계산해 봅시다.

iii 지금 100달러를 가지고 있다면, 각각 최고 환율과 최저 환율일 때 우리나라 돈으로 바꾸면 얼마가 되는지 확인해 봅시다. 금액의 차이는 얼마인가요? 아이가 계산하기 어려워하면 계산기로 계산하고 각각 노트에 적어 보세요.

iv 미국 쇼핑몰에서 물건을 사려고 해요. 언제 사면 가장 싸게 살 수 있을까요?

　hint 달러가 쌀 때입니다. 환율이 낮을 때, 원화 강세일 때라고 말해도 됩니다.

v 미국의 프로 야구 선수가 되었다고 해 볼게요. 구단에서 연봉을 달러로 줄 수도 있고, 원화로 줄 수도 있다고 해요. 달러나 원화 중 어떤 통화로 받는 것이 유리할까요?

　hint 앞으로 달러 강세로 원화가 싸질 것 같으면 달러로 받는 것이 유리하고, 반대의 경우라면 원화로 받는 것이 유리합니다. 환율의 흐름을 보고 어떤 것을 고르면 좋을지 아이에게 이야기해 주세요.

7

인플레이션이란?

이번 장에서는 화폐의 가치가 변하는 대표적인 사례인 <u>인플레이션</u>에 대해 알아보겠습니다. 아이들에게는 액수가 변하는 것이 아니라 가치가 변하는 것이라는 점을 설명해 주세요. 가치가 변한다는 것은 가격이 변한다는 의미입니다. 우선 교과서에 나오는 인플레이션이 발생하는 이유를 설명드리겠습니다. 아이들이 앞에서 익힌 수요와 공급에 대한 이해, 수출과 수입에 대한 이해, 환율에 대한 내용이 모두 포함되기 때문에 앞에서 이야기한 내용들을 적용해서 생각할 수 있도록 도와주세요. 아이들의 돈 관리 측면에서 인플레이션은 투자와 뗄 수 없습니다. 투자를 해야 하는 가장 근본적인 이유가 물가상승률 때문이며, 인플레이션이란 바로 지속적으로 물가가 상승하는 것을 뜻하기 때문입니다. 물가가 계속해서 오르는 상황에서 낮은 금리의 저금으로는 자산이 늘어나기보다 정체되고, 심할 경우 줄어들기까지 합니다. 그래서 저금리 시대가 될수록 금리 및 <u>물가상승률</u>을 상회하는 수익률을 위해 투자가 활발하게 이루어지게 됩니다.

인플레이션　물가가 지속적으로 오르는 일

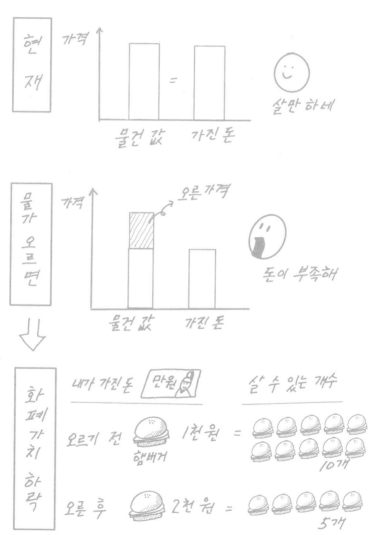

현재

가격

물건 값　가진 돈

＝　☺ 살만 하네

물가 오르면

가격

오른 가격

물건 값　가진 돈

돈이 부족해

화폐 가치 하락

내가 가진돈　만원

살 수 있는 개수

오르기 전　햄버거　1천원　＝　10개

오른 후　2천원　＝　5개

인플레이션은 화폐 가치가 떨어지는 것

인플레이션이라는 말은 흔하게 듣는 경제 용어죠. 지속적으로 물가가 상승하는 것을 말합니다. 물가는 우리가 구매하는 물건들의 가격을 말합니다. 물가가 오른다는 뜻은 우리가 평소에 사먹던 과자, 장난감의 가격, 대중교통 요금 등이 오르는 것을 말합니다.

뉴스에서는 '장바구니 물가'라고도 많이 사용합니다. 장바구니 물가란 시장에서 주로 사게 되는 먹을거리나 입을 거리 등 꼭 생활에 필요한 물건들로 좁혀서 표현하는 것입니다. 또한 전체적인 물가는 오르지 않았지만 장바구니 물가만 오르는 경우도 있기 때문에 구분해 줍니다. 물가가 얼마나 올랐는지 계산할 때 대표적으로 기름값도 포함시킵니다. 원유 가격이 내리고, 식재료의 가격이 오르는 경우 전체 물가는 오르지 않아도 일반 가정집에서는 물가가 많이 올랐다고 느끼게 됩니다.

물가가 오른다는 뜻은 다른 말로 바꾸면 화폐 가치가 떨어진다는 것입니다. 옛날에 1만 원이 있으면 과자를 10개 살 수 있었다고 해 봅시다. 과자 값이 2배로 오르면 1만 원으로 살 수 있는 과자는 5개뿐입니다. 가격으로만 보면 과자 가격의 물가가 올랐다고 말할 수 있지만 화폐의 가치로 보면 옛날의 1만 원이 지금의 5천 원과 같아지는 겁니다. 살 수 있는 과자가 5개로 똑같으니까요. 이처럼 인플레이션이 되면 화폐 가치가 계속해서 떨어지게 됩니다.

어른들이라면 다 아는 게임 중에 테트리스가 있을 겁니다. 제 생각엔 이 테트리스만큼 물가상승률을 설명하기에 좋은 도구가 없습니다. 테트리스의 레벨이 올라가다 보면 게임 속도가 빨라지기도 하지만 밑에서 갑자기 칸이 생겨나기도 합니다. 밑에서 밀어 올라오는 칸보다 빠르게 쌓인 블록들을 없애야 죽지 않게 되죠. 물가상승률은 바로 밑에서 밀어 올라오는 블록들과 같습니다. 밀어 올리는 물가를 감당할 만큼 수익을 내지 못하면 게임에 지는 것처럼 **물가상승률**을 넘어서지 못하는 수익을 내게 되면 손해를 보게 되어 있습니다.

🧧 인플레이션은 왜 생길까요?

인플레이션이 생기는 이유는 크게 수요와 공급 두 가지 측면으로 설명할 수 있습니다. 가격이 결정되는 원리는 수요와 공급의 법칙에 의한 것입니다. 가격이 지속적으로 오를 땐 수요 측면의 이유와 공급 측면의 이유 두 가지가 있습니다. 수요 측면의 이유부터 알아보겠습니다. 공급이 일정할 때 가격이 오르려면 수요가 늘어나야 합니다. 이런 이유로 발생한 인플레이션을 **수요 견인 인플레이션**이라고 합니다.

수요가 왜 갑자기 늘어날까요? 첫 번째는 돈이 많아지는 경우입니다. 주로 경제가 어려울 때 금리를 낮춥니다. 그럼 사람들이 돈을 빌리기 쉽기 때문에 돈을 많이 빌리게 됩니다. 뉴스에 많이 나오는 표현으로 돈이 많이 풀렸다 또는 통화량이 증가했다고 합니다. 시장에 돈이 100원, 물건이 100개 있었는데 시장에 돈이 200원, 물건은 그대로 100개가 된다면 가격은 2배로 뛸 겁니다. 두 번째는 소득이 늘어나는 경우입니다. 주머니가 두둑해지면 외식을 한 번이라도 더 하게 되고, 옷이나 물건을 조금 더 쉽게 사게 됩니다. 세 번째는 가수요 때문입니다. 가수요는 단어 그대로 해석하면 '가짜 수요'인데요. 진짜 물건이 필요해서 사려는 '실수요'가 아니라 지금 안 사면 손해 볼 것 같다는 이유 등으로 미리 사 두려는 수요를 뜻합니다. 어른들은 잘 아실 텐데 아파트 가격이 갑자기 뛰면 꼭 집을 사야 할 것 같아서 갑자기 집의 수요가 늘어나게 되는 경우도 여기에 해당합니다. 아파트 가격은 가수요가 생기면 더 오르게 되죠.

이번엔 공급 측면에서 발생하는 인플레이션의 이유입니다. 주로 물건을 만들 때 들어가는 비용이 늘어나면서 물건 가격이 오른다고 해서 **비용 인상 인플레이션**이라고 부릅니다. 첫 번째는 원재료 값이 올라가서 가격이 오르는 경우입니다. 대표적인 것이 원유입니다. 우리나라는 특히 원유 가격이 오르면 전국의 주유소에서 판매하는 석유의 가격이 오르고 원유로 만드는 모든 제품들의 가격도 같이 오르게 됩니다. 두 번째는 인건비나 기업의 수익을 과도하게 올리는 경우입니다. 인건비가 올라가면 자연스럽게 회사는 해당 비용을 가격에 붙여서 회사의 수익이 줄어들지 않도록 만듭니다. 독과점의 위치에 있는 기업이라면 가격을 더 높일 수 있습니다. 높여도 사람들이 살 수 밖에 없기 때문에 기업은 시장의 법칙이 아니라 기업의 이익만을 생각해서 가격을 올리는 것입니다. 마지막으로는 환율 때문입니다. 원유를 판매하는 나라에서는 가격을 올리지 않았지만 원유를 수입하는 우리나라의 환율이 약세가 되면 더 많은 가격을 주면서 원유를 들여와야 합니다. 결과는 원유 가격 자체가 오르는 것과 마찬가지가 됩니다.

💵 가난한 사람들을 위해서 전 국민에게 1억 원씩 준다면?

제가 초등학교를 다닐 때 사회 시간에 나온 질문이었습니다. 선생님의 질문은 가난한 사람들을 없애기 위한 방법으로 나라에서 돈을 찍어서 나눠 주면 어떨지 물었습니다. 물건값은 변하지 않는 것으로 알고 있던 초등학생들 관점에서 나름 좋은 방법이라고 생각했던 것 같습니다. 반 친구 중 한 명이 나라에서 돈을 찍어서 가난한 사람들에게 주면 가난한 사람들은 모두 없어지고 다같이 행복해질 것이라고 주장했습니다. 반대하는 아이는 아무런 일도 하지 않았는데 돈을 주면 안 된다는 식의 도덕적인 주장이었죠. 저도 좋은 방법이라 여겨 가난한 사람들에게 돈을 주고 우리 집에도 돈을 주면 좋겠다는 생각을 했습니다. 선생님이 원했던 결과가 아니었나 봅니다. 선생님은 문제가 많아서 못한다는 말로 마무리를 했지만 어딘가 개운하지 않았습니다.

똑같은 질문을 아이에게 하신 후 어른들께서 설명을 직접 해 보실 수 있을까요? 가난한 사람에게 정부가 돈을 찍어서 나눠 준다고 하면 누가 가난한 사람인지 기준을 정하는 것부터 복잡해지니 그냥 전 국민에게 1억 원씩 준다고 해 보겠습니다. 그럼 우리나라에서 가난한 사람이 없어질 수 있을까요? 아니요. 오히려 인플레이션이 발생하는 첫 번째 원인이 됩니다. 물건은 그대로인데 돈의 양만 늘어나기 때문에 물건의 가격이 엄청나게 올라가서 경제 혼란이 오게 될 겁니다. 재난지원금을 주는 것과 1억 원이란 돈을 국민 모두에게 주는 것은 전혀 다른 결과를 가져오기 때문에 경제가 어렵다고 말하는 것이겠지요. 최근 **소득주도성장**을 두고 여러 가지 의견이 나오는 것도 인플레이션과 같은 다양한 측면에서 검토가 필요하기 때문일 겁니다.

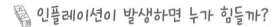

인플레이션이 발생하면 누가 힘들까?

물가가 오르면 물건을 갖고 있는 사람보다 물건을 사야 되는 사람이 힘들어집니다. 쌀을 예로 들어 보겠습니다. 쌀을 갖고 있는 사람이라면 쌀값이 올라도 괜찮습니다. 가지고 있는 쌀의 가격이 같이 오르기 때문입니다. 하지만 쌀을 사야 하는 사람은 쌀값이 오르면 힘들어집니다. 오른 쌀 가격만큼 돈을 더 벌어야 하기 때문입니다. 물건을 사야 하는 사람들도 형편에 따라 나뉘게 됩니다. 쌀을 살 사람 중에 오른 쌀 값만큼 돈을 더 벌 수 있는 사람이라면 그렇게 힘들지 않습니다. 하지만 오른 쌀 값만큼 돈을 더 벌지 못하는 사람은 저금할 돈이 없어지게 되거나, 쌀을 사는 대신 다른 물건을 사지 못하게 됩니다. **인플레이션이 발생하면 일정 금액의 수입을 받는 사람들이 제일 힘들어집니다.**

예를 들면 회사에서 평균적인 연봉을 받는 분들이나 연금으로 생활하시는 분들이 대표적입니다. 연봉이나 연금이 유일한 수입원이라면 오르는 물가만큼 더 받지 못할 때 전체 수익은 줄어들게 됩니다. 소규모 자영업자들 역시 어려워집니다. 물가가 오를 때 같이 가격을 올리면 될 것 같지만 소규모 자영업자를 방문하는 사람들은 소득이 줄어들었을 가능성이 높기 때문에 오히려 판매하는 금액이 줄어들 수 있습니다. 그래서 정부에서 인플레이션이 생기지 않도록 물가를 관리하는 임무를 부여한 곳이 있습니다. 이 책의 초반부에 나온 한국은행입니다. 한국은행은 돈을 만드는 역할도 하지만 물가를 관리하는 역할도 같이 맡고 있습니다. 이제 왜 한국은행이 돈을 만들어 내는 것과 물가 관리를 같이 하는지 아시겠죠? 우리나라에 돈이 얼마나 많이 풀렸는지에 따라 물가가 변하기 때문에 항상 인플레이션이 발생하지 않도록 돈의 양을 조절하는 겁니다. 아이에게 앞에서 했던 이야기와 연결해서 설명해 주면 경제 구조에 대해 좀 더 유기적으로 생각할 수 있는 아이로 자랄 겁니다.

🧾 저금과 투자를 모두 해야 하는 이유는 무엇일까요?

물가가 고정되어 있는 것이 좋은 것은 아닙니다. 경제가 성장한다는 것은 한 나라의 돈이 늘어난다는 의미도 되기 때문에 자연스럽게 물가가 오르게 되어 있습니다. 지속적으로 과도하게 물가가 많이 오르는 인플레이션과는 구분해야 합니다. 그럼에도 물가상승률보다 저금 금리가 별로 높지 않다면 투자도 적극적으로 생각해 봐야 합니다. 저금 금리가 물가상승률과 비슷한 수준인 경우 저금에서 얻는 이자를 받아서는 자산이 늘어나는 속도가 매우 느리거나 오히려 줄어들 가능성이 있습니다. 그래서 첫 번째 주제였던 돈의 기능 중 '저장 기능'을 이야기할 때 가치가 없어지지 않는다고 해도 실제로 줄어들 수 있다는 말씀을 드린 겁니다. 아이들에게는 인플레이션이나 물가상승률을 이해하기 전까지는 받는 이자가 너무 적기 때문에 더 많은 수익을 위해서 투자를 해야 한다고 설명하는 방법이 가장 무난하다고 생각합니다.

그렇다고 당장 저금을 그만두고 모든 것을 투자하라는 말씀을 드리고 싶지는 않습니다. 저금과 투자의 비율은 각 가정의 생각에 따라 정하시면 좋겠습니다. 저의 의견을 드린다면 최소한의 금액은 항상 저금을 해야 한다는 쪽입니다. **저금하는 습관으로 종잣돈을 모아 두어야 투자에 실패하더라도 다시 회복할 수 있습니다.** 그럼 투자할 때 목표수익률은 얼마로 정해야 할까요? 금리로 결정하는 것이 가장 좋습니다. 은행 예금 금리보다 높게, 좀 더 높은 목표는 은행 대출 금리보다 높게 잡으면 됩니다. 투자를 할 때 크게 실패하는 경우는 너무 과다한 목표를 잡고 욕심을 부리기 때문입니다. 은행 대출 금리보다 높은 목표로 잡으면 투자를 많이 하시는 분들 입장에서는 너무 소극적이라고 얘기할 수도 있을 겁니다. 하지만 투자를 처음하는 분이라면 오히려 괜한 욕심부리다가 투자 금액을 챙기지 못하는 경우도 방지할 수 있고 상대적으로 빨리 목표수익을 얻는 기쁨을 맛볼 수도 있으니 아이와 함께 각자 상황에 맞게 정하시기 바랍니다.

목표수익률도 물가상승률 설명을 드릴 때 예로 들었던 테트리스로 설명해 보겠습니다. 테트리스에서 블록들을 지울 때 한 줄씩 차근히 없앨 수도 있고 긴 막대를 기다리면 한 번에 5~6줄을 없애는 것도 가능합니다. 물가상승률이라는 새로운 블록들이 맨 아래칸에서 치고 올라오는데 저금만 하고 있는 것은 한 줄씩 없애겠다는 것과 비슷합니다. 그렇다고 한 번에 5~6줄 없애는 것만 기다리는 것은 대박을 좇는 묻지마 투자와도 비슷합니다. 둘 다 권장하고 싶은 방법은 아닙니다. 약 2~3개의 블록을 지우도록 노력하면서 가끔 5~6줄도 지우는 경험을 할 수 있도록 목표수익률을 잡는 것이 좋다고 개인적으로 생각합니다. 투자 방법은 한 가지 정답만 있는 것이 아닙니다. 나의 성향이나 상황에 맞게 꾸준히 하는 것이 가장 좋은 투자 방법입니다.

실천하기

인플레이션이 발생하면 어떤 일이 벌어지게 될지 아이와 함께 생각해 봅시다. 또한 인플레이션으로 물가가 많이 오르면 현금을 가지고 있는 것과 물건을 가지고 있는 경우 어느 쪽이 더 좋을지 판단하는 능력을 키워 주는 것이 필요합니다. 마지막으로 아이가 가지고 있는 돈을 늘리는 방법으로 어느 쪽이 더 좋을지도 같이 생각해 보겠습니다. 여기서 중요한 점은 아이가 많은 돈을 벌도록 하겠다는 생각보다 아이에게 적합한 방법이 무엇인지 같이 찾아보는 것입니다. 세상에서 가장 행복한 일은 돈이 많은 것이 아니라 쓸 돈이 부족하지 않은 것이라고 생각하거든요. 자기가 좋아하는 것을 모르면 돈은 항상 부족한 것처럼 느껴질 겁니다. 하지만 좋아하는 것이 확실하면 얼마의 돈이 필요할지 가늠할 수 있을 거예요. 아이와 오른쪽 질문에 대해 생각하고 답하면서 현실 속 인플레이션에 대해 체감해 보세요.

아이와 함께하는
오늘의 재테크 습관 기르기

💰 오늘의 지수를 적고 어제와 얼마나 다른지 표시해 보세요.

코스피   코스닥

유가   환율

💰 아래의 활동을 통해 인플레이션의 영향에 대해 아이와 함께 익혀 봐요.

ⅰ 장난감을 가진 사람을 A, 100원을 가진 사람을 B라고 할게요. 이 때 장난감은
100원이라면 지금 A와 B 중 누가 더 많은 가치를 가지고 있나요?

정답 A와 B가 같습니다. 한 명은 현금을 한 명은 실물을 가지고 있는 차이만 있습니다.

ⅱ 인플레이션이 생기면 장난감의 가격은 어떻게 변할까요? 이때 A와 B중 누가 더 많은
가치를 갖게 될까요?

정답 장난감 가격은 오릅니다. 물건 가격이 오르면 A가 더 많은 가치를 갖게 됩니다. B는
계속해서 100원만 갖고 있지만, A는 오른 가격만큼의 가치가 있는 장난감을 갖게 되기
때문입니다.

ⅲ 가진 돈이 1만 원일 때, 저금하면 금리가 10%이고, 투자를 하면 10%를 벌거나 잃을 수
있어요. 이때 저금할까요, 투자할까요? 아이의 의견을 물어봐 주세요.

hint 저는 저금이라고 생각합니다. 위험 없이 투자와 동일한 10%의 수익을 얻을 수
있으니까요.

ⅳ 물가상승률이라는 도둑이 가진 돈에서 1년에 10%의 금액을 훔쳐가요. 저금하면
금리가 10%이고, 투자하면 20%를 벌거나 잃을 수 있어요. 저금과 투자 중 어떤 것을
고를까요? 그 이유에 대해 말해 보세요.

hint 이때는 우선순위에 따라 다릅니다. 원금을 지키고 싶으면 저금, 손실을 각오하더라도
수익이 우선이면 투자입니다. 이때는 어른이 답을 알려 주기보다 아이들의 생각과 이유를
듣고 놓치는 부분은 없는지를 챙겨 주는 것이 좋습니다.

PART 2

5장

돈이 쓰이는 방법

1. 사회보장제도

2. 다른 사람에게 돈을 빌리는 대출

3. 시끌벅적 부동산

4. 경제 뉴스 바로 읽는 방법

5. 스마트폰이 바꾸는 돈

6. 좀 더 이야기해 볼 것들

1

사회보장제도

정부는 국민들과 기업에게 세금을 받아서 다시 국민들을 위해 사용합니다. 국민들에게 직접적으로 도움이 되는 방향으로 쓰이기도 하고 국민들이 편안하게 살 수 있는 데에 간접적으로 사용하기도 합니다. 이중에서 직접적인 도움이 되는 **사회보장제도** 중 이른바 **4대 보험**에 대해서 설명드리겠습니다. 교과서에도 사회보험으로 등장하는 개념이니까 차근히 설명해 주면 잘 이해할 겁니다. 4대 보험에는 **국민연금, 건강보험, 고용보험, 산재보험**이 해당됩니다. 사회보장제도의 가장 큰 특징은 법으로 정해져 있기 때문에 기준에 해당하는 경우 자유 의사와 상관없이 강제적으로 가입하게 되어 있습니다. 돈을 내는 측면에서만 보면 싫겠지만 혜택을 받는 측면에서 보면 꼭 필요한 돈이기도 합니다. 사회보험은 항상 말이 많은 주제입니다. 너무 많은 혜택을 주면 안 된다는 주장과 최소한 이 정도는 줘도 된다는 주장이 항상 맞부딪힙니다. 정답은 없습니다. 항상 그때의 상황에 맞춰 조정해 가야 합니다. 아이에게도 조정의 과정에 대해 잘 설명해 주세요.

| 사회 보장 제도 | 세금으로 국민을 돕는 제도 |

 4대 보험

| 국민 연금 | 수입 | 나이 들어 수입이 없을 때 연금 지급 |

| 건강 보험 | 치료비 | 비싼 치료비 일부를 국가에서 부담 |

| 고용 보험 | 월급 | 직장을 잃었을 때 월급의 일부를 국가에서 지급 |

| 산재 보험 | 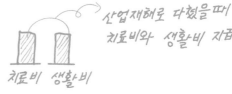 치료비 생활비 | 산업재해로 다쳤을 때 치료비와 생활비 지급 |

🪙 사회보험이란?

국가는 국민들에게 세금을 받았기 때문에 당연히 국민을 위해 사용해야 합니다. 국민의 삶을 위해 국가가 시행하는 여러 가지 제도들을 사회보장제도라고 볼 수 있습니다. **이중에서도 질병, 노령, 실업, 신체 장애 등의 문제로 국민들의 삶이 위협받지 않도록 보험 방식으로 지원을 제공하는 제도를 사회보험이라고 부릅니다.** 보험은 지금 발생하지 않았지만 앞으로 발생할지 모르는 위험에 대비해서 미리 돈을 조금씩 모아 두었다가 실제로 문제가 발생한 사람이 생기면 모아 놓았던 돈으로 해결하는 것을 의미합니다. 사회보험은 보험 방식이기 때문에 국민이나 기업들의 소득에서 일부를 거둬서 쌓아 두게 됩니다.

일반적인 보험 상품과 다른 점은 기준 대상이 되면 강제적으로 돈을 내야 한다는 것입니다. 내가 가입하기 싫다고 안 낼 수 없습니다. 강제로 돈을 받아 가니 나쁜 것이라고 생각할 수도 있지만 다른 사람들과 함께 살아가는 사회 구성원의 입장에서 볼 때 최소한의 안전장치를 만드는 것이므로 꼭 필요한 것이기도 합니다.

우리나라에서는 사회보험으로 네 가지의 제도를 운영하고 있습니다. 보통 줄여서 4대 보험이라고 얘기합니다. **국민연금, 건강보험, 고용보**

험, 산재보험입니다. 이 중에서 국민연금과 건강보험은 개별 국민이 내야 하는 돈이고 고용보험과 산재보험은 기업만 내는 돈입니다.

💵 4대 보험은 무엇을 어떻게 보장할까?

나이가 들거나 가족의 갑작스런 죽음 등으로 돈을 벌 수 없게 되더라도 기본적인 생활을 할 수 있도록 연금을 지급하는 제도인 국민연금이 있습니다. 가입 대상은 우리나라에서 살고 있는 18세 이상에서 60세 미만의 국민입니다. 이 중에서 공무원, 군인, 사립 학교 교직원은 제외됩니다. 왜냐하면 이런 직업을 가진 분들은 국민연금과 유사한 형태의 공무원연금, 군인연금, 교원연금으로 대체되기 때문입니다. 또한 정말 돈을 못 버는 사람들도 제외됩니다. 보험료는 소득의 9%를 내야 합니다. 크게 직장가입자와 지역가입자로 나뉘는데 직장가입자는 회사와 본인이 각각 절반씩 부담하고, 지역가입자는 자기가 100%를 내야 합니다. 국민연금은 20년 이상 내고 60세가 되면 연금 지급이 시작됩니다. 최근 연금 지급 연령이 좀 달라지고 있긴 합니다만 애초에 시작은 그랬습니다. 연금을 받는 방법도 상황이나 조건에 따라 달라질 수 있기 때문에 크게 4가지의 형태로 나뉘어서 지급됩니다. 국민연금에서 아이와 함께 기억할 내용은 성인이 된 모든 사람이 무조건 가입해서 소득의 일부를 내야 하고, 나중에 노인이 되어서 소득이 없어질 시점이 되면 내가 냈던 보험금을 기본으로 연금을 받을 수 있게 된다는 사실입니다.

반면 몸이 아파서 병원에 가야 되는 일이 생길 수 있습니다. 병원에서 치료만 하면 건강해질 수 있다고 말하지만 치료비가 너무 비싸면 돈이 없는 사람들은 발을 동동 구르면서 어떻게 해야 할지 모를 겁니다. 건강보험은 진료비가 비싸서 치료를 못 받는 사람이 생기는 것을 막기 위해서 운영하는 제도입니다. 우리나라에서는 1977년 500인 이상이 근무하는 회사부터 직장의료보험제도를 처음 시작해서 1989년에 자영업자까지 포함하는 전국민 의료보험이 되었다고 볼 수 있습니다. 건강보험료는 월소득 기준으로 약 7%를 내게 되며, 직장인들의 경우 직장인이 50%, 회사가 50%를 나눠서 부담하게 되어 있습니다.

고용보험은 근로자가 직업을 잃어서 소득이 없어지게 되었을 때 생활할 수 있도록 일정 기간 동안 급여를 지급하는 실업급여와 현재 취업 중인 근로자의 고용이 안정적일 수 있도록 지원하는 고용안정지원금, 근로자의 직무 능력을 향상시키거나 기술이 모자라 취업이 어려운 실업자에게 직업 훈련을 받도록 돕는 직업능력개발사업을 포함하는 제도입니다. 실업급여를 위해서는 근로자가 0.8%, 회사가 0.8%를 내게 되어있고 고용안정 등의 사업을 위해서는 회사만 부담하게 되어 있습니다.

산재보험은 직장에서 일하다가 다치는 사람들을 위한 보험입니다.

일을 하다가 다치게 된 근로자의 치료와 가족들의 생활비를 위해서 마련된 것으로 보험료는 각 회사에서 모두 내게 됩니다.

🏦 사회보험이 꼭 필요할까?

사회보험이 필요하다는 것에는 대부분의 사람들이 동의할 겁니다. 하지만 늘 문제가 되는 것은 내가 받는 혜택은 얼마 없는데 왜 이렇게 많은 보험료를 강제로 가져가느냐 하는 점입니다. 일종의 세금으로 생각되는 거죠.

세금과 관련해서 말씀드렸지만 세금은 얼마를 내느냐 보다 공정하게 제대로 쓰이는지가 더 중요합니다. 세금은 국가와 정부를 유지하기 위해 반드시 필요한 것입니다. 그러다 보니 항상 말이 나올 수 밖에 없습니다. 누구나 동의할 수 있도록 공정하게 걷어 가고 있는지와 제대로 쓰이는지에 대한 기준이 다르기 때문입니다.

세금은 아니지만 사회보험 역시 마찬가지입니다. 만약 돈이 많은 사람이라면 문제가 생기더라도 자기가 가진 돈으로 해결할 수 있기 때문에 강제로 내야 하는 사회보험은 필요 없다는 생각이 들 수도 있습니다. 반대로 돈이 없는 사람은 당장 먹고살기가 힘든데 사회보험이 너무 많은 돈을 가져간다고 생각할 수도 있습니다. 다르게 생각하면 돈을 많이 번 사람도 결국 다른 사람들과 같이 살아가는 사회와 국가에 속해 있기 때문에 그런 소득을 얻는 것이 가능했다고 볼 수 있습니다. 그럼 자기가 돈을 많이 벌도록 도와준 사회와 국가 그리고 다른 사람들을 위해서, 많이 버는 사람은 많이 내는 것이 맞다고 생각할 수 있겠죠. 돈이 없는 사람이라도 사회로부터 자기가 내는 것보다 더 많은 혜택을 받는다면 금액 면에서 조금 부담스럽더라도 사회의 일원으로 사회보험료를 내야 한다고 생각할 수도 있습니다. 어떻게 생각하는지에 따라 그리고 어떤 처지에 있는지에 따라 사람들의 생각은 다를 수 있습니다.

나와 생각이 다르다는 이유로 다른 사람을 비난하는 것은 바람직하지 않습니다. 나와 생각이 다른 이유를 충분히 들어 보고 서로가 생각을 맞춰 가야 합니다. 사회와 국가라는 틀 안에서 다른 사람들과 살아갈 때 한 사람의 의견에 모두가 동의하기 어렵기 때문입니다. 서로 간의 생각 차이를 좁히고 서로의 처지를 이해하는 것이 필요합니다. 아이에게 관련 부분에 대해 설명해 줄 때 사실적인 부분 외에 서로의 생각을 조율하는 것에 대해 계속 설명해 주시면 좋겠습니다.

📖 4대 보험과 관련해서는 어떤 갈등이 있을까요?

4대 보험 중 뉴스에 가장 많이 나오는 것은 국민연금과 관련된 문제입니다. 국민연금의 특징은 내가 낸 돈에 약간의 이자를 더 받는 정도가 아니라 물가상승률을 고려해서 더 많은 돈을 받는 구조로 되어 있는 것입니다. 국민연금은 국민들이 낸 돈을 모아서 다른 곳에 투자하면서 수익을 내서 운영합니다. 따라서 국민연금이 어디에 투자했는지에 대해서도 많은 이야기를 하게 됩니다. 공공성을 가진 돈이기 때문에 더 조심해서 투자를 해야 한다는 의미입니다. 결국 국민연금이라고 하는 모두의 돈을 누가 잘 운용하느냐의 문제가 있습니다.

다른 문제로는 국민연금으로 낸 돈 보다 많은 돈을 돌려주다 보면 나중에는 모아 놓은 돈이 모자랄 것이라는 문제가 있습니다. 돈이 모자라면 아마도 현재 돈을 벌고 있는, 상대적으로 젊은 사람들이 더 많은 돈을 내고도 나중에 다 돌려받지 못하는 구조가 될지도 모른다는 거죠. 불이익을 받을지 모르는 젊은이들은 바로 지금의 아이들이 될 겁니다. 이른바 적게 내고 많이 받는 노인 세대와 많이 내고 적게 받는 젊은 세대간의 갈등 문제가 생길 수 있습니다. 그 이외에 국민연금과 공무원, 교원, 군인연금 간의 수령액 차이 등으로 인한 연금끼리의 형평성에 문제가 있다는 내용도 있습니다.

건강보험에 관련해서도 해외에 거주하는 국민들이 국내에 와서 저렴한 가격에 혜택을 받는다는 문제와 지역가입자의 보험료가 과중하다는 문제, 어느 약품을 보험이 적용되는 것으로 지정할 것이냐의 문제, 그러면서도 병원들이 봉사 기관이 아니므로 적절한 수익성을 보장해야 한다는 문제, 한의사와 양의사의 갈등 문제 등 말이 참 많습니다.

옳지 못한 방법으로 실업급여를 수령했다는 사건, 회사에서 기본적인 보험료를 내지 않아서 개인이 피해를 보았다는 이야기, 산업 재해를 당해도 회사가 제대로 처리하지 않는다는 사례 등 뉴스에 나오는 문제들은 참 많고 제대로 알고 이야기할 수 있는 사람이 정말 있는지 조차 의심스러울 만큼 복잡하고 각자의 생각이 다릅니다.

그렇다면 문제도 많고 사회 갈등이 계속해서 생기니까 4대 보험을 없애는 것이 나을까요? 저는 그렇게 생각하지는 않습니다. 수천만 명의 사람들이 함께 살아가다 보면 문제는 항상 생길 수 밖에 없습니다. 그 중에서 우선순위를 세워 가장 시급하고 중요한 것들부터 처리해야 한다는 원칙에는 모두 동의할 겁니다. 어느 것이 더 중요하고 시급한지에 대한 생각이 다른 거겠죠.

📑 문제를 어떻게 해결하는지가 중요

4대 보험은 전 국민이 관련되어 있기 때문에 문제가 크고 복잡하고 각자 생각이 다를 수 밖에 없습니다. 그러다 보니 사회의 모든 계층과 집단이 모두 한 마디씩 할 얘기가 생깁니다. 문제점을 찾아서 알리고 주장하는 것은 개인이나 작은 모임, 시민단체들의 역할이겠지요. 이렇게 알려진 문제점을 어떻게 보도할지 혹은 더 많이 알리는 것이 옳은지를 고민하는 것이 언론과 미디어의 역할이 될 겁니다. 국민들의 관심을 받는 사안이 된 것 중 법정까지 다툼이 이어지면 사법부에서, 정치적으로 해결해야 하는 것은 정치권 혹은 국회에서 처리하는 것이 각각의 역할을 다하는 것입니다. 이렇게 말하고 보니 개별 국민은 문제만 얘기하고 기다리면 되는 것처럼 보이지만 아닙니다. 문제를 발견하고, 알리고, 판단하고 처리하는 모든 사람들도 결국은 국민이기 때문에 다른 사람이 해결해 주는 것으로 볼 수는 없습니다.

너무 이야기가 커지고 경제와도 상관이 없어지는 것처럼 보이지요? 국가나 사회가 국민들을 챙겨야 하는 것이 당연한 것임을 아이들에게도 전달해 주고 싶어서 말씀드리는 것입니다. 그리고 **4대 보험으로 대표되는 사회보장제도 역시 국민을 위해 존재한다는 것도 알려 주셔야 합니다.** 모든 국민이 관련되어 있기 때문에 문제는 지금도 있고 앞으로도 계속 나올 겁니다. 문제가 있으니 잘못된 제도로 치부할 것이 아니라 계속해서 고쳐 가야 한다는 점도 설명해 주시면 좋겠습니다. 마지막으로 문제의 발견부터 해결까지 국민이 얼마나 관심을 가지고 보느냐에 따라 결과가 달라질 수 있으니 국가의 주인으로서 계속 관심을 가지고 봐야 한다는 것도 설명해 주시면 좋겠습니다.

이야기가 굉장히 넓어져서 아이들이 이해하기 어렵게 된 것 같기도 합니다. 아마 적어도 지금의 아이들이 성인이 되었을 때는 비정규직에게도 4대 보험만큼은 적용되는 사회가 되면 좋겠다는 개인적인 생각 때문인가 봅니다. 또한 돈과 친해지는 것이 중요한 이유도 돈을 올바르게 사용할 수 있는 어른으로 자랐으면 하는 바람이 있기 때문입니다. 그러니 좀 거시적인 이야기지만 이번 소재를 설명할 때만이라도 아이들이 돈과 친해질수록 사회와 다른 사람들에게 관심을 갖도록 설명해 주세요. 혼자 사는 것이 아니라 싫든 좋든 다른 사람과 같이 살 수 밖에 없는 것이 세상입니다.

실천하기

앞에서 사회보험에 대해 어른들께는 자세하게 설명을 드리려고 노력했지만 4대 보험의 종류와 내용을 아이들에게 설명해 주거나 개념을 잡을 때는 큰 틀에서 설명해 주시는 것이 좋습니다. 왜냐하면 여러 가지 예외 사항이 있고, 내야 하는 요율이나 지급 시기, 지급 금액 등은 계속해서 변동되기 때문입니다. 가장 중요한 핵심은 국민들을 위해서 사회보장제도가 있는 것이고 이 사회보장제도를 유지하기 위해서 국민들은 돈을 내야 한다는 구조를 아이가 이해하도록 도와주는 것입니다. 아이가 관심을 보이거나 중요하다고 생각하는 부분이 발견될 때 조금 더 깊게 개별 문제들에 대해서 이야기하면 좋겠습니다.

아이와 함께하는
오늘의 재테크 습관 기르기

🪙 오늘의 지수를 적고 어제와 얼마나 다른지 표시해 보세요.

코스피

코스닥

유가

환율

🪙 아래의 활동을 통해 우리나라의 사회보장제도에 대해 아이와 함께 이야기해 봐요.

i 어른들의 월급 명세서에서 4대 보험과 관련된 항목의 금액이 얼마나 되는지 알아봅시다. 어른들 중 월급을 받지 않고, 사업을 하거나 다른 방식으로 수익을 얻고 계신 분이 있다면 4대 보험료로 얼마나 내고 있는지 아이와 공유해 보세요.

ii 국민연금 통지서를 찾아 보호자께서 은퇴한 뒤에 얼마를 받을 수 있을지 아이와 함께 계산해 봐요. 통지서를 찾지 못하면 국민연금공단 사이트에 들어가서 회원가입 후에 알아보실 수 있습니다.

iii 건강보험에서 아이는 누구의 피부양자로 등록되어 있는지 함께 알아봅시다. 대개 아이들은 건강보험 금액을 납부하지 않기 때문에 보험료를 내는 보호자 중 한 명에게 등록되어 있습니다.

2

다른 사람에게
돈을 빌리는 대출

이해하기

대출은 돈을 빌리는 것을 말합니다. 우리말로 빚이죠. 이 단어가 좋은 뜻으로 쓰인 적은 거의 없습니다. 자본주의 사회에서는 대출을 나쁜 의미의 빚과 구분해야 합니다. 대출은 무조건 좋지 않다는 생각은 대출해서라도 무조건 투자를 해야 한다는 의견만큼이나 한쪽으로 쏠린 생각이라고 봅니다. 이번 장에서는 대출에 대한 개념과 정의를 내려 보겠습니다. 그리고 대출의 위험성과 문제가 되는 대출에 대해서 생각해 보고 올바른 대출이란 무엇인지 이야기 나눠 볼 계획입니다. 그리고 대출 방식에 대한 가장 기초적인 수준의 내용을 설명드리고 대출을 갚는 방법이나 우선순위에 대해서 생각해 보겠습니다. 그동안의 경험으로 보면 대출에 대한 생각은 투자만큼이나 사람들마다 많이 다릅니다. 그렇기 때문에 정답을 찾으려 하기보다 어떻게 대출을 바라보고 활용할 것인지에 대한 본인과 가족간의 생각을 정리하는 것이 필요합니다.

대출 = 돈을 빌리는 것

누구에게

빌려주는 곳
금융기관 → 실제로는
미래의 나

좋은 대출 VS 나쁜 대출

VS

힘들지만 갚을 수 있어

살려주세요!

갚을 때는

원금 이자

같이 갚아야

289

💵 대출은 무엇일까?

대출은 빚입니다. 빚은 다른 사람에게 돈을 빌리는 것이고요. 단어의 뜻 말고 아이들에게 더 설명할 게 있는지 궁금해하실 수도 있습니다. 제 생각엔 단어의 뜻보다 대출의 속성에 대해 설명해 주면 좋을 것 같습니다. 대출을 구분해 보면 크게 돈을 빌리는 주체와 돈을 갚는 주체로 나눠서 볼 수 있습니다. 돈을 빌리는 곳은 대개 은행권입니다. 은행권보다는 금융권으로 이야기하는 것이 더 적절할 수도 있겠네요.

금융권은 시중 은행으로 대표되는 제1금융권과 저축은행으로 대표되는 제2금융권이 있습니다. 보험이나 증권사에서도 대출을 해 줍니다. 이런 금융 기관도 제2금융권으로 보면 됩니다. 이보다 낮은 단계에는 대부업체가 있습니다. 낮다는 표현을 쓰는 것은 낮은 단계로 갈수록 돈을 빌리기는 쉽지만 금리가 점점 올라서 갚기 어렵게 되기 때문입니다. 대부업체보다 더 낮은 단계로 사채가 있습니다. 어른들은 대부업체에서 돈을 빌리는 것도 가능한 하지 말아야 하는 것으로 알고 있지만 사채는 그보다 더 심각한 수준입니다. 사채까지 끌어다 써야 하는 단계면 정말 심각하다고 생각하는 것이 일반적이죠. 일단 돈을 빌려주는 주체에 대해서는 위와 같이 정리할 수 있을 것 같습니다.

대출에서 더 중요하게 생각해야 하는 것은 돈을 갚는 주체입니다. 누가 돈을 갚아야 할까요? 당연히 '돈을 빌린 사람'이라고 생각하실 겁니다. 돈을 빌린 주체가 '나'라고 가정하면 나눠서 생각해 보셔야 합니다. 빌린 돈을 사용하는 것은 '현재의 나'이지만 빌린 돈을 갚아야 하는 것은 '미래의 나'로 구분됩니다. 만약 부부가 공동으로 돈을 빌리고 같이 갚아 나간다 해도 나눠서 보면 미래의 자신과 배우자가 돈을 갚아야 하는 것은 변함없습니다. 관념적으로 보일지 모르겠으나 결국 대출은 미래의 나에게 현재의 내가 돈을 빌리는 것입니다. 금융권이라는 곳은 그 돈을 전달해 주면서 '대출 이자'라는 수수료를 받는 기관일 뿐입니다. 아이에게 대출은 금융 기관에서 돈을 빌리는 것이라고 생각하는 것 보다 미래의 나에게 돈을 빌리는 것이라고 생각해야 한다는 사실을 알려 주면 좋겠어요. 그래야 어떤 대출이 좋은 대출이고 어떤 대출이 피해야 할 것인지 좀 더 명확하게 보입니다.

💵 좋은 대출과 나쁜 대출

대출은 무조건 나쁜 것이라고 생각하실 수도 있을 겁니다. 빚이 들어간 단어 중에 좋은 뜻은 거의 없으니까요. 하지만 제 생각은 조금 다릅니다. 좋은 대출도 있다고 생각합니다. 대출의 개념을 위에서 설명한 것처럼 본다면 좋은 대출은 미래의 나를 더 행복하게 해 주는 대출입니다. 나쁜 대출은 미래의 나를 불행하게 만드는 대출이 되겠네요.

어떤 경우가 있는지 생각해 보겠습니다. 요즘 대학생들은 학자금 대출을 많이 합니다. 대학교 학비가 비싸니 싼 이율로 학비를 빌려서 내고 나중에 취업을 하면 빌렸던 학자금을 갚는 형태입니다. 분명히 좋은 대출로 보입니다. 지금 학비를 내는 것이 부담스러울 정도로 어렵지만 미래의 나에게 힘을 빌리면 대학교를 졸업한 후에 미래의 나는 더 좋은 조건에서 사회 생활을 시작할 수 있게 됩니다. 돈을 빌려도 미래의 내가 더 행복해질 수 있으니 좋은 대출이라고 생각하는 겁니다.

물론 현실적으로는 문제가 있을 수 있습니다. 대학교를 졸업하면 너무 늦지 않게 취직할 수 있을 것이라 생각했는데 취업 자체가 안 된다면 이 젊은이는 빚과 함께 사회 생활을 시작하는 안 좋은 결과를 맞게 됩니다. 요즘 취업이 어렵다 보니 실제로 많이 발생하는 일이기도 합니다. 하지만 의도는 미래의 나를 위한 합리적인 대출이었다고 봅니다.

나쁜 대출도 있습니다. 뚜렷한 근거 없이 잘될 것이라는 믿음 하나만으로 대출 받은 후에 잘 모르는 것에 투자하는 경우입니다. 스스로도 모르는 것에 투자하는 것은 투자가 아니라 도박이라고 생각합니다. 나의 판단과 생각이 단단하지 않은 상황에서 주위의 친한 사람의 이야기를 듣고 하는 투자를 위해 받는 대출은 좋은 대출이 아닙니다. 의도는

'미래의 나에게 대박을 안겨 주기 위한 선의'였다고 하더라도 성공 확률을 봤을 때 좋은 대출로 볼 수 없습니다. 스스로의 노력과 가능성보다는 근거 없는 운에 맡겼기 때문입니다.

운이 아니라고 우길 수도 있고, 실제로 아무 생각 없이 따라 했지만 대박을 맞는 사람도 분명히 있습니다. 그럼 이 경우는 좋은 대출이라고 할까요? 제 생각은 다릅니다. 나쁜 대출이었지만 운이 좋았던 경우입니다. 아이들에게는 재테크 역시 노력에 따른 결과를 기대하도록 가르치는 것이 맞다고 생각합니다. 노력하는 사람에게 생기는 운은 곱하기의 행복을 주지만, 노력하지 않은 사람에게 생기는 운은 알 수 없는 결론으로 이끌어 내는 경우가 많습니다.

좋은 대출과 나쁜 대출을 구분하는 정해진 법은 없습니다. 누군가에게는 나쁜 대출이지만 누군가에게는 좋은 대출일 수 있습니다. 가장 대표적인 것이 요즘 유행하는 '영끌'로 집을 사는 결정입니다. 대출을 영혼까지 끌어모은다는 뜻이지요. 하우스 푸어가 될 수도 있고, 공격적인 투자로 수익을 챙길 수도 있습니다. 그래서 대출에 대해서는 아이들과 함께 집안의 입장과 생각을 맞추는 것이 필요합니다. 어른들끼리도 기준을 맞춰야 하고, 아이들에게도 어른들의 기준을 전달해 줘야 합니다.

아이들은 지금 당장 대출이 필요하지 않을 겁니다. 하지만 대출이란 개념은 알려 주시는 것이 좋습니다. 그리고 말로 설명할 수도 있지만 어른들이 실제로 대출을 할 때 아이들에게 대출의 이유를 알려 주는 것도 좋은 방법입니다. 아이들이 전부 이해할 수는 없겠지만 어른들의 표정과 말을 들으면서 대출에 대한 개념을 차곡차곡 쌓아 가게 될 겁니다.

📖 대출의 종류를 나눠 봐요

대출의 종류는 크게 나눠 담보 대출과 신용 대출이 있습니다. 담보 대출은 대출금을 갚지 못할 때를 대비해 대출금에 비례하는 물건에 대한 처분 권리를 맡기는 것입니다. 대표적인 것이 **주택담보대출**입니다. 아파트를 살 때 은행에 가서 대출 상담을 하면 자신이 주택담보대출로 얼마까지 빌릴 수 있는지 알 수 있게 됩니다. 대출이 성사되면 아파트의 등기부등본에 은행의 이름이 올라가 이 아파트를 처분하게 될 경우 그 권리가 은행에게 있음을 공식적으로 선언하게 됩니다. 이렇게 대출할 때 맡기는 물건을 담보물이라고 하고 물건이나 서류 등으로 약속하는 것을 담보라고 합니다.

물건을 맡기지 않아도 대출이 가능합니다. 돈을 빌려 주는 사람 입장에서는 돈을 빌리는 사람이 믿을 만한 사람인지 살펴보게 됩니다. 이 것을 '신용'이라고 합니다. 믿을 만하다는 의미는 결국 돈을 갚을 수 있는 능력을 가지고 있는 사람인지 확인한다는 것과 같은 말이겠죠. 신용

조회나 신용 등급이라는 말이 여기서 나옵니다. 그 사람의 수입이나 평소 신용카드의 연체 여부, 신용카드 최대 사용 금액 등 평소의 돈 씀씀이를 보고 신용을 확인한 후에 돈을 빌려주게 됩니다. 담보 대출과 달리 신용 대출은 맡겨야 할 것이 없습니다.

평소에 대출을 싫어해서 절대 남의 돈을 쓰지 않겠다고 하시는 분들이라도 신용카드를 사용하고 계시다면 이미 대출을 이용하고 있는 겁니다. 신용카드의 의미가 바로 신용 등급에 따른 대출을 이용하게 해 주는 플라스틱 카드이기 때문입니다. 신용카드로 결제하면 그 자리에서 돈을 주지 않습니다. 내 통장에서 돈이 빠져나가지도 않습니다. 결제일에 돈이 일괄적으로 나가죠. 결국 물건을 산 시점부터 결제하는 날까지 신용을 보고 돈을 빌려준 것과 같은 겁니다. 또 하나 직장인들이 많이 사용하는 마이너스 통장 역시 대표적인 신용 대출입니다. 돈이 필요할 때마다 은행에서 돈을 빌리는 것이 번거로울 테니 한도를 정해서 자유롭게 사용하도록 만든 상품입니다.

고정금리와 변동금리

돈을 은행에 맡기면 이자를 받습니다. 모인 돈으로 은행에서는 돈을 빌려주고 대출 이자를 받습니다. 이때 이자는 크게 고정금리와 변동금리로 나눕니다. 뜻은 어렵지 않습니다. **이자율의 변동이 없으면 고정금리고 이자율의 변동이 있으면 변동금리입니다.** 고정금리의 장점은 내가 얼마의 이자를 갚아야 하는지 명확히 알 수 있다는 점이고, 변동금리의 장점은 이자율이 변동되니 이자가 낮아질 수도 있다는 점입니다. 그럼 반대의 경우가 단점이 되겠지요. 고정금리는 이자율이 낮아지더라도 계속 높은 금액을 갚아야 하고, 변동금리는 금리가 오르는 경우 이자 부담이 늘어나게 됩니다. 대부분의 경우 같은 대출 상품일 때 고정금리가 변동금리보다 금리가 높습니다.

어떤 금리로 빌리는 것이 좋은지는 원칙만 말씀드릴 수 있습니다. 이자가 앞으로 오를 것 같으면 고정금리로 빌리는 것이 좋고, 이자가 내릴 것 같으면 변동금리로 빌리는 것이 좋습니다. 이자율이 오를지 내릴지는 보통 한국은행의 기준금리를 따라가고, 한국은행의 기준금리는 경제 상황에 따라 달라집니다. 결국은 앞으로의 경제 상황에 대해 한국은행의 판단이 어떻게 될지를 생각해 봐야 한다는 얘기가 됩니다.

🏧 원금 상환 방식에 따른 구분

원금이 클 경우는 상환 방식이 달라집니다. 대출한 사람은 대출 원금과 대출 이자 두 가지를 갚아야 합니다. 매달 갚는 원금과 이자의 합계 금액을 동일하게 맞춰서 갚는 방식을 **원리금 균등 상환**이라고 합니다. 이자와 원금의 합이 아니라 원금만 매월 동일하게 갚는 방식을 **원금 균등 상환**이라고 합니다. 매월 갚아야 하는 금액만 생각해 보면 원리금 균등 상황 방식은 갚아야 하는 금액이 일정하기 때문에 살림살이를 어떻게 해 나가야 할지 계획을 세우기 좋습니다. 원금 균등 상환 방식은 시간이 지날수록 줄어드는 원금만큼 갚아야 하는 이자도 줄어드는 장점이 있지만 갚아야 할 원금이 많이 남아 있는 초반에는 이자도 상당히 많기 때문에 부담이 커집니다.

대출에 대한 기본 관점이 가장 중요

대출에 대한 내용은 너무 많이 공부하려고 하지 마세요. 왜냐하면 대출 이자는 수시로 변하고 방식도 정부와 은행의 정책에 따라 내용이 자꾸 바뀝니다. 대출이 정말 필요하다면 그 시점에 조건에 맞게 공부하거나 인터넷을 찾아보면서 개념을 잡으신 후에 은행에 직접 방문해 보는 것이 가장 정확합니다.

다만 대출에 대한 우리 가정의 입장을 정하려고 할 때 가장 작은 부분부터 점검하는 것이 필요합니다. 제일 먼저 신용카드부터 확인해 보세요. 우리 집은 신용카드를 얼마나 쓰고 있는지, 신용카드는 꼭 필요한지 따져 보는 것이 대출의 첫 걸음입니다. 그리고 어른들의 직업이 월급을 받는 사람인지, 사업을 하는 사람인지에 따라 대출을 대하는 태도는 달라질 수 밖에 없습니다. 정답은 없습니다. 자기에게 적합한 것이 있을 뿐입니다. 아이들에게도 실제적인 과정에서 어른들의 결정에 대해 조금 더 많이 자주 이야기해 주세요. 그럼 아이가 잘 흡수할 겁니다.

실천하기

아이들이 직접 대출을 경험하게 될 일은 별로 없습니다. 결국 대출에 대한 생각과 내용은 지금 어른들의 상황을 잘 설명하는 것으로 간접 체험하게 해 주셔야 합니다. 어른들이 왜 대출을 했는지 아이들에게 본인의 생각을 잘 대답해 주시는 것으로 충분합니다. 혹시 아이에게 대답할 수 없는 목적의 대출이 있다면 문제가 있는 것일 수 있으니 나중에 한 번 더 생각해서 없애거나 줄이는 것을 고민하시기 바랍니다. 아이들에게는 대출보다 우선은 저금입니다. 그 우선 순위만큼은 어른도, 아이도 바뀌지 않도록 해 주세요. 저금으로 단단해지고 나서 대출을 하면 큰 문제 없이 대출의 힘을 활용할 수 있을 겁니다.

아이와 함께하는
오늘의 재테크 습관 기르기

💰 오늘의 지수를 적고 어제와 얼마나 다른지 표시해 보세요.

코스피   코스닥

유가   환율

💰 아래의 활동을 통해 좋은 대출은 무엇인지 아이와 함께 생각해 봐요.

i 먼저 신용 대출의 일종인 신용카드를 몇 개를 사용하고 있는지, 왜 신용카드를
   사용하는지 등의 주제로 아이와 함께 이야기 나눠 보세요. 신용카드 역시 빚의 한
   종류라는 걸 아이에게 설명해 주세요.

ii 가정에 전세나 집을 사기 위한 담보 대출이 있는지 아이와 함께 이야기해 보세요.
   왜 돈을 빌리기로 결정했는지 아이들에게 설명해 주세요.

iii 대출이 없다면 왜 대출을 하지 않는지 이야기해 보세요.

iv 대출이 있다면 이자율이 얼마인지 확인해 보세요. 예금 이자율과 비교해 보세요.
   어느 이자율이 더 높은지 확인해 보세요.

3
시끌벅적 부동산

이해하기

아이들에게 부동산은 조금 특별한 물건이나 상품으로 이해시키면 좋겠습니다. 특히 우리나라에서는 아파트로 대표되는 집에 대한 관심이 남다르게 높습니다. 아직까지 우리나라에서 부동산을 모르면서 돈에 관심 있다고 하는 것은 어울리지 않습니다. 부동산은 알지만 집으로 돈을 버는 것이 자신의 성향과 맞지 않다는 결정을 내리더라도, 그 결정을 내리는 과정을 위해 부동산에 대한 생각은 가지고 있어야 합니다. 부동산도 크게 보면 투자나 대출과 비슷합니다. 꼭 해야 하는 것이냐는 질문도 중요하지만 나는 어떤 삶을 원하는지를 먼저 고민해야 합니다. 그렇지 않으면 주위에 휩쓸리게 되고 남들과 비교하면서 스트레스를 많이 받게 됩니다. 특히 가족 구성원의 생각이 다르면 갈등도 일어납니다. 부동산은 워낙 여러 사람들이 관심 많고 연관되어 있는 일들이 많다 보니 뉴스에서도 중요하게 다룹니다. 우리나라 경기와도 상당히 밀접합니다. 반면 아이들의 교과 과정에서는 잘 다루지 않습니다. 그러니 아이들의 교육 눈높이도 뉴스에서 하는 이야기가 무엇인지 알 수 있을 정도로 맞추면 좋겠습니다.

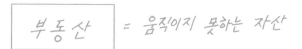

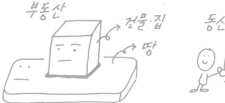

부동산 (특히, 집)이 중요한 이유

사람이
사는 곳이에요

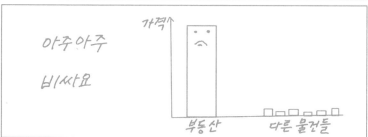

아주아주
비싸요

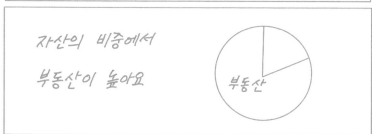

자산의 비중에서
부동산이 높아요

📖 부동산이 뭘까?

부동산은 움직이지 않는 자산이란 뜻입니다. 부동 자세가 움직이지 않는 자세인 것과 같은 표현이지요. 반대말은 부(不)를 떼어낸 '동산'이 됩니다.

움직일 수 있는 자산의 대표적인 것은 현금입니다. 지금 내가 서울에 살고 있다고 해 볼게요. 그런데 갑자기 부산에서 돈을 쓸 일이 생겼습니다. 그럼 서울에 있는 은행에 저금해 둔 돈을 부산에 가지고 가서 사용하거나 카드로 결제하면 됩니다. 현금은 내가 어디에 있는지에 거의 영향을 받지 않고 사용할 수 있습니다. 그래서 움직일 수 있는 동산이라고 합니다. 이번엔 반대로 부산의 내 집에서 살고 있는데 서울로 이사를 와야 합니다. 부산에서 살던 집을 서울로 가지고 올 수 있으면 좋겠지만 불가능합니다. **이렇게 내가 가지고 있는 자산이지만 필요하다고 해서 위치를 옮길 수 없는 것을 부동산이라고 합니다. 그래서 부동산이란 자산의 특징은 '위치'와 뗄 수 없게 됩니다.**

부동산의 대표적인 종류는 집, 건물, 땅입니다. 집은 단독 주택, 빌라, 아파트 등으로 나뉩니다. 이 중에서 뉴스에 가장 많이 나오는 부동산은 결국 아파트입니다. 아이에게 설명할 때는 복잡하고 수익성을 따지기 어려운 건물이나 땅보다 가족이 사는 공간이면서 재테크 수단도 되는 집을 중심으로 얘기하면 좋겠습니다.

부동산이 왜 중요할까?

사람이 살아가는 데 가장 중요한 의식주 중 하나가 집입니다. 거주 공간이라는 단어를 떠올려 보면 대부분의 사람들이 집을 중요하게 생각하고 거주할 곳을 필요로 한다는 것에 이견이 없을 겁니다. 모든 사람에게는 거주 공간이 필요하기 때문에 부동산이 중요하고요.

집은 위치에 따라 태생적으로 가치가 달라질 수밖에 없습니다. 똑같은 구조에 똑같은 높이, 똑같은 브랜드에서 지은 아파트라도 서울과 지방의 아파트는 가격이 달라집니다. 이유는 잘 아실 겁니다. 입지 때문입니다. 이른바 'X세권'이라는 단어로 통칭되는 각종 좋은 입지 조건이 거주지의 가치를 변동시킵니다. 이 '가치'란 것 때문에 집은 상품 및 주요 자산으로서의 역할을 하게 되고 따라서 우리 인생에서 중요한 부분을 차지할 수밖에 없습니다.

마지막으로 모든 나라에서 주요 지역의 부동산은 가치가 매우 높습니다. 우리나라의 특징 중 하나가 수도권 밀집 정도가 매우 높다는 것과 아파트 형태가 매우 일반적이라는 것입니다. 이 두 가지의 특징이 결합돼서 수도권 아파트는 재산으로 가치가 있는 것은 물론이고 환금성이 매우 높은 상품이 됩니다. **환금성은 돈으로 얼마나 쉽게 바꿀 수 있는지를 나타내는 말입니다.** 굉장히 풍광이 좋은 지역에 넓은 땅을 가지고 있더라도 땅을 팔아서 현금화하려면 시간이 오래 걸립니다. 하지만 수도권의 아파트는 다른 어떤 부동산보다 환금성이 좋기 때문에 인기가 높습니다. 또한 아파트는 표준화 및 규격화되어 있어 다른 상품들과 비교하기도 쉽습니다. 결국 수도권의 아파트는 활용도가 매우 높은 상품이란 측면에서 중요합니다.

📑 개인에게 부동산은 사는(live) 문제이자 사는(buy)문제

한국 사람들에게는 여전히 '부동산 불패'라는 신화가 있습니다. 그래서 빚을 내서라도 무리하게 아파트를 사려고 합니다. 결국 수요와 공급의 법칙에 따라 수요가 오르니 가격은 계속해서 오르게 됩니다. 많은 빚을 얻더라도 집의 가격이 계속 오르게 되면 나중에 집을 팔아서 빚을 갚고 나서도 큰 수익을 얻게 됩니다. 아파트를 상품으로 바라보는 관점에서 수도권 아파트는 꼭 가지고 있어야 할 필수 상품이 되었습니다. 사람들의 자산을 나누는 큰 잣대가 되기도 합니다.

사람들의 선택은 결국 빚을 내서 무리하게 좋은 입지의 아파트를 구매할 것인지 또는 아무리 노력해도 안 되니 포기하고 입지가 떨어지는 가격이 싼 곳을 구할 것인지로 나뉩니다. 이미 우리나라에서 아파트는 주거 환경만 생각하면 되는 것이 아니라 상품이자 자산으로서의 기능도 같이 고려해야 하는 대상입니다.

아파트의 입지를 결정하는 중요한 문제 중 하나가 교육입니다. 아무리 힘들어도 아이들의 미래를 위해서 무리한 결정을 내리게 되는 것이 아이를 가진 어른들의 보통 생각일 겁니다. 어른들은 아이가 공부를 못하면 괜히 내가 노력하지 않아서 그런 것은 아닌지 죄책감을 가질 수도 있습니다. 아이가 대학을 못 가고 취직을 못하면 그것도 아이를 위해 좀더 무리하지 않은 어른의 책임이 아닌지 자책하기도 합니다. 정말 그럴까요? 저도 아이를 키우고 있는 입장이라 지금은 확답이 어렵습니다. 맞는 말인 것 같기도 하고 틀린 말 같기도 하거든요. 거주지와 아이의 미래라는 두 가지의 요소만 놓고 생각해 보겠습니다.

우선 아이의 미래가 거주지와 연관이 높다는 것에 동의하는 입장은 '맹모삼천지교'라는 말부터 뿌리가 될 겁니다. 주변 환경에 따라 아이가 관심을 갖는 것이나 집중하는 것이 달라지는 것은 부인할 수 없습니다. 노는 것보다 조금이라도 공부하는 분위기가 잡힌 동네로 이사하는 것이 아이에게 도움이 될 것이라는 자연스러운 결론에 도달하게 됩니다.

공부뿐만이 아닙니다. 어른들은 이미 경험하시겠지만 우리나라에서의 인맥과 학연은 매우 끈질깁니다. 지역색이 별로 없는 수도권이라도 같이 자라는 친구들이 장래에 어떤 위치에 있는지에 따라 아이가 어른이 되었을 때 겪을 환경은 매우 달라집니다. 어른 입장에서는 아이에게 유리한 환경에 가까워질 수 있도록 노력하는 것이 당연해 보입니다. 대출 좀 받고 제가 좀 못 먹으면 어떻습니까? 아이가 잘 된다는데. 저희 부모님은 전쟁을 겪은 세대로 밥을 굶지 않기만 바라는 환경에서도 교육을 시키기 위해서 노력했는데 요즘 밥 굶는 걱정도 많이 없어졌으니 조금 무리한 수준의 대출 정도는 감수하는 것이 당연한 것도 같습니다.

반면에 아이의 미래가 거주지, 무리한 대출과 그리 연관도가 높지 않다는 것에 동의하는 입장도 있습니다. 아이를 특정 지역 학원에 보낸다고 100% 명문대를 들어가는 것도 아니고, 아이가 명문대를 나왔다고 해서 취직이 100% 잘되는 것도 아니며, 아이가 대기업에 취직했다고 해서 100% 임원이 되는 것도 아니고, 무엇보다 이런 코스를 모두 지냈다고 해서 아이가 행복하다는 보장은 없습니다. 다만 이런 삶의 궤적을 따라서 맞춰 가면 적어도 사회에서 뒤쳐진다는 느낌 없이 보통 사람들이 말하는 성공에 가까워질 확률이 높아질 '가능성'이 생기는 것이지요. 무리한 대출을 갚기 위해 어른들은 어떻게든 돈을 벌고 아이들을 학원에 보내면서 공부시키려고 합니다만, 그렇게 산들 정말 아이가 행복할지는 아무도 모른다는 겁니다.

이렇게 말하면 사람들은 "그래서 너는 어떻게 하는데?"라고 묻고 싶으실 겁니다. 저는 아이가 잘하고 행복해하는 것을 찾아 주고 싶습니다. 집은 꼭 갖고 싶지만 무리해서 사고 싶지는 않습니다. 이렇게 말하니 마치 초연한 사람인 것 같지만 아닙니다. 저 역시 무리한 대출을 해서 집을 샀습니다. 제가 드리고 싶은 말씀은 집을 사라, 말라는 답을 남에게 들으려 하지 말고 스스로 정해야 한다는 겁니다. 그리고 이 결정은 혼자 하시면 안 되고 가족과 같이 상의해야 합니다. 아이가 정말 공부를 싫어하고 누가 봐도 공부 말고 다른 재능이 있다면 그에 맞춰서 집을 결정해도 됩니다. 아이가 공부에 재능과 욕심이 있으면 꼭 집을 사지 않더라도 교육 환경이 좋은 지역에서 살 수 있는 방법을 찾을 수 있습니다.

아이들에게 돈과 친해지는 공부를 시켜야 한다는 말씀을 계속 드리는 이유도 결국은 **자기에게 얼마의 돈이 있으면 좋을지 모르기 때문에 무조건 많이 벌어야 한다는 생각에 휘둘리게 되고,** 돈이 없으면 모든 것에서 뒤쳐진 것처럼 느끼게 될 수 있기 때문입니다. 돈과 친해지는 것과 돈을 많이 버는 것은 다릅니다.

정부의 정책은 어떻게 해도 욕을 먹게 되는 구조

집값이 너무 오르게 되면 정부에서는 부동산 규제를 합니다. 그래서 집값이 떨어지게 되면 경제를 망치고 있다고 정부를 욕합니다. 정부에서 부양책을 써서 부동산 경기를 띄워 집값이 오르면 집값이 너무 올라서 국민을 죽이는 일이라고 정부를 욕합니다.

부동산 정책에 관해서는 자신의 입장에 따라 목소리를 내셔야 합니다. 다른 사람의 입장 또는 되고 싶은 사람의 입장에서 얘기하는 것은 어리석은 일입니다. 그저 남 얘기를 하면서 스트레스를 해소하고 자신의 불행을 정책이나 타인에게 전가하기 위한 편한 방법일 뿐입니다.

그럼에도 정부의 정책은 늘 주의 깊게 보셔야 합니다. 적어도 집을 가지고 있거나 집을 살 생각이 있으시다면 정부 정책은 매우 중요한 요소가 됩니다. 상황에 따라 조금씩 다르기도 하지만 통상적으로 정부의 정책과 현상을 정리해 보면 다음과 같습니다. 우선 대출을 쉽게 하면 집 거래가 늘고 집값이 오를 가능성이 높습니다. 반대로 대출을 어렵게 하면 집 거래가 어렵고 집값이 오르기 힘듭니다. 부동산 관련 세제를 강화하면 거래가 줄어듭니다. 거래가 줄어들면 경기가 침체될 가능성이 높습니다. 부동산 관련 세제를 완화하면 거래가 늘어나면서 경기가 부양됩니다. 정부에서 신도시를 짓거나 전철 노선 등을 신설하면 해당 지역의 가치가 상승하게 됩니다. 재건축 규제를 강화하고 옥죄면 재건축이 필요한 단지의 가격은 하락합니다. 도심의 일부 지역을 재개발하면 해당 지역은 가치가 오르고, 재개발이 취소되면 해당 지역의 올랐던 가치는 도로 내려갑니다.

부동산 경기는 다른 사회의 모든 산업에도 관련되어 있습니다. 대표적으로 건설업과 금융업이 민감합니다. 시중에 돈이 많이 풀려 있는데 특정 지역의 규제를 강화하면 다른 지역이 요동치는 풍선 효과가 생깁니다. 부동산을 억누르니 주식 시장으로 돈이 몰려서 주가가 특별한 이유 없이 올라갈 수도 있습니다.

집에 대한 자신의 생각 정하기

우리나라의 부동산은 복잡하고 어렵습니다. **어렵고 혼란스러울수록 자신의 생각대로 실행하는 사람에게 기회가 올 가능성이 더 있을지 모릅니다.** 모두가 아파트를 고집할 때 조용한 동네의 단독 주택을 매입해서 살다가 그 지역이 재개발되면서 수익을 얻을 수도 있습니다. 모두가 집값이 내린다고 할 때 꼭 집을 갖고 싶어서 집을 샀는데 오를 수도 있습니다. 물론 반대 상황도 있겠죠. 그래서 소신이 필요합니다.

외환 위기 때 주가가 반토막 나고 나라가 망한다고 하면서 집값이 엄청나게 하락했습니다. 그때 제 친구는 집을 샀습니다. 이유는 매우 간단했습니다. '지금 아니면 나는 앞으로 집을 가질 기회는 없을 것 같다'는 매우 현실적인 판단이었습니다. 그때 샀던 집을 기반으로 몇 번의 매매를 했지만 여전히 집주인입니다. 저는 결혼하면서 집주인으로 시작했습니다. 대출을 많이 받고 열심히 맞벌이하면서 갚았죠. 그러다 리먼 사태가 터졌을 때 집값의 대세 상승은 끝났다고 생각해서 팔았습니다. 제가 판 그 집의 가격은 지금 두 배 이상이 되어 있죠. 이후로 저는 집과 관련된 발언권이 사라졌습니다. 최근에 무리하게 대출을 받아서 집을 산 것도 제 결정이 아니라 아이 엄마의 결정이었습니다. 제 선택권은 아이 엄마가 골라 준 지역 중 어느 지역이 좋겠다고 의견을 말하는 정도이지 집을 살지 말지에 대한 결정권은 없었습니다.

구매하기 위한 집을 알아볼 때 아이를 데려가지는 않았지만, 왜 그곳의 집을 구매하는 결정을 했는지 말해 줬습니다. 아이가 그 이유에 깊이 공감하는 것으로 보이지는 않습니다. 그냥 아이 엄마가 좋다고 하니 같이 좋아하고 있습니다. 그리고 곧 이사를 갈 것이라는 이벤트에 더 흥분했습니다. 어떻게 자기 짐을 쌀 것인지 궁리하고, 이사 가기 위해서 내놓은 전셋집에 사람들이 찾아와서 둘러보고 가는 것을 더 즐기더군요. 저녁이 되면 아이는 저에게 일일이 말을 해 줬습니다. "집 안 나갈 것 같아. 다른 동의 집이 더 좋대" 전셋집을 빼야 하는 저는 당황스러웠지만 그래도 관심을 갖는 아이가 기특했습니다. 아이가 집을 산 이유를 기억해 주면 좋겠다는 생각에 이사를 마치고 왜 이 동네로 이사 왔는지 물어봤습니다. 두 가지 목적 중 하나는 명확히 알고 있더군요 "학원 때문이잖아. 이 동네 학원은 걸어 다닐 수 있어서 좋아" 아이가 기특하면서도 '재건축하면 우리 집 가격이 많이 오를지 몰라'라는 속물적인 생각도 지우진 못했습니다.

이번에는 아이에게 대출 상환하는 모습을 보여 주는 것이 목표입니다. 대출 조건이나 상품은 몰라도 됩니다. 집을 살 때 어른들이 모여서 매우 심각하게 돈 얘기를 해야 한다는 것 정도는 알게 되기를 바랍니다.

이사 한 후에는 동네를 같이 걸으면서 돌아다니고 있습니다. 아이는 또 여러 가지를 배우게 되겠죠. 이 동네는 학원도 많고 가게도 많구나, 머리 위로 비행기가 많이 지나다니는구나, 전철역이 있구나, 주차장은 부족하구나, 공원이나 도서관이 있구나 등등등.

아이의 생각은 경험이라는 양분을 먹고 자랄 겁니다. 제가 원하는 방향으로 자라지 않을 수도 있지만 아이에게 가장 적합하게 자랄 겁니다. 그러니 집을 갖고 싶은지 아닌지부터 어른들이 먼저 정하시면 좋겠습니다. 집을 가지고 있어야 불안함이 없어지면 비싼 아파트가 아니더라도 집을 구매하는 것을 목표로 하세요. 집을 살 필요가 없다고 생각하시면 생활 편의를 더 높은 가치에 두고 살면서 다른 곳에 투자를 하시면 좋겠습니다.

집을 갖기로 했다면 집으로 재산을 늘리고 싶은 것이 다른 투자에 비해 어느 정도의 우선순위인지 생각해 보세요. 집으로 재산을 늘리는 것이 우선순위라면 더 열심히 더 공격적으로 부동산 공부를 시작하세요. 그렇지 않다면 다른 가치에 투자하기 위해서 시간을 배분하고 노력하시면 됩니다. 집값이 오르면 좋지만 집값이 행복과 동일한 단어는 아닙니다.

실천하기

아이들에게는 집에 대한 일반적인 상황을 알려 주고 공유하면서 집에 대한 생각을 다듬도록 해야 합니다. 가장 좋은 방법은 집에 대해서 아이와 이야기해 보는 것입니다. 아이에게 왜 이 집에서 살고 있는지에 대해서 어른들의 생각을 알려 주고 다른 곳에 살고 싶다면 어떤 곳에서 살고 싶은지 아이와 이야기를 해 보시면 좋겠습니다. 어른들의 생각이 그대로 아이들에게 전달될 것입니다. 그러니 집에 대해 이야기할 때 자산의 측면과 거주의 측면 모두를 세심하게 챙겨 주시기 바랍니다. 아이에게 자신만의 방이 있으면 좋겠는지, 2층집이 좋을지, 주변에 뭐가 있으면 좋을지도 같이 이야기하고 집을 사려면 큰돈이 필요해서 대출이 필요하다는 것도 알려 주세요.

아이와 함께하는
오늘의 **재테크 습관** 기르기

🪙 오늘의 지수를 적고 어제와 얼마나 다른지 표시해 보세요.

코스피   코스닥

유가   환율

🪙 아래의 활동을 통해 투자로서의 <u>부동산</u>에 대해 함께 생각해 봐요.

i 우리가 살고 있는 집에 대해서 아이와 함께 이야기해 봐요. 살 집을 정할 때 어떤 점이
   중요한가요? 아이와 어른이 서로 중요하다고 생각되는 기준을 적어 보세요

   tip 아이들은 방의 크기, 개수, 놀이터나 학교 근처 환경 등등 어른들과 다른 이야기를
   할 수 있습니다. 그때 아이들의 이야기를 충분히 들어 보세요. 그리고 어른들이 생각하는
   우선순위도 아이들에게 전달해 보세요. 예를 들면 교통이 편한 곳, 학원이 가까운 곳, 주변에
   공원이나 문화 시설이 많은 곳 등이 왜 중요한지 알려 주세요.

ii 지금 살고 있는 집주인은 누구인지 아이와 함께 이야기해 봅시다. 우리 가족이
   주인이라면 왜 이 집을 샀는지 아이에게 설명하고, 집을 사는 것에 대해 아이는
   어떻게 생각하는지 물어보세요.

iii 지금 살고 있는 집주인이 우리 가족이 아니라면 왜 이 집에서 살기로 했는지 함께
    정리해 보고 아이도 그 의견에 동의하는지 물어보세요.

iv 아이에게 살고 싶은 동네가 있는지 물어보세요. 어른과 아이가 함께 좋아하는 곳을
   정하고 그 동네의 집값을 알아보세요. 금액이 얼마인지 적어 보고 읽어 보세요.

   tip 아이들에게 집이 매우 비싼 것이라는 것을 알려 주기 위한 목적입니다. 가능하면
   아파트로 정해야 포털에서 검색이 편합니다.

v 살고 싶은 동네의 아파트 가격이 얼마나 오르고 내렸는지 알아보세요. 최근 1년에서
   최대 3년 정도를 살펴보시기 바랍니다.

4

경제 뉴스 바로 읽는 방법

이번 장에서는 뉴스 기사가 무엇인지부터 미디어에 대한 일반적인 개념 등을 설명하겠습니다. 그리고 그 중에서도 **경제 기사**는 무엇을 의미하며 어떻게 만들어지고 유통되는지 알아보겠습니다. 경제 기사를 봐야 하는 이유와 그 기사에서 얻어야 할 것들은 무엇이 있을지도 생각해 보겠습니다. 경제 기사를 읽을 때 가장 중요한 점은 경제 상황에 대한 '사실'을 알아내고 판단을 참고하는 것이지 경제 기사의 예측을 믿는 것이 아닙니다.

최근에는 **신문 기사** 형태가 아닌 다양한 뉴미디어들이 나와서 관심만 가지면 쉽게 많은 정보들을 얻을 수 있습니다. 대표적인 것이 <u>유튜브</u>와 <u>팟캐스트</u>, 그리고 최근 유행하고 있는 <u>뉴스레터</u>입니다. 이런 새로운 매체 외에도 커뮤니티나 전통적인 연구소와 애널리스트들이 분석해서 내놓는 자료들 역시 경제를 바라보는 데 많은 도움이 됩니다. 아이들에게 경제 기사를 읽게 하는 것은 영어 책을 읽게 하는 것만큼이나 어렵지만 영어 책만큼이나 중요하다고 생각합니다.

경제뉴스 = 잘 수확한 음식

세상에는 너무
많은 일들이 있어요

기자

잘 고른 음식
(= 뉴스)

전달수단

○○일보
신문

TV

Book
책

유튜브

팟캐스트

인터넷

생각해 보기

📃 기사는 무엇이고, 누가 만들까?

어른들은 뉴스를 참 많이 봅니다. 제가 어렸을 때만 해도 뉴스를 볼 수 있는 수단은 매우 제한적이었습니다. 대표적인 것이 종이 신문이었고, 그보다 조금 친밀했던 것은 TV 뉴스였습니다. 특히나 남자 어른들이 모여 있는 곳에 가면 항상 종이 신문이 쌓여 있었고 좀 더 사회에 관심이 많거나 공부를 많이 했다는 분들일수록 두껍고 작은 글씨로 가득한 잡지를 보는 경우가 많았습니다. 요즘은 많이 달라졌습니다. 가장 크게 달라진 점은 스마트폰으로 언제, 어디서나 볼 수 있다는 것과 기다리지 않아도 최신 뉴스를 볼 수 있다는 것입니다.

기사라는 것은 기자가 만들어 낸 새로운 소식입니다. 기자는 뉴스를 만들어 내는 전문직으로 일반 사람들이 접근하기 어려운 자료와 정보원을 활용해 일반인들이 알기 어렵지만 중요한 내용들을 쉽게 풀어내는 능력을 가지고 있습니다.

최근에는 전문직으로서의 기자에 대한 평가가 많이 달라지긴 했습니다. 그럼에도 여전히 주요한 언론사에서 만든 기사들은 경제를 공부하고 이해하는 데 많은 도움을 줍니다. 기자들은 우리가 직접 알아봐야 할 정부의 정책, 기업의 움직임, 해외 시장의 움직임, 사람들의 소비 행태, 발표 자료나 데이터 등을 알기 쉽게 정리해서 기사로 만들어 줍니다. 읽는 사람 입장에서 기사란 결국 알아야 할 중요한 내용들을 알기 쉽게 정리한 최신 소식이라고 볼 수 있습니다. 그러므로 경제를 잘 모르는 사람에게 경제 기사는 최적의 교과서입니다.

경제 기사를 봐야 하는 이유

경제 기사를 보는 이유는 여러 가지가 있습니다. 다른 무엇보다 제가 경제 기사를 추천하는 이유는 객관적인 사실을 쉽게 알 수 있기 때문입니다. 아무리 정치적인 견해가 들어간 기사라도 그 안에 들어 있는 경제 지표와 관련된 내용들은 사실의 조각을 담고 있습니다. 경제 기사를 보는 사람들은 사실의 조각들을 모아서 자신만의 판단을 해야 합니다. 물론 경제 지표를 왜곡하거나 꼬아서 내용을 만드는 일부 기사들도 있습니다. 이럴 때 함정에 빠지지 않기 위해 여러 매체와 채널의 기사를 같이 봐야 합니다. 그래야 자신의 판단을 단단하게 만들 수 있습니다.

경제 기사를 봐야 하는 다른 이유는 나의 생각이 아닌 다른 사람들의 생각을 엿볼 수 있기 때문입니다. 경제는 수학처럼 움직이지 않습니다. 수학 공식 가득한 내용으로 분석하고 해석해도 결과는 엉뚱하게 나올 수 있습니다. 이유는 사람들의 마음이 결정한 대로 결론이 흐르기 때문입니다. 사람들의 결정은 계산기처럼 움직이지 않습니다. 대표적인 것이 주식 시장입니다. 주식이 오를 이유가 없더라도 사람들이 오른다고 믿으면 주가는 오릅니다. 주식이 떨어질 이유가 없어도 사람들이 내릴 것이라고 믿고 주식을 팔면 주가는 내려가게 되어 있습니다. 아무리 내가 오른쪽이라고 생각해도 더 많은 사람들이 왼쪽이라고 하면 왼쪽으로 움직이게 됩니다. 경제 기사를 통해 내 생각을 계속해서 비교해 봐야 합니다. 기자의 손끝에서 나오는 이야기일지라도 그 이야기에 동의하는 사람이 많아야 시장은 그 방향으로 움직입니다. **경제 상황에 대한 사실과 다른 사람들의 생각을 알 수 있기 때문에 경제 기사를 꾸준하게 보는 것이 중요합니다.** 아시다시피 사람들의 생각은 한 방향으로 계속해서 움직이기도 하지만 수시로 변하는 경우가 더 많기 때문입니다.

📑 경제 기사를 읽을 때 주의할 점

경제 기사를 봐야 하는 이유로 두 가지를 말씀드렸습니다. 경제에 대한 객관적인 사실의 조각과 다른 사람들의 생각을 알기 위해서라고요. 따라서 경제 기사를 볼 때는 매우 건조하게 보셔야 합니다. 건조하게 본다는 의미는 감정을 최대한 배제하고 사실과 정보를 분리해 낼 줄 알아야 한다는 이야기죠. 그러나 사실 저도 잘 못합니다. 기사를 잘 쓰는 기자일수록 읽는 맛이 나도록 글을 씁니다. 음식 맛에 취하면 그 음식이 어떤 재료로 만들어진 것인지 잊어버릴 때가 있잖아요.

경제 기사에서는 최대한 감정적인 내용들은 지우셔야 합니다. 예를 들어 부동산과 관련된 기사에서 '오래 살던 집에서 내쫓겨야 할 상황이 된 노인'의 이야기가 나올 때 그 노인이 정말 억울한 일을 당한 것인지 아니면 충분히 가진 사람이 하는 투정인지를 골라낼 줄 알아야 합니다. 노인, 평생, 쫓겨남이란 단어에 끌리면 실체보다 누가 왜 이런 나쁜 짓을 하는지로 생각이 옮겨 가게 되기 때문입니다.

쉽지 않다는 것을 잘 압니다. **그래서 항상 경제 기사를 읽을 때 사례로 등장하는 사람들의 사연을 읽으면서 현재 내 상황과 비교해 봐야 합니다.** 내가 그 사람과 같은 형편에 처해 있는 경우인지, 혹은 전혀 다른 위치에 있는 상황인지 생각해야 기사를 바로 볼 수 있게 됩니다. 예로 든 기사의 노인이 알고 보니 건물을 여러 채 가지고 있으며, 집도 투기 목적으로 구매해서 가지고 있는 경우일 수도 있습니다. 경제 기사는 자기의 경제 상황에 따라 전혀 다르게 읽힙니다. 그러니 항상 자신의 상황과 비교해 보도록 주의해 주세요.

주의할 또 다른 점은 내용에 공감하더라도 기사의 판단을 그대로 믿어서는 안 된다는 점입니다. 기사를 만들 때 기자들도 여러 전문가의 의견을 듣습니다. 그리고 기사의 속성상 평범한 내용보다는 조금이라도 자극적인 내용을 더 선호하죠. 기자를 욕하려고 하는 말이 아니라 사람들이 가진 본능 때문입니다. '기레기'라 불리는 기자들을 위한 변명을 하자면, 사람들은 평범함이 가득한 다큐멘터리보다 판타지가 섞인 드라마를 더 많이 본다는 것을 알기 때문에 기자들도 사람들의 눈길을 끌기 위해 조금씩 더 자극적인 것을 찾게 된 겁니다.

기사가 넘쳐나는 우리나라 환경에서는 읽는 사람들이 좀 더 현명하게 봐야 할 수밖에 없습니다. 기사는 참고 자료입니다. 특히 경제나 산업, 기업에 관련된 미래 전망 기사는 한 번 더 생각하고 본인의 판단을 정리해야 합니다. 아이와 함께 쉬운 경제 기사를 꾸준히 보면서 어른도 아이도 이런 연습을 해 봐도 좋겠습니다.

💵 경제를 알기 위한 다른 채널들

텍스트로 만들어진 뉴스는 장점이 분명합니다. 무엇보다 시간을 절약할 수 있습니다. 텍스트 기반의 기사는 내가 읽고 싶은 부분만 읽기에 편리합니다. 대신, 어렵습니다. 기사가 낯설고 어렵다면 다른 채널의 콘텐츠를 추천합니다. 경제에 대해 설명해 주는 팟캐스트나 유튜브를 구독하면 좋겠습니다.

팟캐스트의 장점은 다른 일을 하면서도 들을 수 있는 것이고, 유튜브의 장점은 필요한 것만 검색한 후에 시각과 청각 모두를 활용해서 종합적으로 정보를 습득할 수 있다는 점입니다.

저는 기사와 더 친근한 제 환경 때문인지 유튜브를 좋아하거나 신뢰하지 않았습니다. 유튜브는 시간을 보내기 위한 오락용이지 학습용은 아니라고 여겼는데 최근에는 생각이 조금 바뀌었습니다. 옆에서 유튜브를 보면서 변해 가는 사람을 직접 봤기 때문입니다.

아내의 회사는 코로나가 확산되자 전면적인 재택근무로 전환했습니다. 평소라면 아이 등교와 본인 출근을 위해 허둥지둥해야 할 시간에 여유롭게 실내 자전거를 타면서 유튜브를 시청하더군요. 왜 그런가 했습니다. 아이 엄마는 아직도 정기예금 금리와 정기적금 금리의 차이를 잘 설명하지 못합니다. 주식 투자도 해 본 적이 없었습니다. 그랬던 사람이 집을 사야겠다는 목표가 생기자 갑자기 학습 모드에 돌입했습니다. 집을 꼭 사야겠다는 이야기를 꺼낸 것이 2020년 여름 정도였고 집을 산 것이 그 해 연말쯤 되니 약 6개월이 걸렸다고 볼 수 있겠네요. 아침에 출근 준비를 하면서 힐끔 보면 아내는 부동산 관련 이슈를 설명해 주는 유튜브를 틀고 열심히 듣고 있었습니다. 대출금을 갚을 때 중도상환 수수료가 뭔지 모르던 사람이었으나 이번 계약할 때는 저와 위치가 완전히 바뀌었습니다. 제가 설명하던 관계였는데 이번에는 아내가 유트브에서 학습한 내용을 확인하고 계약할 때 적용하도록 실행하는 사람으로 달라졌습니다.

이번에 서울에서 집을 사려고 하니 자금조달계획서라는 것을 작성하라고 합니다. 아내는 복잡하고 번거로운 자금조달계획서를 위한 준비물과 작성 중 주의사항을 체크했고 언제, 어떻게 서류를 준비할지 계획을 혼자서 다 세웠습니다. 저는 시키는 대로 움직이기만 했죠. 주택담보대출을 위한 준비 서류도 참 많습니다. 그 서류 준비는 물론이고 어느 은행이 저렴한지까지 다 알고 있었습니다. 제가 알려 준 적이 없는데도 말입니다. 변화된 이유는 유튜브를 열심히 본 것 때문입니다. 간간히 제게 링크를 보내서 영상을 확인하라고 하고, 잘 모르는 것을 저에게 물어보긴 했으나 유튜브도 충분한 학습 도구가 될 수 있다는 것을 알게 해준 사건입니다.

경제 기사 어려우시죠? 그럼 목표 하나를 정하세요. **주식 또는 펀드 투자를 하겠다고 결심하신 후에 종목을 정하고 그 다음 유튜브를 검색해서 관련된 내용을 시청하시면 됩니다.** 검색도 다양한 채널을 병행하셔야 합니다. 대박 수익을 얻게 해 주는 종목을 추천해 준다는 곳 말고 일반적으로 경제를 분석하고 설명해 주는 괜찮은 유튜브 채널들이 많습니다. 원하는 내용은 충분히 익히실 수 있습니다. 잘 모르겠다면 경제 관련해서는 '삼프로TV'와 '슈카월드'를 우선 시청해 보세요. 가장 대중적으로 알려진 곳들 중 하나입니다.

유튜브를 시청하니 아이도 옆에서 같이 보게 되더군요. 그래서 장점과 단점이 생겼습니다. 아이도 경제와 관련해 뭔가 나름의 정보를 얻더라고요. 대신 아이도 밥 먹을 때조차 눈을 떼지 못하는 자기만의 유튜브 게임 채널이 생겨 버렸습니다.

경제 기사와 친해지면 돈과 친해진다

경제 기사의 핵심은 돈의 흐름과 시장에 대한 분석입니다. 처음에는 어색하고 낯설고 거북할지 몰라도 쉬운 채널부터 차근차근 듣기 시작하면 곧 익숙해지고 많은 정보들을 얻게 되실 겁니다. 유튜브로 맥을 잡고 경제 기사로 확인하고 커뮤니티에서 다른 사람의 의견을 같이 보면 얼추 균형을 잡을 수 있게 됩니다. 여기서 중요한 점은 작더라도 명확하게 자신의 목표를 설정해야 한다는 것입니다. 아이 엄마에게 집을 사야겠다는 목표가 없었다면 여전히 경제에 관해 관심이 없었을 겁니다. 막연하게 돈을 벌겠다는 것이 아니라 어떤 종목, 어떤 상품으로 돈을 벌고 싶은지를 정해야 도움이 됩니다. 그러면 자연스럽게 경제 기사와 친해지고 투자에 대해서도 감이 잡히실 겁니다.

아이와는 어떻게 해야 할까요? 이번에도 저희 집 얘기를 예로 들고 싶습니다. 그냥 아이와 같이 유튜브를 보세요. 아이가 무슨 얘긴지 모르더라도 같이 보면 됩니다. 아이들은 어른들이 관심 갖는 것에 같이 관심을 보이는 경향이 높습니다. 그리고 아이들의 학습 능력은 불가사의할 정도입니다. 관심 없어 보여도 분명히 남는 것이 있을 겁니다. **어른들의 학습이 끝났다는 생각이 들면 아이를 대상으로 설명해 보고 아이와 함께 의견을 나눠 보세요.** 보통은 서로 깔깔거리고 웃으면서 끝나겠지만 어느 때는 아이의 의견에서 깊은 통찰을 배우실 수도 있을 겁니다. 자연스럽게 아이도 돈과 친해지고 경제와도 친해지게 될 거고요. 남은 것은 실천입니다. 너무 겁먹지 말고 작은 목표 하나를 세우세요.

실천하기

경제 기사 읽기가 부담스럽다면 경제 관련 유튜브 시청부터 하면 좀 쉬울 겁니다. 유튜브를 보기로 마음 먹었다면 시간을 정하고 아이와 함께 같이 공부하는 습관을 들이는 것이 필요합니다. 아이에게 어른들이 보는 유튜브를 같이 보자고 하는 것은 힘들 겁니다. 그때 아이에게는 읽고 싶은 책을 읽거나 아이에게 도움이 될 만한 유튜브 채널로 뭔가 배우도록 해 주세요. 우선은 아이와 같은 시간에 공부를 하는 습관을 들이는 단계니까요. 어른들이 먼저 경제 관련 지식을 쌓고 틀이 잡혔다는 생각이 들면 그때 아이와 같이 경제 이야기를 시도해 보세요. 이 책에 있는 '생각해 보기'를 읽고 '실천하기'를 하나씩 천천히 함께 해 보는 것도 좋은 대안이 될 겁니다. 아이가 충분히 글을 읽을 수 있다면 유튜브 말고 신문을 구독하는 것도 좋은 방법입니다. 어른이 먼저 신문을 읽어 보고 쉽고 짧은 기사를 같이 읽어 보거나 어린이 경제 신문도 있으니 하나 구독하셔도 좋습니다. 목표와 일정 그리고 느긋한 실천력이 필요합니다.

아이와 함께하는
오늘의 재테크 습관 기르기

🪙 오늘의 지수를 적고 어제와 얼마나 다른지 표시해 보세요.

코스피   코스닥

유가   환율

🪙 아래의 활동을 통해 경제 기사를 보는 이유와 활용 방법을 아이와 함께 생각해
   봐요.

ⅰ 우리 집에서는 어떤 방법으로 경제 기사를 보는지 아이와 함께 이야기해 보세요.
  신문 구독, 포털 뉴스, TV 등 다양하게 활용할 수 있는 방법을 어른들이 알려 주세요.

ⅱ 아이들과 함께 어떤 내용을 공부할지 목표를 정해 보세요. 경제학적인 지식보다는
  좀 더 구체적인 목표를 정하시는 게 좋아요. 예를 들면 삼성전자 주식 투자로 돈을
  벌겠다든가 집을 사서 이사하겠다, 혹은 올해 해외 시장에서 돈을 벌겠다 등의
  목표를 세울 수 있을 겁니다.

ⅲ 경제를 학습할 수단을 정해 보세요. 개인적으로는 검색이 가능한 유튜브나 신문사
  사이트 또는 포털 사이트를 추천드립니다. 팟캐스트는 검색이 좀 어렵습니다.

ⅳ 수단을 정했으면 언제 아이들과 함께 공부할지 계획표를 짜 보세요. 이때 아이도
  같이 보면 좋겠지만 어려울 겁니다. 억지로 같이 하자고 하지 마시고 아이에게 적당한
  목표를 주세요. 책 읽기나 아이가 좋아할 만한 내용의 학습용 유튜브 채널을 골라
  주세요. 아이가 어른과 함께하는 공부에 익숙해지고 어른들도 뭔가 설명할 수 있을 것
  같은 자신감이 생기면 가벼운 주제부터 경제 이야기를 시작하세요.

5
스마트폰이 바꾸는 돈

이해하기

기술의 발전은 우리의 금융 수단을 굉장히 많이 바꾸고 있습니다.

특히나 금융은 대표적으로 모바일로 넘어가고 있는 영역으로 앞으로 스마트폰에서 벌어지는 금융 서비스를 모르면 아이와 대화가 안 될지도 모릅니다. 어른들에게 모바일은 선택일지 몰라도 아이들에게는 태어날 때부터 주어진 일상이기 때문입니다. 힘들더라도 어른들이 먼저 경험하고 배워서 아이들에게 알려 주셔야 합니다. 그래야 장점을 더 잘 활용하고 아이들이 나쁜 유혹에 빠지지 않도록 막을 수 있습니다.

이번 장에서는 카카오 뱅크로 대표되는 <u>인터넷 전문 은행</u>과 신용카드 시대를 지나 카드가 없어지는 <u>페이 서비스</u>, MTS로 대표되는 <u>주식</u>, 각종 포인트, 게임과 <u>구독 서비스</u>, 마지막으로 <u>암호화폐</u>나 <u>피싱</u>까지 이야기해 보려고 합니다. 각 항목들을 깊고 자세하게 이야기할 수는 없겠지만 대략적인 내용을 알고 계시면서 아이들에게 주의를 주는 것이 필요할 것 같습니다.

스마트폰이 세상을 바꿔요

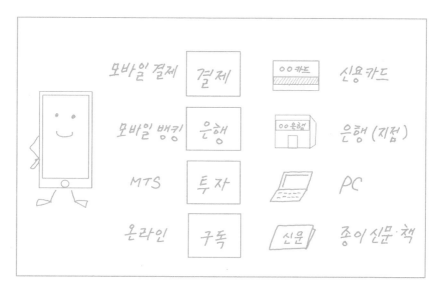

모바일 결제	결제	○○카드 신용카드
모바일 뱅킹	은행	○○은행 은행 (지점)
MTS	투자	PC
온라인	구독	신문 종이 신문·책

편리한 만큼 조심해야 돼요

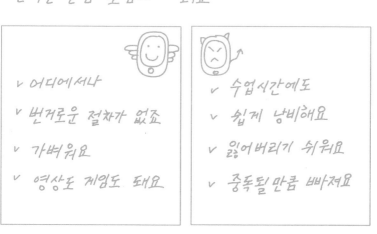

- ∨ 어디에서나
- ∨ 번거로운 절차가 없죠
- ∨ 가벼워요
- ∨ 영상도 게임도 돼요

- ∨ 수업시간에도
- ∨ 쉽게 낭비해요
- ∨ 잃어버리기 쉬워요
- ∨ 중독될 만큼 빠져요

📖 원칙이 있습니다

어른들은 세상을 오래 사셨기 때문에 세상에도 굴러가는 원칙이 있다는 것을 알 겁니다. 제가 생각하는 가장 큰 원칙은 "세상에 공짜는 없다"입니다. 항상 내가 얻는 것과 잃는 것의 크기를 비교하면서 선택해야 합니다. 아이들은 아직 알기 어렵습니다. 대부분의 아이들은 어른들의 대가 없는 사랑과 관심을 받으면서 자라기 때문입니다.

기술이 발전하면서 금융 환경은 전체적으로 '편의성'이 올라가는 대신 '보안성'은 낮아지는 형태로 바뀌고 있습니다. 사람들은 편해지는 것을 선호합니다. 그렇기 때문에 큰 방향을 바꿀 수는 없습니다. 지금의 할머니, 할아버지들은 지금의 아저씨, 아주머니들에게 TV 조심, 차 조심해야 한다고 말했지만 TV도, 자동차도 더 늘어났습니다. 아이들에게 스마트폰은 당연한 세상입니다. 그러니 금지하려고 하지 마시고 잘 대응할 수 있도록 이끌어 주셔야 합니다.

📖 아이보다 먼저 익숙해져야 할 인터넷 은행

인터넷 은행의 특징은 여러 가지가 있습니다만 제가 강조하고 싶은 것은 비대면으로 이루어진다는 점과 공동인증서(옛 공인인증서)가 없다는 점입니다. **계좌 개설과 각종 거래에서 사람이 관여하지 않게 됩니다.** 가장 대표적인 카카오뱅크를 예로 들면, 계좌 개설부터 대출, 예금 가입과 해지, 이체 등 모든 일들에서 사람이 끼어들지 못합니다. 그렇기 때문에 은행 창구 직원의 기지로 피싱 피해를 막았다는 등의 이야기는 기대하지 않으셔야 합니다. 큰 금액을 거래할 때는 OTP 같은 추가 보안 수단이 필요하지만 적은 금액은 매우 간단한 비밀번호 입력으로 끝납니다. 그래서 거래하는 사람 스스로가 보안에 매우 신경을 써야 합니다.

카카오뱅크의 경우 일정 나이가 될 때까지는 계좌를 개설할 수 없습니다. 그 사이 어른들이 먼저 익숙해져야 합니다. 첫째로 계좌 개설을 해서 사용해 보시길 강력하게 추천드립니다. 개인적으로 공인인증서가 없어지는 것은 찬성하지만, 이로 인해 아이들이 안전장치 없이 돈을 보내고 받을 수 있는 환경에 노출되는 것은 걱정입니다. 그러니 어른이 먼저 익숙해지셔야 필요한 부분에 대해 주의를 줄 수 있습니다. 둘째로 이제 아이들에게는 스마트폰이 곧 지갑이나 마찬가지인 세상이 된다는 것을 인정하셔야 합니다. 스마트폰에 대한 서비스나 활용에 익숙해지는 것이 필요합니다. 어른들이 먼저 스마트폰 속 다양한 상품들을 이용해 보면서 아이들에게 알려 주셔야 합니다.

인터넷 은행이 나쁜 점만 있는 것은 아닙니다. 제가 개인적으로 매우 좋아하는 상품이 있습니다. 26주 적금이란 것인데 적금은 매월 적립해야 한다는 상식을 깼습니다. 매주 1,000원부터 금액을 증액하면서 6개월만 적립하면 만기가 돌아옵니다. 적금에 대한 부담이 줄어들고 돈을 모으는 루틴을 만드는 데 아주 유용했습니다. 정기 예금을 하면 실시간으로 이자가 올라가는 것을 보여줍니다. 당연히 동기부여가 되어 상품을 지속적으로 유지하는 데 도움이 되었습니다. 저금통이라는 기능도 있어서 제 통장에 들어있는 자투리 금액들도 자동으로 저금으로 전환시켜 줍니다.

시중 은행들도 인터넷 은행의 서비스들에 맞춰서 여러 가지를 바꿔가고 있습니다. 인터넷 은행은 아이들에게는 당연한 일이 될 겁니다. 그러니 어른들께서 지금 가입해서 여러 가지 서비스를 즐기듯이 이용해보시기 바랍니다.

🪙 신용카드도 구식, 이제는 페이 서비스

지갑을 두고 왔을 때 당황할까요? 아니면 스마트폰을 두고 왔을 때 당황할까요? 시간이 지날수록 사람들에게 지갑은 단지 복고 감성을 느끼게 하는 물건이 될지도 모르겠습니다. 신용카드가 등장하면서 현금 없는 세상이 온다고 얘기했던 시절도 얼마 되지 않은 것 같은데, 이제는 신용카드도 없어지는 세상이 되어가고 있습니다. 신용카드 자체를 페이 서비스가 대체하고 있기 때문입니다. 이 페이 서비스도 대세가 될 겁니다. 페이 서비스의 특징은 스마트폰으로 결제가 가능한 것이라고 단순하게 정리할 수 있습니다. 인터넷 은행에 대해 설명할 때 말씀드렸다시피 이제 스마트폰은 지갑이나 마찬가지입니다.

페이가 활성화되는 것의 장점은 결제를 매우 편리하게 할 수 있다는 점입니다. 삼성페이를 예로 든다면 편의점이나 마트에서 신용카드를 줄 필요가 없습니다. 그냥 핸드폰을 건네주거나 단말기 옆에 가져다 대면 결제가 끝납니다. 온라인 쇼핑도 가능합니다. 인터넷 쇼핑이 처음 등장했을 때도 신세계였는데 지금은 한 단계 더 나아갔습니다. 과거에 인터넷 쇼핑을 이용할 때는 쇼핑 사이트에 들어가서 몇 번 클릭한 후에 결제하려면 카드를 찾아서 카드 번호를 입력하고 비밀번호를 넣어야 했습니다. 페이 서비스를 사용하면 스마트폰에서 쇼핑 사이트를 들어가서 간단한 비밀번호나 생체 수단을 이용해서 확인하면 끝납니다. 더 이상 카드를 꺼낼 필요도 없습니다.

당연한 단점은 눈에 보이는 금액이 없기 때문에 돈 쓰는 일을 매우 쉽게 할 수 있다는 것입니다. 한 번 더 생각할 틈도 없이 결제가 이뤄집니다. 미국의 아마존 사이트의 경우 페이는 아니지만 나의 결제 정보를 모두 등록해 놓을 수 있기 때문에 숨 한 번 참고 '클릭'하는 순간 결제가 완료 됩니다.

아이들은 특별히 주의를 받은 경우가 아니라면 현금이라는 물리적 물건을 눈으로 볼 수 없기 때문에 결제 행위를 매우 쉽게 생각할 수 있습니다. 요즘에는 제가 마트에서 "아빠가 돈이 없는데 어떻게 하지?"하면 아이는 주저함이나 고민 없이 "엄마한테 카드 달라고 해"라고 말합니다. 몇 년이 더 흐르면 아이들은 아무런 거리낌 없이 어른들에게 결제를 위한 스마트폰을 달라고 할지 모릅니다.

어려서부터 돈이란 것은 힘들게 모으는 것이고 자신이 책임질 수 있는 소비를 해야 한다는 훈련을 시키지 않으면 아이들은 커서도 어려움을 겪을지 모릅니다. 결제되는 과정과 나의 잔고 상황을 체감할 수 없기 때문에 절제하는 것은 어른들이 자랄 때보다 더 어렵게 될 겁니다. 그러니 아이들에게는 반드시 체크카드를 연계해 주셔야 합니다. 잔고가 없으면 결제가 발생하지 않기 때문에 어른들이 액수를 통제하면서 소비 훈련을 시킬 수 있습니다.

게다가 페이 서비스를 강하게 추진하는 곳들은 우리가 떼놓고 모른 척하기 어려운 곳들입니다. 제조사로는 우리나라 안드로이드 스마트폰의 대부분을 차지하는 삼성페이가 있고, 서비스로는 우리나라 국민들 중에 사용하지 않는 사람이 없는 네이버페이와 카카오페이가 있습니다. 그 외에도 기존의 은행과 쇼핑몰에서도 여러 가지 혜택을 제공하겠다며 페이 서비스를 홍보하고 있습니다. 페이 서비스도 거스를 수 없는 흐름인 만큼 사용하지 않을 수 없을 겁니다. 그래서 아이들에게 이전보다 더욱 절제 교육이 필요합니다.

어른들도 아직 페이 서비스를 사용하고 있지 않으시다면 하나는 선택해서 사용해 보세요. 편리함에 놀라게 될 겁니다. 그래야 아이들에게 더 잘 설명하고 교육시킬 수 있겠죠.

💸 스마트폰 필수 어플 MTS

MTS는 모바일 트레이딩 시스템의 약자입니다. 어렵게 생각 마시고 스마트폰으로 주식 거래를 할 수 있는 것이라고 보면 됩니다. 이 어플에 대해서는 주식 투자를 하시는 분과 하지 않는 분의 이해도가 극명하게 나뉠 겁니다.

스마트폰으로 주식 거래를 할 수 있는 것의 장점은 실시간으로 언제 어디서나 가능하다는 것입니다. 단점은 언제 어디서나 할 수 있기 때문에 다른 일에 방해가 될 수 있다는 점이죠. 당연히 증권사나 금융사들은 주식 수수료 무료를 내세우면서 사람들을 모으려고 합니다. 이유는 미끼 상품과 같은 역할을 하기 때문입니다. 그래서 주식 수수료가 무료더라도 조건이 있습니다. 비대면으로 계좌를 개설한 스마트폰에서 국내 주식을 거래하는 경우에 한하는 것입니다. 이 부분에 대한 상세한 조건은 증권사마다 다르니 직접 확인해 보셔야 합니다.

주식 거래 수수료 무료 혜택을 주면서까지 가입자를 확보하려는 이유는 MTS에서 CMS와 연동해 자금도 확보하고, 수수료가 높은 해외 주식 거래도 제공하고, 다른 수수료를 얻을 수 있는 각종 펀드나 파생 상품도 판매할 수 있기 때문입니다. 다양한 파생 영업이 가능하게 되는 것이죠. 이 모든 것을 할 수 있게 해 주는 것은 바로 스마트폰이죠.

스마트폰의 장점은 실사용자를 특정할 수 있다는 것입니다. 그리고 스마트폰은 떼놓고 다니지 않기 때문에 한번 고객을 잡아 두면 매우 오랜 기간 거래를 유지할 가능성이 높습니다. 무차별적인 스팸 메일을 보내지 않아도 됩니다. 어플에서 알림을 보내면 바로 나의 고객이 언제 어디서나 볼 수 있기 때문입니다.

아이들이 어른이 되었을 때는 너무 당연하게 모두가 스마트폰으로 투자 상품을 검색하고 거래할 가능성이 높습니다. 주식 투자를 예로 들었기 때문에 주식 투자만 주의하라고 하면 된다고 생각하실 수도 있겠지요. 하지만 은행 어플에서도 펀드 가입이 가능하고 각종 투자에 노출될 수 밖에 없는 상황이라는 점을 생각해 주세요. **아이들의 금융 지식이 높아져야 덮어놓고 하는 투자의 유혹에서 벗어날 수 있습니다.** 그래서 아이들은 어려서부터 돈과 친해져야 합니다.

📚 포인트 모아 태산

얼마 전까지 캐시슬라이드라는 어플이 유행한 적이 있습니다. 지금도 사용하는 분들이 계실 수도 있겠네요. 스마트폰 잠금 화면에 나오는 일종의 광고판 같은 프로그램입니다. 해당 광고를 보면 몇 원~몇십 원의 돈을 사용자에게 줍니다. 대체 이런 푼돈을 얻으려고 누가 불편함을 감수하냐며 비웃었던 저에게 그 푼돈을 모아 스타벅스 커피를 사 먹는 고등학생들의 사례는 충격이었습니다. 사실 충격이 아니라 꼰대의 증명일 뿐이죠.

아이들에게 포인트는 매우 끌리는 혜택이 됩니다. 스타벅스 어플에서도 별을 적립해 주고, 빵집에서도 포인트를 줍니다. 위에서 말씀드린 페이 서비스도 각종 포인트를 줍니다. 포인트로 집을 사지는 못하지만, 간식거리는 충분히 즐길 수 있습니다. 간식이 어른들에게는 별것 아닐지 몰라도 아이들에게는 매우 의미 있습니다.

포인트에 대해 말씀 드리는 것은 모든 회사의 마케팅이 포인트를 얻기 위해 소비를 늘리는 방향으로 진행되고 있다는 것을 짚어 보기 위해서입니다. 어른들도 참기 어려운 일인데 아이들은 오죽할까요? 예를 들어 1만 원 이상 결제할 때 포인트 적립을 두 배로 해 준다고 하면 어떻게든 1만 원을 넘겨서 구매하려고 할 겁니다.

포인트 하나만 보면 뭐 그리 대수일까 생각할 수 있지만 스마트폰과

앞의 페이 서비스를 묶어서 생각해 볼까요? 스마트폰에서 알림이 옵니다. 평소에 내가 좋아하던 물건의 할인 상품이 나왔습니다. 그런데 이번에 결제를 하면 포인트 혜택도 더 준다고 합니다. 마침 지갑에 돈이 없어야 구매를 멈출 수 있을텐데 링크를 타고 들어가 페이 서비스로 결제하는 데까지 걸리는 시간은 1분도 걸리지 않습니다. 눈 한 번 감습니다. 그리고 스스로 합리적인 소비를 했다고 위로합니다. 꼭 필요한 소비를 할 때 포인트나 할인이 높은 상품을 고르는 것은 지혜로운 일이지만, 사람의 심리는 소비하기 위해 포인트와 할인이 높은 것을 골랐다고 명분을 쌓는 쪽으로 움직입니다.

포인트를 꼼꼼히 챙기는 모습은 매우 좋은 어른들의 본보기입니다. 한 푼이라도 아끼는 것이니 좋은 습관입니다. 하지만 포인트를 얻기 위한 쇼핑은 멈추셔야 합니다. 아이들에게도 항상 '꼭 필요한 것인지' 묻는 것은 지겹도록 반복하셔야 합니다. 이런 말이 있습니다. 70% 할인 상품을 사면 70%를 아낀 것이지만 사지 않으면 100% 아낀 것입니다.

맛보면 끊기 힘든 구독 서비스

저희 아이도 게임을 시작했습니다. 막을 수 없다는 것을 알기에 마음이 무겁습니다. 그래도 아직 결제 서비스까지 이용하지는 않기 때문에 주의 깊게 쳐다보고 있습니다. 아직 PC방에 가지 않고, 온라인 게임을 하지는 않지만 언제 넘어가게 될지 모르죠. 돈에 대한 이야기를 하면서 게임의 효과나 폐해를 얘기할 생각은 없습니다. 특히 코로나로 인해 요즘처럼 온라인 노출이 많아지게 되면 게임이란 것이 한 번은 겪고 가야 할 광풍과 같기 때문에 이번 소제목을 잡았습니다.

스마트폰 게임의 특징은 시작할 때부터 어느 정도 단계까지는 무료로 진행할 수 있다는 점입니다. 그 이상의 단계로 넘어가려면 어마어마한 시간을 들이거나 손쉽게 결제를 하면 됩니다. 또 하나의 특징은 다른 사람들과 경쟁하는 구도로 만들어 났습니다. 이제 쉽게 상상이 되실 겁니다. 경쟁에서 이기고 싶어하는 아이들은 열심히 시간을 투자합니다. 일정 단계가 되면 상대방은 성장하는데 나는 정체되어 있게 됩니다. 저 아이템 하나만 있으면 될 것 같은데. 단 한 번 클릭이면 되는데! 딱 한 번만이라고 생각한 것이 여러 번이 되고 습관이 될 것은 모든 어른들이 알고 계실 겁니다.

아이가 게임을 시작하면 못 하게 막을 수 없습니다. 어렸을 때 TV를 못 보게 한다고 안 보고 자란 사람이 없는 것과 같습니다. 그러므로 원칙을 세워서 지킬 수 있도록 하셔야 합니다. 아이가 스스로 절제하는 것이 어렵다면 스마트폰에서 아이들의 활동을 제어하는 어플도 있습니다. 찾아서 깔아 보시는 것도 좋습니다.

제가 생각할 때 게임에 얼마의 시간을 허용할 것인가 보다 어른들이 세운 원칙을 아이가 얼마나 잘 지키느냐가 더 중요합니다. 어른들의 원칙은 시간일 수도 있고, 인센티브일 수도 있습니다. 예를 들어 하루에 2시간만 게임을 해야 하지만 아이의 생일이나 보상받을 만한 행동을 했을 때 게임 시간 또는 금전적으로 보상을 한다는 원칙을 세우고 지키셔야 합니다. 원칙 없이 기분대로 하면 아이들은 어른들의 말을 믿지 않게 됩니다. 그리고 가능하면 아이들을 위한 구글 계정을 따로 만들어 주는 것을 추천드립니다. 왜냐하면 어른들의 계정으로 사용하는 경우 자칫 어른들이 연동해 놓은 결제도 쉽게 진행될 수 있기 때문입니다.

종종 게임에도 해당하는 구독 모델은 요즘 각광받는 비즈니스 트렌드의 하나입니다. 한 번 결제를 해 놓고 계속해서 사용하게 만드는 방식입니다. 회사 입장에서는 한 번만 결제를 시작하게 되면 이후 이용자가 번거로운 과정을 거쳐 해지하지 않는 한 계속해서 돈이 들어오기 때문에 매우 좋아하는 모델입니다.

아이들이 구독할 게 뭐가 있을까라고 생각할 수도 있습니다. 초등학생이라면 잘 모르겠습니다만 중학생만 되어도 멜론으로 대표되는 음악어플, 넷플릭스를 포함하는 OTT, 밀리의 서재 같은 독서 어플, 어쩌면 아이들 공부하라고 가입한 다양한 과목의 교육 프로그램이 있을 수 있습니다.

구독 모델은 대부분 '필요'에 의해서 시작하지만, 과도함으로 끝나게 됩니다. 처음부터 꼼꼼히 따지고 가입해야 합니다. 시간은 한정되어 있습니다. 24시간 동안 음악을 틀어놓고 영화를 보면서 책을 읽겠다는 깜찍한 생각은 그만두셔야 합니다. 아이들이 그런 계획을 가지고 왔을 때 무조건 거절할 수 없다면 최소한 한 달은 사용해 보고 결정하자는 조건부 허락을 해 주셔야 합니다. 그리고 사용해 보는 중간에 정말로 필요한지 아이와 함께 이야기 나눠 보세요. 스스로 느끼는 바가 있을 겁니다. 게임과 구독 서비스를 통해 스스로 절제하는 습관을 역으로 길러 준다고 생각해 보시면 좋겠습니다.

영악하게 진화하는 피싱

그동안 피싱이 문제가 되었던 것은 노인들을 대상으로 전화를 걸어서 사기를 치는 경우였습니다. 요즘은 스마트폰으로 합니다. 문자나 메신저로 매우 긴급한 일이 있거나 매우 큰 혜택을 주는 것 같이 보냅니다. 이것을 막을 방법은 딱 하나입니다. 미국의 오바마 전 대통령이 얘기한 **전략적** 인내입니다. 정말 급한 일이라면 문자나 카톡이 아닌 다른 방법으로 연락했을 것이라는 믿음이 있어야 합니다. 아무리 급해도 다시 확인해 보겠다는 인내심이 필요합니다. 매우 큰 혜택을 주는 일이 있다면, 나에게 이런 엄청난 행운이 생기기 힘들다는 현실을 파악할 줄 알아야 합니다.

세상에 공짜는 없습니다. 세상이 망할 만큼 급한 일도 없습니다. 언제든지 한 번 더 확인해야 합니다. 아이들에게도 마찬가지로 가르쳐 주셔야 합니다. 제가 어렸을 때 들었던 "모르는 사람 따라가면 안 돼"라는 말만큼이나 "모르는 링크는 누르면 안 돼"라는 말을 자주 해 주셔야 할 때입니다.

실천하기

스마트폰은 이미 거스를 수 없는 대세입니다. 사고 위험 때문에 자동차를 타지 않겠다고 하는 것만큼이나 스마트폰을 사 주지 않겠다는 것은 어렵습니다. 초등학생까지는 어떻게 폴더폰으로 아이들을 다독일 수 있을지 몰라도 아이들에게 스마트폰은 가야 할 길입니다. 스마트폰을 잘 활용하고 계시다면 괜찮지만 다양한 서비스가 익숙하지 않은 분들도 계실 겁니다. 어렵고 번거로울지 몰라도 어른들이 먼저 접해 보셔야 합니다. 우선 어른들이 다양한 기능들을 사용해 봐야 아이들에게 어떻게 활용할지 설명할 수 있게 됩니다. 아이들에게 별도의 계정을 만들어 주시고, 체크카드를 연결해서 잔고가 없으면 더 이상 결제가 진행되지 않게 해 주세요. 알 수 없거나 이상한 내용의 링크는 누르지 않도록 잔소리도 하셔야 하고, 아이들 스마트폰의 어플을 통제하는 어플도 사용하는 것을 고민해 보셔야 합니다.

😊 아이와 함께하는
오늘의 **재테크** 습관 기르기

🪙 오늘의 지수를 적고 어제와 얼마나 다른지 표시해 보세요.

코스피   코스닥

유가   환율

🪙 아래의 활동을 통해 모바일 금융 시스템에 대해 아이와 함께 생각해 봐요.

i   아이와 함께 우리 가족이 가입한 인터넷 전문 은행은 어떤 것이 있는지 확인해
    봅시다. 종류로는 카카오뱅크와 K뱅크 등이 있습니다.

ii 가입한 인터넷 전문 은행이 있다면 계좌의 잔고를 확인해 보세요. 가입한 은행이
    없다면 어른들이 직접 가입하는 과정을 아이에게 보여 주세요.

iii 우리 가족이 사용하는 페이 서비스는 무엇이며 그 페이 서비스를 이용해 어떤
    방식으로 결제하는지 아이와 이야기해 보세요. 삼성페이, 네이버페이, 카카오페이,
    SSG페이 등 종류가 참 많습니다. 결제 방식으로 비밀번호, 생체 인증, 단말기 옆에
    대는 방법 등이 있다는 것을 알려 주세요.

iv 페이 서비스를 사용하고 있다면 우리 집에서 사용하는 지출 금액 중에 대략 어느
    정도의 비율을 차지하는지 생각해 보세요. 어른들도 결제 수단 중 어떤 것의 비중이
    높은지 한번 알아보시기 바랍니다. 돈을 지불하는 것은 저금이나 투자 금액을
    제외하고 생활비 기준으로 계산합니다.

v   페이 서비스를 사용하고 있지 않다면 현금과 신용카드(체크카드 포함) 중 어느 것을
    주로 사용하는지 생각해 보세요.

vi 우리 집에서 구독하고 있는 서비스는 어떤 것이 있는지 알아보세요. 넷플릭스, 웨이브,
    왓챠, 멜론, 밀리의 서재, 윌라 등 생각보다 많을 수 있습니다.

6

좀 더 이야기해 볼 것들

이해하기

제가 어렸을 때와 사회가 많이 달라졌다고 생각되는 부분 중 하나가 전문가들을 만나기가 매우 쉬워졌다는 점입니다. 변호사는 보통 사람이 만날 일이 없는 직업이었고, 세무사 역시 사업가가 아니면 접촉할 이유도 없었습니다. 하지만 사회가 투명하게 되고 제도가 발달할수록 법뿐만 아니라 금융 관련 전문가들도 일상 생활에서 필요해졌습니다. 특히, 증여나 상속세, 집을 팔 때 양도세 등에 대해 세무사에게 법적인 조언을 받는 것은 점점 필수가 되어가고 있습니다. 전문가들에게 효율적으로 도움을 받는 방법은 스스로 어느 정도 개념을 잡은 후에 이해가 안 되는 부분을 집중적으로 물어보는 것입니다. 증여와 상속은 이제 돈이 아주 많은 사람들만의 고민이 아닙니다. 여유가 된다면 아이에게 합법적인 테두리 안에서 일정 규모의 자산을 주면서 돈 공부를 시작할 수 있습니다. 증여부터 시작해서 청약 등 다양한 제도를 이해하고 적용하기 위한 준비를 하는 것도 필요합니다. 기존의 상품들 외에 새롭게 만들어지는 여러 가지 상품들에 대해서도 대략적으로 이해하고 감각을 키우는 방법을 알아보겠습니다.

증여와 상속

공통점

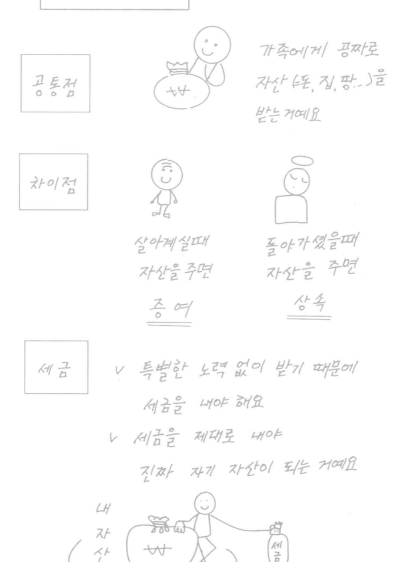

가족에게 공짜로 자산 (돈, 집, 땅..)을 받는 거예요

차이점

살아계실때 자산을 주면 **증여**

돌아가셨을때 자산을 주면 **상속**

세금

∨ 특별한 노력 없이 받기 때문에 세금을 내야 해요

∨ 세금을 제대로 내야 진짜 자기 자산이 되는 거예요

내 자 산

💵 증여세

아이들의 돈을 불려 가는 것은 또 다른 재미를 줍니다. 내 돈이 늘어나는 것도 즐겁지만, 아이들의 돈이 늘어나면 그건 또 다른 뿌듯함이죠. 보통 아이들의 돈을 모아 줘야겠다는 생각을 할 땐 이 돈이 나중에 10억, 100억이 되면 어쩌나 하는 행복한 상상을 하면서 민망해 하기도 합니다. 그러나 현실은 그렇게 녹록치 않습니다. 1억이라도 모으면 성공이라고 봐야겠죠. 그리고 아이 명의의 통장을 개설한다고 해도 사실 아이 몫으로 떼어서 모았던 돈은 거의 고스란히 아이의 교육비 등으로 사용하게 됩니다. 또는 내 집 마련과 같이 집안의 목돈이 필요할 때 가족 구성원이라는 이유로 아이의 동의 없이 헐어서 사용됩니다. 보통은 이렇게 아이가 성인이 되었을 때 실제로 쥐여 줄 수 있는 돈이 별로 없기 때문에 세금 문제는 크게 생각하지 않는 경우가 많은 것 같습니다.

하지만 세금은 알아 두셔야 합니다. 특히 아이의 돈을 주식으로 불려 주셔야겠다고 생각하시는 분들일수록 더 알아 둬야 할 내용이 있습니다. 아이 명의로 계좌를 만들고 돈을 넣어 주셨다고 해서 그 돈이 모두 아이의 돈이라고 인정받는 것은 아닙니다. 모두 어른들이 물려줬다고 생각합니다. 아이 명의의 계좌를 만들었더라도 아이 계좌에 있는 돈을 증여했다고 신고를 해 두셔야 합니다.

국세청 자료를 확인해 보면 현재 우리나라에서는 미성년자의 경우 증여세 첫 신고 후 10년에 2천만 원까지는 증여세를 안 내도 됩니다. 만 20세 이후인 성인이 되면 10년에 5천만 원까지 증여가 가능하게 됩니다. 그러니 아이 계좌를 개설하고 증여세를 신고해 두세요. 그럼 그 통장의 돈은 명확히 아이의 재산으로 인정받게 되고 이후 그 돈으로 주식이나 펀드에 투자해서 발생한 수익 역시 자동적으로 아이의 것이 됩니다. 증여 신고를 하지 않은 경우에는 아이 명의의 계좌에 들어 있는 돈이라 해도 모두 어른이 준 것으로 간주하기 때문에 액수가 큰돈을 아이의 것으로 하려면 세금을 많이 내셔야 합니다.

약간의 무리한 비유를 해 보겠습니다. 아이 명의로 통장을 개설하고 돈을 입금합니다. 그 계좌에 있는 돈으로 투자를 해서 10억 원을 만들었습니다. 이 아이의 돈이 분명하니 그 돈으로 아이 명의의 아파트를 사 줍니다. 그럼 정부에서 말합니다. "증여세 내세요" 정부에서는 계좌 명의자 여부로 판단하지 않고 어른이 모두 줬다고 판단합니다.

그러니 미리 증여 신고를 하는 것이 필요합니다. 증여 신고는 어렵지 않습니다. 국세청 사이트에 가면 증여세 신고하는 메뉴가 있고, 읽어 보면 쉽게 따라하실 수 있습니다. 그래도 어려우시면 블로그나 유튜브 동영상에 친절한 분들이 잘 정리해 놓은 것이 많이 있습니다. 아이 명의의 계좌와 누가 얼마의 금액을 주는지 등의 서류를 같이 등록하면 간단하게 증여세 신고가 끝납니다. 더 확실하게 하려는 분들은 일부러 2천만 원이 조금 넘게 증여해서 세금을 납부합니다. 증여세까지 낸 것으로 확실한 근거가 생기니까요.

상속세는 재산을 물려 줄 사람이 죽었을 때 발생하는 것이라 이 글을 읽고 계실 분들이라면 주로 내가 물려 주는 것보다 상속 받을 것이 있는 경우일 가능성이 높을 겁니다. 그런데 상속세는 증여세와 다르게 개별적인 상황에 따라 많이 다르기 때문에 본문에서 자세히 다루기 어려운 면이 있습니다. 따라서 구체적인 자신의 상황에 따라 인터넷을 참고하시거나 전문가와 상담해 보실 것을 권해 드립니다.

다만 인터넷에 있는 정보와 관련해 한 가지만 덧붙이고 싶습니다. 인터넷이 발달하면서 많은 정보들을 쉽게 검색할 수 있게 되었습니다. 인터넷에 쓰인 글은 쉽기도 하고 친절해서 저 역시 많이 참고합니다. 하지만 돈이나 법 관련 내용은 가능한 전문가와 상담하신 후 결정하시는 것이 좋다고 생각합니다. 특히나 금액이 클수록 인터넷에 있는 글들은 참고 자료로만 활용하는 게 좋습니다. 법적인 문제와 돈 관련 내용은 상황에 따라 개인별로 다르게 적용되는 경우가 많습니다. 스스로 관련 사항에 대한 전체적인 개념을 잡거나 진행 흐름 등을 정리하기 위해서 인터넷을 활용하시는 것은 얼마든지 추천드리지만 중요한 결정은 전문가와 상담하시는 것이 안전합니다. 세금 문제라면 세무사, 법적인 문제라면 변호사, 은행 업무는 은행원 등 오프라인에는 해당 업무를 직접 최일선에서 담당하는 분들이 있습니다. 이 분들과 많이, 자주 함께할수록 좋습니다.

🎴 주린이로 입문해야 하나?

아이의 증여세 신고가 끝났으면 아이 명의의 계좌를 만들고 주식 투자를 시작하시면 됩니다. 약간의 팁이지만 주식 투자를 하실 생각이라면 처음부터 증권사 계좌를 만들고, 해당 계좌에 들어 있는 돈을 증여하는 것으로 하시는 것도 괜찮습니다. 최근에는 해외 주식에 투자하는 것도 어렵지 않습니다. 이제 아이가 좋아하는 기업이 있다면 어느 나라 기업이든 큰 어려움 없이 주식을 사는 것이 가능하게 되었습니다.

아이의 계좌를 만들고 주식 투자를 시작하신다면 아이와 꼭 이야기하면서 투자하셔야 합니다. 아이와 이야기를 하지 않는다면 합법적인 테두리 안에서 아이의 재산을 불려 주겠다는 것 이상의 의미가 없습니다. 주식 투자에 실패하면 아이에게는 아무것도 남지 않게 됩니다. 다행히 성공해서 아이에게 억대의 돈을 만들어 준다고 한들 어른들의 만족감만 채워지는 것일지 모릅니다.

이 책의 첫 머리에 말씀드린 것처럼 돈과 친하지 않은 아이에게 큰 금액의 돈을 주는 것은 갑자기 커다란 화염방사기를 쥐여 주며 "이제 네 마음껏 포부를 펼쳐 보려무나!"라고 말하는 것과 크게 다르지 않습니다. 합법적인 증여를 하는 이유는 아이에게 너의 돈이라는 것을 구분해 주는 것과 법적으로 문제 없는 돈 관리를 하는 것, 아이에게 돈과 친해지는 계기를 만들어 주는 것 등 다양한 목적이 있습니다. 아이에게 큰돈을 쥐여 주겠다는 목적만을 갖는 것은 좋지 않습니다. 아이가 돈과 친해지는 과정에 수익이 생기면 감사한 일이겠지만 돈 불리기만을 최우선 순위로 하지는 않으시면 좋겠습니다.

🧧 부린이로 입문할까?

주식 투자가 싫으신 어른들도 계실 겁니다. 그럼 예금이나 적금으로 차근차근 관리하는 방법도 있고, 청약통장을 만들어 주는 방법도 있습니다. 청약통장 제도가 계속해서 바뀌고 있기 때문에 언제까지 유효할지는 모르겠지만 지금 열 살 정도의 아이들이 자라서 성인이 되는 10년 후까지도 큰 틀의 변화는 없을 것 같다고 일단 가정해 보겠습니다.

아이들의 청약통장을 만들어 주는 이유는 아이들의 미래를 위해서입니다. 10년 동안 2천만 원이 가능하다고 해서 꼭 2천만 원을 채워서 증여할 필요 없으니 적당한 목돈이 될 때마다 청약통장에 넣어 주시면서 증여 신고를 하시면 됩니다. 청약통장을 만들어 줬다고 해도 아이가 고등학교를 졸업하고 바로 집을 사기는 어렵습니다. 청약통장은 분양 당첨 자격을 얻는 데 필요한 것이고, 집값은 따로 마련해야 합니다. 환금성 높은 아파트를 사려면 돈이 엄청나게 필요하기 때문에 아이가 갑자기 살 수 없습니다. 그러니 청약통장 역시 아이의 자산을 구분하고 나중에 아이가 집을 마련하기 위해 필요한 것을 함께 익혀 나간다는 생각으로 만들어 가면 좋겠습니다.

🏧 자본주의 키즈

인터넷 기술이 발전하면서 다양한 상품들도 나옵니다. 대표적인 것이 암호화폐입니다. 암호화폐는 여전히 우리나라에서 투기 상품이다 또는 혁신적인 상품이다 의견이 분분합니다. 확실한 것은 비트코인으로 대표되는 암호화폐가 나왔고 여전히 돈으로 바꿀 수 있는 상품으로 존재하고 있다는 점입니다. 지금 암호화폐에 관심을 갖고 투자해야 한다는 의견을 드린다거나 암호화폐는 쳐다보지도 말라고 말씀드리려는 것이 아닙니다. **암호화폐라는 엄연히 존재하는 새로운 상품이 있으니 관심을 가지고 지켜보는 것이 필요하다는 말씀을 드리려는 것입니다.**

아이들이 자라나서 어른이 되면 또 어떤 혁신적인 금융 상품들이 나올지 모릅니다. 지금의 어른들은 이해하기 어려울 수도 있습니다. 그때 아이들에게 "네가 알아서 하려무나"하기 보다 "같이 알아보자"고 하는 것이 좋습니다. 앞에서 말씀드린 모바일 뱅킹이나 페이 서비스 역시 새로운 금융 생활에 필요한 도구들이니 먼저 사용해 보라고 말씀드린 것입니다. 암호화폐 역시 이런 맥락에서 관심을 두시면 좋겠습니다.

최근에는 많은 문제를 일으키고 있지만 여전히 혁신적인 상품 중 하나가 P2P 서비스입니다. 개인과 개인의 금전 거래를 연결시켜 주는 금융 서비스입니다. 예를 들어, 제1금융권에서 대출을 받기 어려운 사람이지만 제2금융권 보다 좀 더 낮은 이자로 돈을 빌리도록 하는 겁니다. 이때 돈을 빌려주는 주체가 은행이나 회사가 아니라 다른 개개인들을 모아서 대출금을 마련해 주고, 돈을 빌린 사람이 갚는 이자를 돈을 빌려준 사람과 회사가 나눠서 받는 모델입니다.

P2P 서비스의 긍정적인 면을 보면 돈을 빌려주는 사람은 은행권보다 높은 이자를 받을 수 있고, 돈을 빌리는 사람은 제2금융권 등의 높은 이자보다 낮은 금리로 빌릴 수 있게 됩니다. 부정적인 면은 담보 없이 진행되는 경우도 많기 때문에 돈을 빌린 사람이 갚지 않으면 고스란히 개인에게 피해가 돌아가게 됩니다. 대규모 개발 같은 프로젝트성 사업에 돈을 투자하다가 부실이 되는 경우도 발생합니다.

대표적인 두 가지 내용만 설명드렸지만 아이들이 자라나서 어른이 되었을 때는 어떤 상품과 기술이 나타날지 알 수 없습니다. 지금 가시적으로 보이는 가장 큰 가능성은 AI입니다. 인공지능이라는 말로 표현하지만 정말 어느 수준까지 AI가 사람들의 생활을 바꿀지 알 수 없습니다. 자율주행이나 전기차 같은 친환경 산업도 있지만 돈과 관련해서는 AI가 가장 크게 삶을 변화시킬 것 같습니다. AI가 투자를 결정하는 상품도 나올 것입니다. 암호화폐가 아니더라도 한 나라의 통제를 벗어나는 화폐가 나올지도 모릅니다.

새로운 금융 상품과 삶의 변화는 근본적으로 사람들의 인식을 변화시킵니다. 우리나라에서는 금보다 귀한 취급을 받는 부동산에 대한 인식이 완전히 바뀔지도 모릅니다. 수출 기업 순위도 언제든 뒤바뀔 수 있습니다. 정치적으로 통일이 되면 대학생들이 서울역에서 기차표를 끊고 유럽으로 배낭 여행을 가는 날이 올 수도 있겠지요. 돈이 많으면 달이나 화성으로 우주 여행을 다녀올지도 모르고요.

어떤 세상이 와도 가치를 가지고 있는 것은 존재하며, 가치를 알아보고 관리하는 사람이 유리합니다. 지금은 돈이라고 부르지만 나중에는 다른 것이 될 수 있습니다. 그래서 아이들이 돈 혹은 경제라고 부를 수 있는 것과 자연스럽게 친해지는 과정이 필요합니다. 아이에게 재테크에 대한 인식이 스며들어 있다면 새로운 것이 출현한다 해도 조금씩 공부하면 됩니다. 모르고 당하지만 않으면 되니까요. 현재 부(富)의 핵심 상품인 돈과 친해지고 익숙해지면 다른 상품이 등장해도 아이들은 유연하게 대응할 가능성이 높을 겁니다. 그래서 아이들에게 돈 교육이 필요합니다.

실천하기

추천하는 책이나 팟캐스트, 브런치, 유튜브 목록을 알려드립니다. 너무 쉬울 수도 있고 너무 어려울 수도 있습니다. 정말 많은 콘텐츠들 중에 저의 부족한 경험으로 일부만 소개해 드리는 것이니 이것이 전부라고 생각하지 말아 주세요. 제 추천이 100% 맞는 것도 아니고 제가 모르는 보석 같은 콘텐츠가 더 많이 있을 수 있습니다. 정말 필요한 것은 실천이지 저장이 아닙니다. 시간이 될 때 자기에게 맞는 것부터 하나둘 익혀 가면 좋겠습니다.

아이와 함께하는
오늘의 재테크 습관 기르기

🪙 오늘의 지수를 적고 어제와 얼마나 다른지 표시해 보세요.

코스피   코스닥

유가   환율

🪙 아래의 활동을 통해 아이와 함께 할 수 있는 경제 공부 방법을 고민해 봐요.

1 유튜브   듣똑라, 삼프로TV, 슈카월드

2 팟캐스트   신사임당의 돈 얘기 하는 곳, 이진우의 손에 잡히는 경제

3 뉴스레터   부딩, 순살브리핑, 어피티

4 브런치   골드래빗, 꿈꾸는 자본가, 차칸양

5 뉴스   종이 신문을 발행하는 경제지 1종

6 도서   《경제 기사 궁금증 300문 300답》, 곽해선, 혜다
            《주린이가 가장 알고 싶은 최다질문 TOP 77》, 염승환, 메이트북스

(가나다 순)

내용 연계 단원

이 책에서 다루는 경제 개념은 초등 교과 수준을 참고하였습니다.
2015년 개정안이 반영된 학년별 사회 교과 과정 중 연계 단원을 확인해 보세요.

학년/학기	단원명	관련 표제어
3학년 1학기	1. 우리가 살아가는 곳	직업(일) 산업
4학년 1학기	3. 민주주의와 주민 자치	정치 과정과 참여 민주주의 선거 지방자치제도
4학년 2학기	1. 경제생활과 바람직한 선택	노동 경제와 경제 주체 경제적 선택의 문제 경제 활동 돈 돈의 흐름 생산과 생산 활동 생산 요소 지원과 생산 활동 분배 직업(일) 소비 저축 소비자 권리 산업 미래 산업

학년/학기	단원명	관련 표제어
5학년 1학기	3. 우리 경제의 성장과 발전	세계화 시장 자유와 경쟁 수요와 공급 가격 생산 요소 자원과 생산 활동 분배 산업 국민 경제 국민 소득 경제 성장 무역 우리나라의 무역 자유무역
	4. 우리 사회의 과제와 문화 발전	세계화 정치 정치 과정과 참여 언론
6학년 2학기	1. 우리나라의 민주 정치	정치 민주주의 선거 국회 정부 국민의 권리 국민의 의무
	4. 변화하는 세계 속의 우리	세계화 자유무역 국제 관계

색인

A~Z

ETF 174, 182, 183
P2P 350
WTO 241, 242

ㄱ

가계 124, 129, 195, 224
가산금리 105
가치 저장 기능 048
가치 측정 기능 048, 052
간접세 191, 192, 193, 230
건강보험 276, 278, 279
결제 수단 341
경제 012, 015, 018⋯
고용보험 276, 279, 280
고용지원금 196
고정금리 295, 296
공급 043, 205, 212
공정거래위원회 206, 235
공정무역 232
관세 242, 243, 244⋯
교환 기능 048, 052
구독 서비스 336, 339
국민연금 276, 278, 279⋯
균형 224, 226
근로소득 131, 132
금 통장 034
금융소득 132, 133
기준금리 098, 105, 296
기축통화 069, 253
기회비용 054, 072, 076⋯

ㄴ

납세의 의무 190
누진세 191

ㄷ

담합 206
대출 098, 100, 103…
독과점 205, 206, 267

ㄹ

리츠(REITs) 179

ㅁ

면세 243
목표수익률 271
무역 159, 236, 238…
물가 관리 102, 269
물가상승률 058, 138, 262…

ㅂ

발권 063, 064
배당 152, 162…
법인소득 132
변동금리 295, 296
부가세 192, 193, 230

ㅅ

사업소득 131, 132
사회보장제도 276, 285, 286
산재보험 276, 279, 280
상속세 342, 346
상장 156, 157, 170
선거 231
세금 025, 117, 131, 188…
소득주도성장 268
손절 246
수요 212, 214, 215…
수익 230, 232, 238
수입 236, 239, 240
수출 026, 069, 236
시가총액 157, 158, 160, 161…
시세차익 164, 259
시장 경제 200, 206

357

안정성 179
암호화폐 326, 349, 350…
연방준비제도 066
예금 금리 106, 119, 271
예대마진 104
외환 업무 102
유동성 015
은행 계좌 025, 033, 086
이자 093, 094, 098, 100…
인적 자원 247
인플레이션 262, 264, 265, 266…
임대소득 130, 132

자금조달계획서 322
자산 132, 195, 234, 250…
재난지원금 194, 195
적금 106, 110, 112, 113…
전략적 인내 339
종합부동산세 233
종합소득 133
종합주가지수 158
주택담보대출 294
중앙은행 063, 064, 066
증권거래소 156
증여 130, 342, 344, 345…
지출 032, 341
직접세 191, 192

코스닥 158, 159, 160
코스피 158, 159, 160
쿼터제 244

통관 243
통화 관리 071, 102
통화 단위 062
특별소비세 196

펀드 132, 145, 174, 176…
페이서비스 326, 330, 331…
피싱 326, 329

하우스 푸어 293
한국은행 064, 102, 269
한국조폐공사 064
화폐 개혁 064, 065, 066
화폐가치 058, 264
환금성 304
환율 043, 065, 068, 070…
환전 068, 102
환차손 255
환차익 255, 258

with 아이 01

재테크는 모르지만
부자로 키우고 싶어

| **초판 1쇄 인쇄** 2021년 11월 5일
| **초판 1쇄 발행** 2021년 11월 22일

| **지은이** 토리텔러
| **발행인** 김태웅
| **기획편집** 이지은
| **디자인** syoung.k
| **마케팅 총괄** 나재승
| **제작** 현대순

| **발행처** (주)동양북스
| **등록** 제 2014-000055호(2014년 2월 7일)
| **주소** 서울시 마포구 동교로22길 12 (04030)
| **구입문의** 전화 (02)337-1737 팩스 (02)334-6624
| **내용문의** 전화 (02)337-1763 이메일 dybooks2@gmail.com
| **ISBN** 979-11-5768-753-4 03320